Intercultural Training

異文化トレーニング

【改訂版】

ボーダレス社会を生きる

八代京子
町惠理子
小池浩子
吉田友子
著

三修社

装丁——中島　浩

はじめに

人類は歴史的な転換期を迎えている。地球温暖化、環境、食料、資源の枯渇《こかつ》など人類の存続に関わる問題を抱え、一刻の猶予もならない。科学技術の革命的な発展が危機を救う鍵であろうが、同時に人類の英知を結集して平和的紛争解決、そして相互理解と尊重を実現していかなければ、人間社会は存続し続けられないだろう。現在の社会は多文化社会である。多様な民族的かつ文化的背景を持った人々が共に働き暮らす社会である。多文化社会では、日常的に衝突や誤解を解決しながら生きていく必要がある。

単一民族・単一言語の国日本はもう存在しない。海外から日本に来て働く人や学ぶ人の数は確実に増加している。海外に行って働く日本人の数も増加している。日本に住む文化背景の異なる人々が増え、日常的に何らかの形でこれらの人々と接する機会が増えた。しかし、だからといって私たちの国際性が増したとは簡単には言えない。日本社会が国際的に多様性を受け入れられる社会になったとは言い難いし、日本人が文化背景の異なる人々と仲良く生活する態度とスキルをすでに習得したとも言えない。多様性を無視したり排除したりすることはないにしても、多様性を受け入れるのに試行錯誤し、当惑し、場合によっては疲労困憊《こんぱい》しているのが私たちの現状ではないだろうか。

しかし、いつまでもそのような状態に留まっていては世界の動きから取り残されてしまうことは明らかである。これは、国際企業に勤務する人々とか、国際交流に関わっている人々とか、限られた特定の人々の課題ではない。これは私たち一般市民の課題である。本書は、私たちがボーダレス社会で文化の異なる人々と友好的かつ建設的共生共栄を成しとげるためにコミュニケーションするにはどのような態度とスキルが必要なのかを解説し、実際にそのような態度を養成し、スキルを習得するためのトレーニング・エクササイズを多数収録した。

さっそく、ここで、トレーニング・エクササイズに挑戦していただこう。上の計算の意味を考えてみよう。

下記の算数の問題を見て、同じ要領で解いてみよう。

1）1＋3＝4　2）4＋3＝7　3）5＋10＝3　4）4＋9＝1　5）6＋8＝2

6）9＋7＝　7）7＋10＝　8）3＋9＝　9）10＋5＝　10）2＋1＝

さて、どうだっただろうか。すぐに12進法または時間の計算だと分かっただろうか。それとも、印刷ミスだと思っただろうか。かなり考えてから分かっただろうか。

何かの間違いだろうという反応は、通常の10進法の考えに縛られている場合に自動的に出てくる反応である。しかし、そこで一歩下がって、これらの式にも理論性があるとしたら、どのようなルールが働いているのだろうと視点を変えて考えてみる、つまり、パラダイム・シフトを行う。そうすることによってこれらの式の意味が理解できるようになるのである。これは、文化の捉え方にも通じることである。自分の慣れ親しんだ考え方から視点をシフトすることによって、異文化のパラダイムが理解できるようになるのである。このような視点を変えるエクササイズは頭の柔軟性を鍛える。もちろん、実際の異文化コミュニケーションには頭だけでなく心と行動の柔軟性が伴わなければならない。

さて、下の図は何だろうか。

向きを上下逆にして見てもらえれば分かりやすいが、日本列島の一部分の地図である。ふだん見慣れた地図とはずいぶん違った印象を受けるのではないだろうか。これも、視点を変えてみることで、私たちがふだん固定したものの見方をしていることを気づかせてくれる。

異文化との共生共栄はたやすいことではない。国際交流というと何だか有意義で楽しいことだというイメージがある。確かにそういう面もあるが、実際の異文化接触は緊張、摩擦、秩序の乱れなどを伴う面もある。自分の本質を厳しく問われ、自分が分からなくなる状況に直面することもある。本書では、そのような状況での対処の仕方にもふれている。

本書の著者はそれぞれ大学で異文化コミュニケーションまたは国際コミュニケーションを教えているが、教鞭を執る前は国際企業に勤務した経験のある者もいるし、

四人とも海外生活経験は豊富である。私たちは、異文化での試行錯誤と当惑から来るストレスを十分に体験し、それを克服してきたし、今でも失敗を繰り返しながら、それらの失敗から学んでいる身である。そして、異文化体験が大変有意義で人間としての成長に役立ち、人生を豊かにするものであると信じている。私たちは、異文化コミュニケーション学会SIETAR JAPANで異文化コミュニケーションとトレーニングの研究、教育、実践を共に行なっている仲間である。本書はこの学会での活動を通して構想され実現した。

本書を改訂するに当たり、企画に賛同してくださり、有益な助言をくださり、最後まで励ましてくださった三修社編集部の三井るり子氏に心より感謝申しあげます。

平成二十一年九月

八代京子　町惠理子　小池浩子　吉田友子

目次

第1章 なぜ今、異文化コミュニケーションか

1 ボーダレス社会

「一三年前に日本に来たときは、異国というより別の惑星に来たと思った。それが今では、日本にも外国人を受け入れる土壌ができつつある。理解し合うには経験も必要。辛抱強く試行錯誤を繰り返すことです(1)」

ローバージャパン副社長、デイビッド・ブルームさんの日本経済新聞のインタビューに対するコメントである。辛抱強くなければ異文化コミュニケーションは実践できないという実感がこもっている。

内なる国際化の進展

ビジネスの世界はどんどんボーダレス化している。物から金、金から人へと国境を越えて盛んに交流が行われ、現在日本に定住または長期滞在し働く外国人は入国管理局の数字によると、二〇〇七年末現在で二一五万二九七三人で、総人口の一・六九％を占める。(2) ヨーロッパの国々に比べればまだ少ないが、増加傾向にあることは確かだ。

一方で、海外で働く日本人の数も増えている。二〇〇五年には海外の長期滞在者と永住者は一〇〇万人を突破した（外務省二〇〇七年）。在留邦人の最も多い国は米国、次いで中国、ブラジルである。在留邦人の最も多い都市は、ニューヨーク、ロサアンゼルス、上海である。男女別在留邦人数は女性のほうが男性を上回っている。向上心旺盛な女性はグラスシーリング（昇進できる限界）が低い日本を脱出し、海外でキャリアを築いている。

日本企業の海外進出、外国企業の日本上陸、M＆Aによるトランスナショナル企業の増加など企業活動がグローバル化すればするほど、ボーダレス社会が加速する。そし

表１－１　在留外国人登録統計

国　名	人　数	構成比	前年比
中国	606,889	28.2%	＋ 8.2%
韓国・朝鮮	593,489	27.6	－ 0.8
ブラジル	316,967	14.7	＋ 1.3
フィリピン	202,592	9.4	＋ 4.7
ペルー	59,696	2.8	＋ 1.7
米国	51,851	2.4	＋ 1.0
その他	321,489	14.9	＋ 3.9
総数	2,152,973	100.0	＋ 3.3

出典：『平成 20 年版 在留外国人統計』（pp.6–8）　入管協会　2008 年 8 月

て、文化背景が異なり、商習慣が異なる人々と一緒に仕事をすることが日常となる。ボーダレス社会に生きる私たちには、理解しあうために辛抱強く試行錯誤を繰り返す忍耐力と柔軟性、そして異文化コミュニケーション・スキルが必要である。

偏見の危険

全国の公立小中高校などに在籍する外国人生徒が増えている。二〇〇七年度には二万五四人に達した（文科省二〇〇八年）。日本で学ぶ留学生数は一一万八四九八人である。二〇〇八年度の海外で学ぶ日本人小中学生は六万人強、海外留学している学生の数は二〇〇八年度で約一〇万人であった。若者たちの国際交流はますます盛んである。互いに若い頃からいろいろな文化習慣にふれることは国際的なものの見方と語学力を身に付けるのに確かに役に立つ。しかし、単に異なる文化との接触が多ければ異文化の人々を理解し、一緒にうまくやっていける能力が自然に身に付くと思うのは安易である。放っておくと異文化の人々との不愉快な体験から、ただ単に、偏見が増すだけという結果を招くこともある。例えば、海外赴任から帰国した人でも「ラテンアメリカ人は怠《なま》け者だ」とか「アラブ人は正直じゃない」といったステレオタイプ化をすることがある。実際、文化背景の異なる人々と接する機会が増えれば増えるほど、誤解と摩擦の機会も増え、仕事がはかどらずストレスがたまる結果になることも多い。つまり、異文化コミュニケーションがうまくできない結果、文化的多様性が創造性につながるかわりに、否定的な態度と混乱を招いてしまうのである。

したがって、異なる文化背景の人々と共に生活していく機会が増えれば増えるほど、どのようにしたら誤解や摩擦を避け、双方に満足のいくような建設的な関係を築いていけるか知る必要がある。また、実際にそのような関係を実現させる異文化コミュニケーション能力を身に付けなければならない。

共通語の落とし穴

昨今、インターネットの普及がめざましい。会社ではインターネットは言うに及ばず社内オンラインのイントラネットが盛んに導入されている。インターネット上の言語は圧倒的に英語である。イントラネットは自国語でできるが、これも外国人社員がいればやはり英語を用いることが多くなる。今やインターネットでは英語が共通語として確固たる地位を確立した。国際語としての英語の普及はビジネス、マスコミ、教育を通して破竹のいきおいであり、英語とコンピュータ・リテラシーは現代人の必須条件である。

英語で文化と言語の壁を越えてコミュニケーションできることはすばらしい。しかし、英語が共通語であるということは必ずしも共通理解を得るのがやさしくなったということではない。例えば、英語でなされる電子メールのやりとりには思わぬ落とし穴がある。英語を使っているから分かりあえたと思っていると意味解釈が異なっていたとか、ニュアンスが異なっていたとか後で発見して、あわてることになる。共通語を使用しているという安心感から油断して、解釈の違いに気付くのが遅れてしまうのである。これは、発信側も受信側も共有する油断であり、思い込みが激しいために、ある意味では別々の言語を用いるときより誤解を修正するのが困難な場合すらある。

「軽い提案のつもりで“should”を使うと過剰な反応が返ってくる。強い命令の意味で受け取られるようで……」。電子メールで日本人部下と連絡している外国人上司のコメントである。ある日本人社員が「四時までに私に電話するように伝えて下さい」という意味で“Please tell him to call me by 4 o'clock.”と書いたら、ずいぶん命令口調だと後で外国人同僚に指摘された。普通は、“tell”ではなく“ask”を用いるとのことであった。「何々したほうがいいのではないでしょうか」という意味で日本人がよく用いる“You had better...”は英語を母語とする人々にはほとんど脅しに近いニュアンスで受け取られるそうである。“Why don't you ....?”を用いたほうが無難である。

同じ英語を使っていても、使う人の文化背景が違うとことばの意味が異なることがある。場面状況に応じた用法も違う場合がある。英語をマスターするのは日本語を母語とする者にとっては大変なことである。それなのに、英語がマスターできても、その英語が各文化によってどのような意味なのかまで把握できなければ誤解が起こりやすいというのは大変つらい。その点に気付かないで相手にとって失礼な文や、理解が困難な文を送ってしまう可能性が常にある。したがって、英語でコミュニケートしていても、常に自分の発信内容と相手の返答内容を点検する感受性の鋭さと、共通の意味を形成できるまでコミュニケーションを継続する忍耐強さが要求される。

英語という共通語を用いるからこそ、各自の文化的な違いによりいっそう注意をはらわなければならない。同じことばを使っているから理解しあえると安易に考えてはいられない。むしろ、より鋭くかつ豊かな感受性と幅広くかつ深い異文化の知識、そしてコミュニケーション力、すなわち、総合的な異文化コミュニケーション能力の重要性がよりいっそう増すといえる。

トレーニング 1

外国人との関わり

あなたは以下の場所で外国人を見かけたり外国人と話したりしたことがありますか。そのときのあなたの気持ちはどうでしたか。

	その人の出身地域	見かけた	話した	あなたの気持ち
〈例〉	カナダ人のAET		○	緊張して言いたいことが言えなかった
職場／学校				
商店				
道路				
公共の乗り物				
建設現場				
レストラン				
娯楽施設				
その他				

解説

自分が日常見かけたり、話したりする外国人は思っていたより多いのではないでしょうか。そして、自分の言動と感情の記述を見て、次の事柄を考えてみましょう。

それらの人々に対してどのように接しているでしょうか。無視したり、避けたり、変に意識したりしていないでしょうか。どのような人に良い印象を持ったり、悪い印象を持ったりしているのでしょう。西洋人に対するあこがれ、アジア・アフリカの人々に対する偏見はないでしょうか。職種によっても区別または差別していないでしょうか。

自分の外国人に対する態度を意識化できたでしょうか。

❷ 文化とは何か：文化の定義

● 文化を島で表すと

文化背景が違う人とうまくコミュニケーションするのは難しい。まず、ことばや習慣や常識が違うから。これがほとんどの人の実感である。

ことば、習慣、常識というものは文化の重要な要素であることはすぐに納得できるが、文化を定義しようとすると、そのあまりの広さと大きさに圧倒されてことばを失うが、岡部は文化を次のように定義している。

「文化とは、ある集団のメンバーによって幾世代にも渡って獲得され蓄積された知識、経験、信念、価値観、態度、社会階層、宗教、役割、時間・空間関係、宇宙観、物質所有観といった諸相の集大成であるといえよう(3)」

この定義によれば文化は主に私たちの頭の中に蓄積されている観念である。そして、私たちはこの観念に基づいて多くの物理的な物を作り出している。建築物、自動車、衣服、料理、書籍など。これらも文化の一部である。前者を見えない文化（観念的文化）、後者を見える文化（物理的文化）ということができる。そして、それぞれの文化には互いに異なる部分が多くあるが、いちばん基本的なところでは人類として共通の部分もある。これらのことがらをカーターは「文化の島」（図1

－1）で示している。[4]

文化というと、とかく高尚なもの、詩歌、音楽、絵画、哲学など「学」が付くものを想像する。もちろんこれらも大切であるが、異文化コミュニケーションではもっと日常的な文化に注目する。朝起きてから夜寝るまで、寝ている間も私たちは文化のお世話になっている。朝どのような寝具から起き出すのか。洗面はどのような場所で何を使って済ませるのか、誰にどのように朝の挨拶をするのか、朝食は誰とどこで何を食べるのか。どのような衣服を着て出かけるのか。何に乗ってどこまで行くのか。交通規則、乗車マナー、仕事のやり方、しかり方、ほめられ方、謝り方、酒の飲み方、遊び方、これらベーシックな取るに足らないようなことがらを含めて全てが、異文化コミュニケーションにとって大切な手がかりを与えてくれる文化である。

　これらの日常的な文化は、あまりにも身近なものであるため、常識となってしまっているので、私たちはその重要性をあまり意識しなくなっている。ところが、文化

図1－1　文化の島

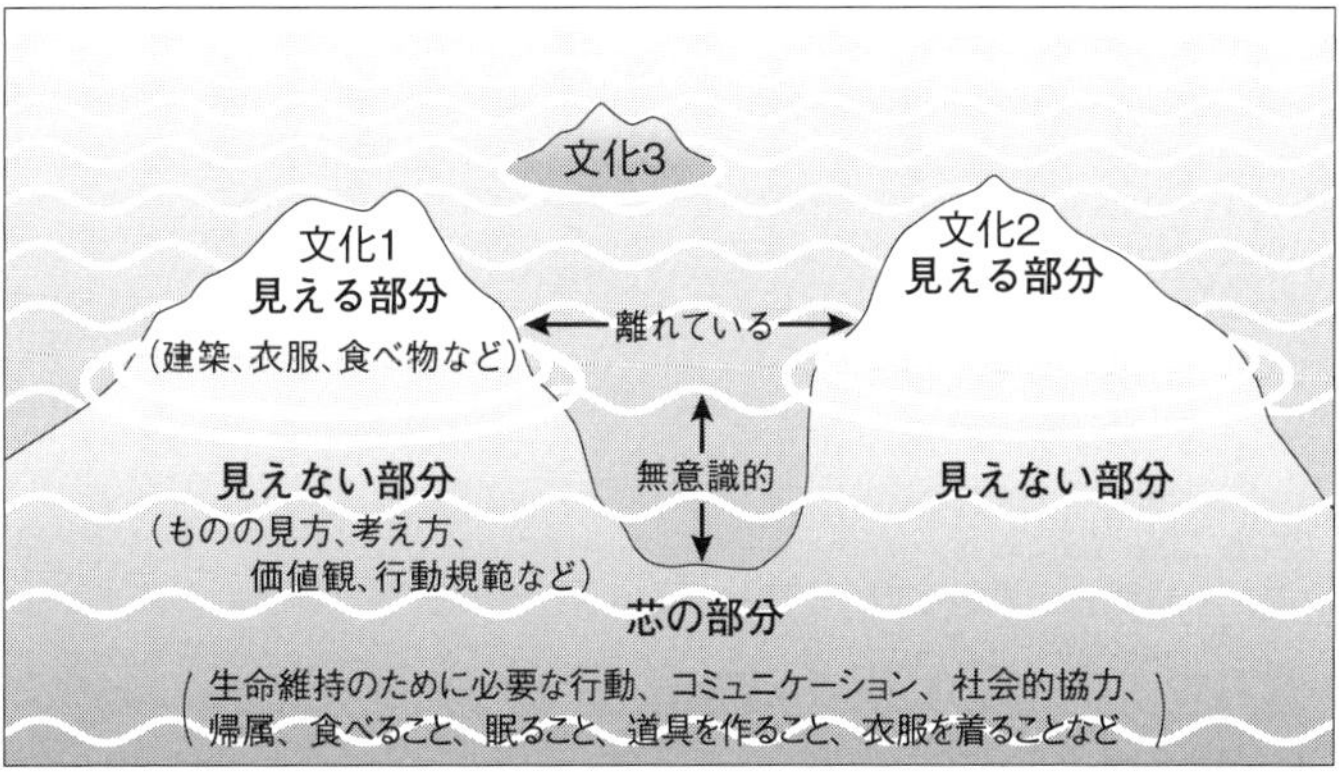

背景の異なる人と生活してみると、私たちの常識が相手の常識でないことに直面する。筆者がアメリカの家庭にホームステイしたとき、朝食は各自都合の良い時間に自分で勝手に台所で作って食べなければならなかった。それもほとんどの場合ホストファミリーの人々は立ったままで食べていた。母が作ってくれる朝食を家族そろって食べるということはただの一度もなかった。これは驚きであるとともに何だかさびしい気持ちを起こさせた。このホームステイ先の母親は怠け者でも、心の冷たい人でもなかった。むしろまったくその逆で、働き者で心やさしい、気配りの女性だった。ただ、筆者の日本の家族とホームステイ先の家族ではいろいろな点で習慣が違っていたのだ。

このような日常的な文化の違いはどんなに小さくても、それが蓄積すると大きなストレスになり、私たちの精神状態に影響を与える。そして、それまで意識していなかった身近で日常的な文化の重要性を思い知らされるのである。能力抜群の海外赴任ビジネスマンでも、お米のご飯と味噌汁が恋しくて仕事が思うようにできなくなるのは、彼が柔《やわ》な男であるからではなく、正真正銘の文化的人間だからなのである。

社会集団と文化

文化は伝承されるものである。私たちは、母の胎内にあるときから、いやそれ以前の単細胞の段階から学習を開始するのかもしれない。母から学び、家族から学び、幼稚園、学校、地域社会、国家、アジア圏、国際社会と私たちをとりまく社会は拡大していき、私たちは成長するに伴い、それぞれの社会の規範を学びとっていく。つまり、それぞれの集団にその集団の文化があり、私たちはその文化を学びとることにより、その文化の成員になっていく。そして、成長するにつれ、その文化の構成員としてその文化を創造していく責任をも担う。

昨今、バブル崩壊後の日本社会の構造変化が話題になっているが、終身雇用と年功序列を用いる企業が少なくなり、契約雇用と年俸制が普及してきた結果、正社員という雇用形態が減少し、契約社員、派遣社員、フリーターなどが増えてきた。このような雇用形態の変化は生活基盤に大きな影響をもたらし、それぞれ新たな生活文化を形作る原因になっている。従来、集団を考えるとき基準として用いてきた、性別、年齢、出身地、教育背景は今でも妥当性があるが、女性文化、男性文化、若年文化、熟年文化、関西と関東の文化的違いなどに加えて、派遣社員文化、フリーター文化というものも考慮にいれなければならない時代になったといえよう。

さらに、私たちは、いろいろな集団に同時に所属し、同時にいろいろな文化の成員になっている。例えば、○×会社役員の山田太郎氏五八歳は、男性文化、○×会社文化、管理職文化、熟年文化、山田家文化に同時に属している。一人の人間が複数の文化に属しているということは、ある意味で異文化コミュニケーションは一人の人間の中でも起こるということである。○×会社の役員である山田太郎氏は、競争会社△△興業の部長である息子の桃太郎氏とコミュニケーションするとき、自分の中で父親文化と会社文化のどちらの規範に従って行動すべきか自問自答するだろう。これは自分の中での異文化コミュニケーションである。

さらに、私たち一人一人がこのように複数の文化に属しているということは、ほとんどの人とのコミュニケーションが異文化コミュニケーションの部分を含んでいるということになる。山田太郎氏と妻の花子氏は同じ山田家文化に属するが、一方は男性文化、もう一方は女性文化に属する。したがって、太郎氏と花子氏の間のコミュニケーションは、同じ文化の部分と異文化コミュニケーションの部分が混在することになる。

私たちが属する諸々の集団の一番外側に付け加えたいものがある。それは生き物すべてと自然現象を含めた自然界である。私たちは長い歴史の中で人間中心の文化を築いてきたが、これからは文化と自然の共生共栄が重要である。文化は人が作るもの。それに対して、自然は神が作ったものと切り離して考える傾向があった。ところが、人間は自然の一部である。この大切な事実を私たちは忘れがちではないだろうか。環境汚染、地球温暖化、未知なるウイルスや菌の繁殖など私たちの生存を脅かすこれらの現象は、私たち自らの活動がもたらしたものも多くあり、私たちに自然の力を再認識させ、私たちの文化の矛盾と軽薄さを痛烈に告発してくれる。私たちが自然界と共生共栄の関係を築くのにも異文化コミュニケーションの考え方はたいへん役に立つと思われる。

文化的違い

「異文化コミュニケーションでは文化が『異なる』ということを強調しすぎて、共通点を無視している。異文化コミュニケーションが相互理解を目的とするのなら、このような視点は逆効果ではないか」という意見をよく耳にする。確かに、すでに強い偏見が存在する場合などは、共通点のほうを注目したほうが関係の改善に役立つといえる。しかし、一般的に言って、客観的に違いを知っておくことは、多様性を認める前提として必要である。異文化コミュニケーションでいう「違い」

とは共通点を探すための検証の過程で明らかになる違いのことであり、ある文化とある文化がまったく違うというような絶対的な違いではなく、相対的な違いを対象にしている。このような違いを知った上でないと相互理解のつまずきの原因も分からないまま終わってしまう。

日本人は集団主義的であり、アメリカ人は個人主義的であると言われているが、だからといって日本人とアメリカ人は理解しあえないほど違うということではない。命を大切にしよう、約束は守ろう、うそを付いてはならない、労働は尊い等、共有する価値観は多い。

しかし、文化による違いも明らかに存在する。例えば、A文化のほうがB文化より集団主義的価値観を持っていたとしよう。A文化の人の中でも集団を大切にする度合いは人によってかなり違いがあるので、人々の分布は、最も多くの人々に支持される一般的な基準点を頂点として左右に裾《すそ》を広げた形になると考えられる。この分布を図で示すと図1－2のようになる。[5]

それに対して、B文化の人の分布はA文化の人の分布よ

図1－2

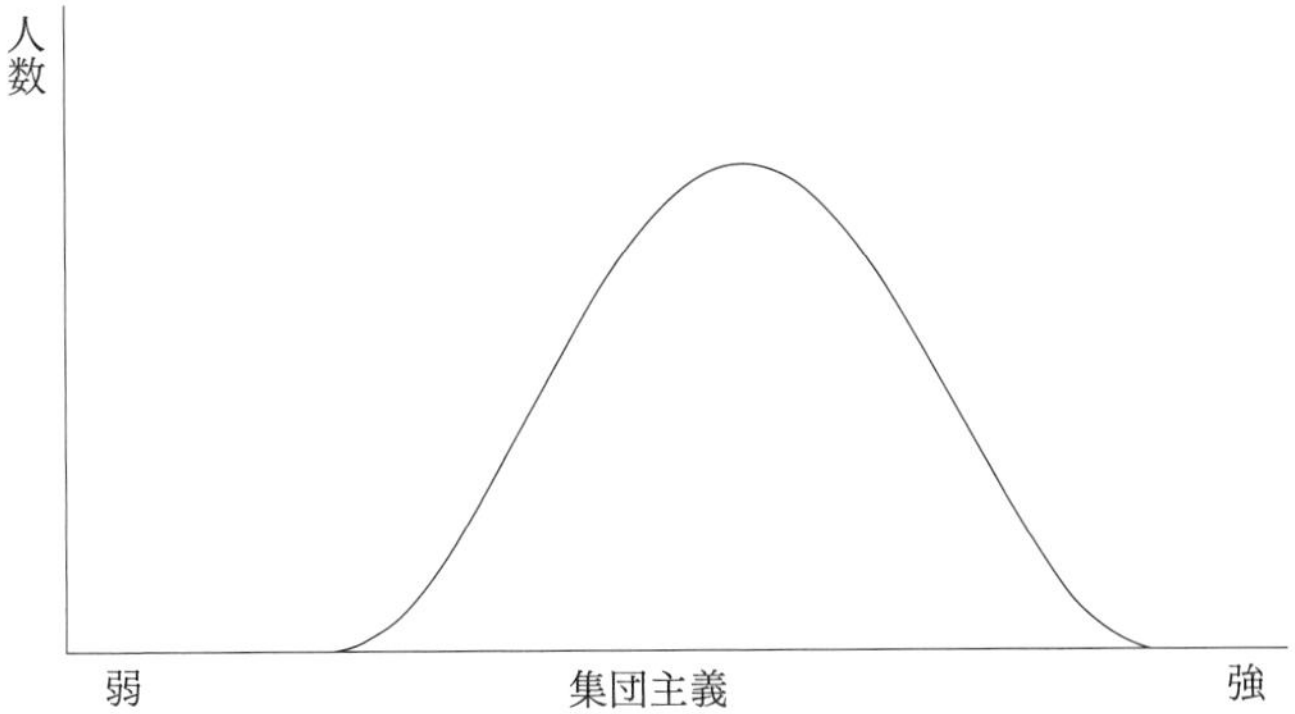

り頂点が左に位置するカーブを描くであろう。カーブが重なり合っている部分と重なり合わない部分がどのくらいかによって、文化間の違いの度合いが分かる。私たちは、違いを意識するとき、とかく相手文化の標準よりそれた裾野の端の部分、図1－3で黒く塗られた部分の人々の行動を見て、相手文化をステレオタイプ化する傾向があるが、そのような見方は偏見につながるので避けなければならない。しかし、それぞれの文化によって分布カーブの頂点が異なること、重なりの部分と重ならない部分があることを認識することは大切である。

このように、違いは相対的なものではあるが、共通の理解は努力なしには形成されにくい。人間同士であるから人間として共有する価値観は必ず存在する。しかし、安易に共通すると認識することは危険である。なぜなら、共通だとの判断を下すのが往々にして、弱い集団ではなく力のある集団だからである。近代においては、西洋人が自分たちの価値観を人類共通の普遍的価値であると判断して東洋に臨んだ結果、植民地主義の下で地域固有の文化が踏みにじ

図1－3

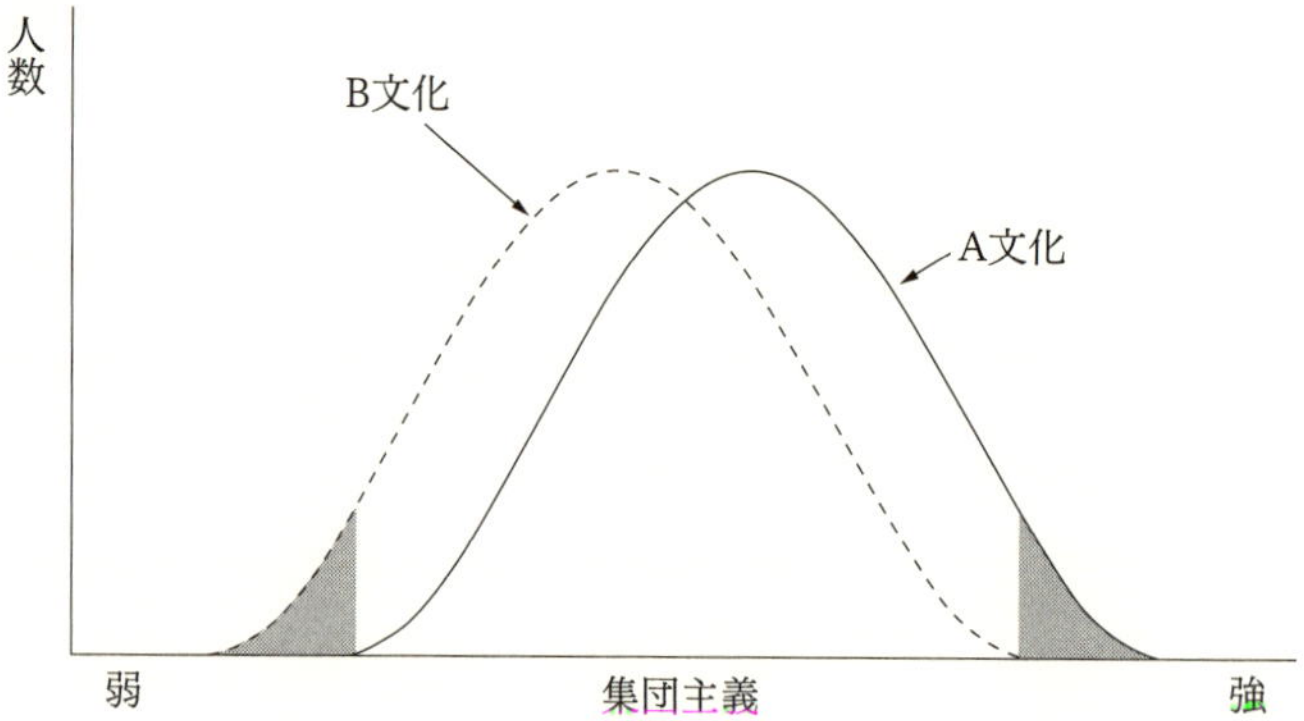

られていった。弱い集団のほうで強い集団の価値が人類に普遍的な価値であると認めたわけではなく、ただ強い集団の力に弾圧されていただけである。国際的に経済力と技術力を蓄積してきた日本は、他の文化から学ぶものはないと早合点したり、日本文化の価値観が普遍的なものだと過信するような過ちを犯してはならない。

トレーニング　2

1．文化の島々

下の文化の島の図で、水面上と水面下、それから海底の部分に何があるか書き出してみましょう。

2．私の文化　あなたの文化

自分と自分の親しい人（友達、恋人、家族）とどれだけ文化圏を共有しているでしょうか。

《例》自分の属している文化：

女性文化、母親文化、教員文化、英語話者文化、グルメ文化、ゴルフ愛好家文化、愛猫家文化、その他

親友の属している文化：

女性文化、母親文化、教員文化、ボランティア文化、詩歌同好会文化、愛犬家文化、その他

自分の属している文化を書き出してください。

○○さんの属している文化を書き出してください。

△△さんの属している文化を書き出してください。

解説

文化の島々

文化とは何か。その諸々の要素を書き出し、観念的な部分（見えない部分）、物理的な部分（見える部分）、共有しない部分、共有する部分に整理してみましょう。図1－1（19ページ）を参考にしてください。

私の文化　あなたの文化

自分の属する数々の文化集団と家族や親友が属する数々の文化集団を書き出して、どれだけ共通の集団に属しているか意識化することにより、どのような分野で理解が得やすく、どのような分野で理解が得にくいか考えてみるためのトレーニングです。

自分と親しい関係にある人は、親しくない人よりも共有する習慣や価値観が多いものです。しかし、それでも共有しない部分もたくさんあります。家族だから分かりあえるはずだとか、友達だからいちいち説明しなくても分かってくれると思っていると、案外期待はずれでがっかりさせられることが多いものです。これは、自分が期待するほど思いは共通でないということであり、常日頃から相手と本当に心の通ったコミュニケーションを行なっているか振り返る必要があることに気付かされます。

3 心をつなぐには：異文化コミュニケーションとトレーニング

平和部隊

文化背景が異なる人々の間でコミュニケーション上の問題が生じることは古くから認識されていた。コミュニケーションを研究し教える人々の間でも文化がコミュニケーションに与える影響についてかなり以前から研究や教育はなされていた。しかし、それはスピーチ・コミュニケーションや比較文化のコースに含まれていたりして、異文化コミュニケーションという分野として明確に認識されていたとは言えない。この分野が明確に認識され発展するのに大きな貢献をしたのは米国の平和部隊の経験であると言われている。[6] 一九六〇年代後半、平和部隊での任務から帰国した若者たちは自分たちの活動の矛盾に悩んでいた。病気、貧困、差別、文盲と戦うために発展途上国の村や町で行なった活動が多くの場合、現地社会に混乱や新たなる対立をもたらしたことを、彼らはどう解釈してよいのか分からなかった。これらの若者の多くは大学生で、高い理想と奉仕の精神に駆られて平和部隊に入隊したのだった。しかし、彼らの意図とは裏腹な結果が続出し、困惑してしまった。

自由、平等、個人主義という西洋的価値観とアメリカの技術と財力、それに有り余るほどの善意と若さを持って現地入りした彼らを待っていたのは、未知なる社会であった。社会構造、社会習慣、人間関係、社会規範、価値観、ことば、それらを含めた文化が異なっていた。しかし、何も分からないままに隊員たちは米国本土で企画されたプログラムを遂行しなければならなかった。このような行動が、どれだけ相手社会の構造、特に家族関係、夫婦関係、親子関係に混乱をもたらし、新たな対立の原因を作るか体験した。現在、異文化コミュニケーションの分野で活躍しているアメリカ人には平和部隊体験者か、それに似た経験をした人々が多い。

自分の文化の相対化

異文化コミュニケーション・トレーニングでは、まず相手文化の理解尊重を強調する。それは、自分の文化を物差しにして相手と接することが建設的な関係を阻む最大の原因であるという認識からである。相手文化を尊重するためには、自分の文化を絶対視するのではなく、多くの文化の中の一つであると相対化して認識しなければならない。さらに、相手文化を尊重することによって初めて自分の文化も見えてくるという体験的学習を重視する。このような相互理解と尊重があって初めて意義のある異文化コミュニケーションが可能であり、そのようなコミュニケーションから共通の理解が生まれ、そのような理解を土台として初めて共生共栄への方策を編み出し、協力して実行していくことができる。

一九六〇年代から七〇年代のアメリカでは、このような認識が平和部隊のみではなく、国内の少数民族の市民権運動などに携わった人々の間でも広まっていった。ベトナム戦争がもたらした社会の分断と混乱もこの認識を深めるのに貢献した。さらに詳細に文化的違いを観察していくと、男と女、お年寄りと若者、経営者と労働者、先生と生徒というように、異文化の人とは、実は、遠い存在ではなく、自分の隣にいる人も異文化的な面を持っているのだという認識に到達する。また、異文化を認識することは、共通文化を深く認識する上で必要不可欠な過程であることも重要な発見であった。安易に共通性を見出すことは、真の共通性を見逃すことに通じる。

異文化コミュニケーションの定義

以上のような背景を持つ異文化コミュニケーションの分野をここで定義付けてみよう。サモバーとポータは文化背景が異なる人の間で異文化コミュニケーションが起きるとして、文化背景が異なる点が特徴であるとしている[7]。さらに、バーンランドやグディカンストは異文化コミュニケーションとは文化背景が異なる人と人の間で起きる意味を付与するための相互的コミュニケーション行動であるとして、意味付与と相互的という点を強調している[8]。ここでは、もう一歩進めて、望ましい異文化コミュニケーションは、自分と相手の共生共栄と相互尊重のために行う情報交換、情報共有、共通の意味形成行為であると定義したい[9]。相手とコミュニケーションを図ることが、相手を利用し自分の利益と権力を一方的に伸ばすことに使われてはならない。つまり、自分または自国の利益のみを達成するコミュニケーションは望ましい異文化コミュニケーションではない。

しかし、現実を見ると、情報の収集、隠蔽、加工、流布は多くの場合、自国の権力と利益を増幅するために、意識的にも無意識的にも行われている。国家という大きな組織間だけではなく、企業間、グループ間、個人と個人の間でも頻繁に行われている。このような行為は異文化コミュニケーションの精神とは相いれない。

ビジネスの世界ではハーバード・ビジネス・スクールのフィッシャやユリーが提唱する交渉術は、異文化コミュニケーションの考え方に沿っている。[10] 相手と利害の対立で駆け引きするのではなく、本当に必要としている物が何であるかを掘り下げて把握することにより、双方にとって利益となる点がどの辺にあるかを探すことができる。そして、それが交渉の出発点であるとしている。この方法だと相手が得した分だけ自分が損をするゼロサム・ゲームではなく、相手も得をし自分も得をするウィン・ウィン（Win Win）の結果が得られる。第3章でも詳しく述べるがウィン・ウィンの関係は双方に満足感を与え、末永い関係を可能にするが、ウィン・ルーズ（Win Lose）の関係では勝負に負けたほうは関係を断ち切るか、仕返しをもくろむかもしれない。

異文化コミュニケーションは非常に学際的な分野である。異文化コミュニケーション研究はコミュニケーション学、文化人類学、社会学、言語学、心理学、比較文化、比較文学、史学、政治経済学、経営学などを専攻した人々によって行われている。従来の学問領域を縦割りの領域とするなら、横から領域の壁を越えてコミュニケーションという現象を捉えようとしているのがこの分野であると言える。このような学際的アプローチは、相互啓発の相乗効果により新しい視点からの創造的な研究を可能にすると言える。[11]

トレーニング 3

1

下記のローマ数字の９を見てください。そこに一筆書き加えることによって6にしてください。一部を消したり隠したりはしないでください。解決方法は２種類あります。

IX

2

下記の９つの点を一筆書きの４本の直線でつないでください。１回引いた線はなぞることはできません。

解説

これらの問題を解決するには発想の転換が必要です。自分の慣れ親しんだ常識の範囲を超える視点が必要です。つまり、自分の常識または思い込みを判断基準の物差しにするのではなく、パラダイム・シフトを行うことです。パラダイム・シフトができることは、異文化コミュニケーションを行うときに最も大切な能力です。あなたは柔軟に視点をシフトできましたか。

1 ここではローマ数字に惑わされない事が大切です。
①ＳＩＸ　②１×６（＝６）

2 ここでは、九つの点が形成している四角形からはみ出てはいけない、という先入観をなくす事が大切です。

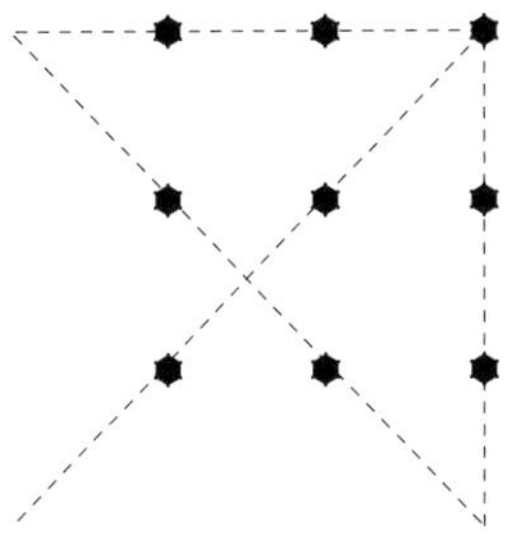

4 異文化コミュニケーション・スキル

それぞれの表《おもて》と中身

日本の社会も多民族多文化の傾向が増し、異文化コミュニケーション・スキルの重要性は認められるようになってきた。しかし、今でも、握手の仕方や名刺の交換の仕方など表面的で取るに足らないことだと言う人もいる。実は、握手のときの姿勢、視線、表情、手の握り方、手の振り方、使うことばは重要である。しかし、これらの表《おもて》に現れた事柄をその奥にある態度と価値観に結びつけて習得しなければあまり意味がないことも事実である。

異文化コミュニケーションでは握手を表面的な現象として捉えない。握手とはその人の態度と価値観を反映したコミュニケーション行動なのである。この点を十分に把握しなければならない。そうすることによっておじぎと握手の類似性と相違点が明確になり、自分が相手に何を伝えているのか、相手が自分に何を伝えようとしているのか理解することができる。

おじぎも握手もそれぞれの行為が属する文化を代表する挨拶行動である。双方とも相手に対する善意を伝達するために行う。おじぎでは頭を相手より低い位置にもっていき敬いの気持ちを主に表す。また、頭を相手に差し出すことにより敵意のないことを表している。握手では手を握りあうことによって武器を持っていないということ、相手と肌を触れ合わせるという行為で親愛の情、さらに、握るという行為で互いに約束は守るという誠意を伝えている。

握手とおじぎに共通するのは、相手に対して敵意がないというメッセージである。おじぎには相手への敬いが強く出るが、親しみと誠意は強く表明されない。握手では相手に対する親愛の情が強く伝わり、誠意が二次的に伝わるが、敬いの気持ちはそれほど表明されない。このように表《おもて》に表れている行動とそれが意味する中身をよく吟味して、どのような意味が伝達されているか正確に認識することが大切である。

補足調整

文化背景が異なる者同士の間では、自分が伝えたいことを相手に正確に伝えるためには補足調整が必要な場合が多い。

握手をする文化では、おじぎは相手に対する敬いの心を表すが、同時に相手に対する上下関係とフォーマルであるという点が強調されて伝わる。したがって、ある意味では親しみを感じない、むしろ権威と冷たさを感じる行為にあたる。人間関係における平等の精神よりは上下関係に基づく行為であると解釈される可能性が高い。

おじぎをする文化では、握手は親しさを表しすぎる、慎みがないと解釈される可能性がある。今の日本人でこのように感じる人は少ないかもしれないが、握手がまったく自然な挨拶として受け入れられているともいえない。特に、握手の後に頬への接吻が伴うラテン系の挨拶行為に対する日本人の感覚を考えると、言わんとしていることが理解していただけるであろう。

握手をする文化の人とコミュニケーションをするとき、おじぎを用いた場合は、相手に敬いの心が通じたか、相手に上下関係を意識させすぎなかったか検討する必要がある。そして、相手に親愛の情および誠意を伝えるには、おじぎに適切な行為およびことばを加えなければならない。また、握手を用いるときは、相手に対する敬いの心を伝えたいなら、適切な行為とことばを加えなければならない。これが補足調整である。

このような補足調整が必要であるが、これは相手の文化背景、課題、ＴＰＯ（time, place, occasion）によって異なる。実際にいろいろな事例を学習し、実践力を身に付ける必要がある。

実践力養成

異文化コミュニケーションでは、実践能力を重視する。コミュニケーションについていくら高邁な理論を展開しても、実践が伴わなければあまり意味がない。実践力を育むのが異文化コミュニケーション・トレーニングである[12]。

最近では、海外赴任が決まるとビジネスマンは研修を受ける。研修の内容は、語学、現地の商習慣、現地の地理、習慣、法律、医療、教育、治安、交通、通信などを学ぶ。それに加えて異文化適応スキル、異文化ストレス管理、危機管理、そして異文化コミュニケーション・スキルを学ぶ。一昔前までは、現地に関する知識に重点を置いた研修でこと足りるとしていた。しかし、いくら現地に関する知識を蓄積しても、実際現地での人間関係に戸惑い、異文化不適応を起こし、精神不安定になり健康を害し、仕事ができなくなる人が跡を絶たない。特に、真面目で几帳面でプライドが高い頭でっかちな人は異文化適応が苦手のようである。むしろ、楽天的で失敗を気にせず、あきらめないで再チャレンジできる行動派の柔軟な思考の持ち主が異文化適応には向いているようだ。自分の物差しを絶対視するのではなく相対化しなければならないという前節の指摘からもこれは納得してもらえるであろう。

知識も重要ではあるが、それだけではだめで、実践力が伴わなくてはならない。帰国ビジネスマンは「現地にすぐ慣れた」と強がりを言うことが多いが、実は適応の苦労を経験しているし、同行した家族が苦労した例も多い。また、帰国後の適応に手間取っているケースも少なくない。このようなとき役に立つのは知識だけではなく、知識を生かして実践できる能力である。異文化コミュニケーション・トレーニングではこのようなスキルを身に付けるための手がかりを習得してもらう。

このような実践能力を身に付けるには、赴任前研修だけでは不十分で、現地でのトレーニング、帰国後のトレーニングと大きく分けて三段階のトレーニングを受けられるようにすると良い。

現在では、多くの企業が赴任前研修を実施しているが、帰国後研修となるとまだ大変少ない。現地での研修実施状況も企業によってかなりのばらつきがある。前任者との業務引継ぎだけで済ませているような所には問題が多い。海外子女に関しては、現地での手当と帰国後の手当がかなりきめ細かく施されるようになってきてはいるが、まだ十分とは言えない。特に、ことば以外のコミュニケーション・スキル・トレーニングにも配慮が必要である。

疑似体験学習

実践的能力を身に付けてもらう手がかりとなるトレーニングとは具体的にどのような性格のものなのであろうか。それは、相互尊重という態度に土台を置き、自らの感情と行動を調整できるようになるために各種の体験学習を積み重ねていくのである。体験学習と言っても、実際の異文化体験・海外体験を意味するのではなく、疑似体験をすることができる学習環境を提供するのである。

感情と行動をコントロールすることができるようになるためには、抽象的なレベルでの知的学習だけでは十分ではない。そこで、感情と行動が自然に入ってくる疑似体験をしてもらう。疑似体験には、体験度の高いものから低いものまで幅がある。

一般に、私たちは知的学習に慣れており、体験学習には慣れていないので戸惑いを感じる。これは、知的学習のときより体験学習のときのほうが失敗したときの恥ずかしさ、不快感が強いからであると思われる。失敗するリスクと体験度は正比例の関係にあると言える。学習者が体験学習に拒否反応を起こさないよう、体験学習に慣れていない人には体験度の低いものから導入して、体験度の高いものへと徐々に持っていく。

例えば、「スーパーのレジでおつりをもらいましたが、五〇〇円足りませんでした。あなたはこのような場合どうしますか」という問いに対しては、選択肢の中から、自分の反応を選択してもらうというようなエクササイズはリスクが少ない。このようなアンケート形式のエクササイズでも、自分が行動派なのか、我慢派なのか、感情派なのか、冷静派なのかは分かる。

さらに、このケースを短い劇（スキット）のように実際に役柄を決めて演じてもらうと、もっと自分の感情と行動が把握できる。さらに、このケースで、レジ係がおつりは正しいと主張するのに対して、自分の正当なおつりをもらうようロールプレーさせると自分のそのときの気持ち、コミュニケーション能力（交渉力）、行動がより鮮明に把握できる。そして、ロールプレーの後で自分の感情と行動を分析し、どのように改善したらよいか検討し、再度ロールプレーをすることにより、スキルを習得することができる。

異文化コミュニケーション的要素を強調したいなら、場面を異国に設定し、レジ係も現地人としてロールプレーさせればよい。このようなときは現地人を講師がするか、詳しい役柄と行動説明を前もってレジ係をやる人に渡しておく必要がある。実際のコミュニケーション行動から実に多方面の事柄が学べる。自分がどのような先入観を持っていたのか。そのために、どのような感情を持ち、どのような意図でどのような行動に出たのか。相手は、どのように自分の言動に応じたのか。相手の言動に対する自分の解釈は適切であったか。

ロールプレー後の検討の段階では、自分と相手のコミュニケーションを分析し、そのプロセスを解釈し直すだけではなく、現地ではどのように対応するのが一般的であり効果的であるかという説明を加え、それがどのような価値観の反映であるかも検討させる。このようなプロセスを経た後で、再度ロールプレーさせ、スキルを身に付ける手がかりを習得してもらう。

非常に日常的なケースを例にあげたが、部下が超過勤務を拒否した場合とか、無断欠勤した場合の注意の与え方など、状況は学習の目的に応じて設定する。このようなロールプレーによる学習は、体験度も高く、リスクも高いが、頭だけでなく、感情と行動を伴う総合的な学習なので記憶に鮮明に残るし、感情と行動の調整の仕方を習得できるので、実際に事が起こった場合に応用しやすい。

本書の巻末にはペアまたは小グループでできるロールプレーやシミュレーションを収録したのでこれらを異文化コミュニケーション・スキルを高めるのに役立ててもらいたい。

トレーニング 4

交渉

1．スーパーのレジでおつりが500円不足していました。あなたはどうしますか。場所は日本、レジ係も日本人です。

2．スイスに旅行中、アルプスの村のスーパーでティッシュペーパーを買いました。高額紙幣しか持ち合わせがありませんでしたので、それをレジの女性に渡しました。おつりを数えてみると日本円に換算して1000円分不足しています。あなたはどうしますか。

3．モロッコの市場（スーク）で買いたいカーペットを見つけました。店員は日本円に換算して20万円だと言います。あなたはどうしますか。

解説

1. 日本では、おつりを渡すときに間違えることはほとんどありません。レジの計算機がお客にも見やすく便利にできていることが一因でしょうか。そのため、いちいちおつりを確かめない人も多いようです。しかし、おつりが間違っている場合は、おつりが不足していることを日本語で説明し、不足分をもらうことは比較的容易です。レジ係も間違いをわびるのが普通です。

2. 現地のことばが出来ない場合、相手におつりが不足していることをことばで説明できませんので、ジェスチャーに頼らねばなりません。英語が出来る場合はそれを試してみることです。しかし、ヨーロッパの田舎町では英語が通じないことのほうが多いと覚悟したほうがよいでしょう。

根気よく、ねばり強く交渉しないと、おつりはまずもらえないでしょう。後ろに人が並んでいるのが気になり遠慮して弱気になってはいけません。自分の正当な権利を主張するのに、はばかることはないのです。後ろに並んでいる人もあなたの権利を認めてくれます。しかし、自分からあきらめたら、だれも助けてはくれないでしょう。

3. モロッコの市場での買い物には値段の交渉が付き物です。売り手は最初は売り値の倍以上の値段を示すのが普通です。本当にそのカーペットが欲しいのなら、いくら払う気持ちがあるのか自分で心に問う必要があります。そして、その金額にまで相手の言い値を下げさせるための駆け引きを真剣に、しかし、楽しみながら開始してください。買う気もないのに駆け引きをすることはルール違反です。ただの冷やかしは、どこでも嫌われるようです。

以上のような具体的な場面で自分は実際どのように行動するかを考え、記述するか実演することによって、自分の行動を検討することができます。また、目的を達成するためにはどのように行動する必要があるかも学びます。そして、実際に交渉をするためのジェスチャー、表情、ことばなどを工夫してみましょう。

第2章 コミュニケーションとは何か：コミュニケーションのメカニズム

① コミュニケーションをたとえてみると：コミュニケーション・モデル

前章では現代における異文化コミュニケーションの重要性を述べたが、「異文化コミュニケーション」とは私たちが日常同じ文化圏の人々と行なっているコミュニケーションと根本的に違うものなのだろうか。確かに使用する言語が明らかに違ったり、宗教、習慣、物事に対する価値観などが違っている人々とのコミュニケーションは、共通点が多い場合よりも困難を伴うことが容易に想像できる。しかしながら、前章でも述べたように文化の違いとは相対的な違いであると考えると、文化を異にする人々との間であろうとも、同じ文化圏の人との間であろうとも、人と人との「コミュニケーション」であるという点では同じ現象であり、共通するメカニズムがそこにはあると考えるのが妥当である。ここでは人間のコミュニケーションにおいては、どのようなメカニズムが働いているのか、代表的なコミュニケーション・モデルをいくつか紹介しながら考えていきたい。

さて、私たちは日常的に「職場のコミュニケーションを円滑にするために」「家庭内コミュニケーションの断絶」「より良いコミュニケーションを目指して」などという表現を聞いたり、使ったりしている。「コミュニケーション」は外来語であるが、現在ではすでに日本語としての市民権を得たといってもよいだろう。学者の中には「コミュニケーション」という語は、戦後日本に根づいた外来語の中で最も重要な意味を持つ言葉のひとつである、と明言するものもいる(1)。手もとの国語辞典によれば、コミュニケーションとは「人間が互いに意思・感情・思考を伝達し合うこと。言語・文字その他視覚・聴覚に訴える身振り・表情・声などの手段によって行う」(「大辞林」)と定義されているが、「コミュニケーション」という言葉がよく使われる背景には、もともと日本語には同じ意味を持つ言葉がなく、この新しい概念を表すために日本語で訳語を作るより、そのまま使わざるを得ないという実状があるのではないだろうか。

また、現在でこそ前記の表現のように人と人とのいわゆる対人レベルのコミュニケーションについての表現が一般的に使われているが、日本ではつい最近まではコミュニケーションといえば、新聞やテレビなどのマスメディアを通じて行われるマス・コミュニケーションを意味するほうが一般的であった。このように日本においては欧米ほどには対人コミュニケーションを対象とする学問分野が発達しなかった背景として、「沈黙は金」「察し」「腹芸」あるいは「以心伝心」などという、コミュニケーションを図ろうとしている人々の間に共通の考え方、意見、価値観が存在することを前提とした日本人の言語観、コミュニケーション観が原因であるとの分析も多い。

それでは、日本人は日常生活において何の問題もなく「以心伝心」と言われるようなスムーズな意思疎通を行なっているのだろうか、と考えると、むしろ、うまくいかなかったと思えるケースを思い起こす人のほうが多いのではないだろうか。実際、現代の日本社会の問題点を「コミュニケーション不全症候群」という造語で捉えようとした作家もいる。[2] どうやら私たちは人間関係において何かうまくいかなかったときに「コミュニケーション」を口にするようだ。こうして考えるとコミュニケーションとは、私たちが日常生活においてあまりにも当たり前のことと見なすあまり、まるで自然のなりゆきのように感じていながら、何かうまくいかなかったり、期待が外れたりしたときに初めて意識するものだと言えよう。

●コミュニケーションとはメッセージを伝えること：伝達モデル

コミュニケーションを説明しようとすると必ず使われるのが「伝える、伝達する」という表現である。伝えるものが「情報」や「意図」というメッセージと考えられる。このようにコミュニケーションを「伝えること」を中心にして考えると、このモデルではメッセージの送り手とその受け手という二つの役割が想定できる（図2−

図2−1

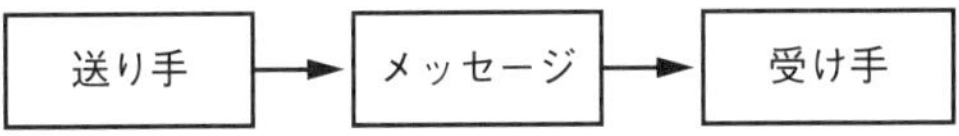

1)。

このようなコミュニケーションの捉え方はコミュニケーション学の中でも古典的なものであり、シンプルで分かりやすいと言えよう[3]。しかし、よく考えてみると、実際のコミュニケーションでは、このモデルでは説明できない事があることに気づく。このモデルでは送り手の意図がまるで包装された製品のように受け手に届くというイメージがあるが、メッセージをどのように送るのかという伝達手段（チャンネル）も状況や人によって違う。チャンネルとはいわゆる五感（見る、聴く、触る、嗅《か》ぐ、味わう）を言う。例えば、「結婚したい」というメッセージを相手に送りたい場合、言葉によって相手に率直に言う（聴覚チャンネル）場合もあれば、手紙で伝える（視覚チャンネル）場合もあるし、男性から女性にダイヤの指輪を手渡す（視覚・触覚チャンネル）、というようにいろいろな伝達手段が考えられる。また、同じ言語を使っても「両親に会ってほしい」と婉曲に言うことも考えられる。

また、意図しない誤解――送り手が意図したことが受け手に必ずしも同じようには伝わらない――という、異文化を引き合いに出すまでもなく、私たちの日常生活でもよく起こることが説明できない。

前記の点を考慮したのが、下図のシャノンとウィーバーのモデル（図2－2）である[4]。

図2－2

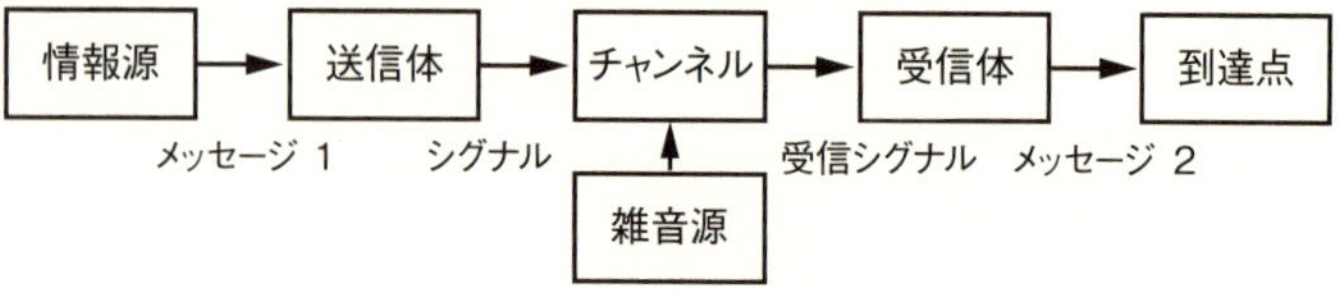

このモデルはもともとは人間のコミュニケーションというより、電話などの通信コミュニケーション上の「正確さ」と「効率」を主眼として考えられたものであるが、ここで注目したいのは雑音源（ノイズ）という概念を入れることによって、メッセージ1とメッセージ2が同じでない場合を想定しているという事である。例えば、話し手が意図したことが必ずしも到達点である聴き手に伝わらないという可能性をこのモデルは初めから含んでいる。雑音源は外在的、物理的なものも考えられるし、内在的、心理的なものをも含んでいる。例えば、会話をしていて、工事の音（物理的雑音源）にかき消されて相手が何を言っているのか聞き取れなかったり、講演を聞いていてふっと他のことを考え（心理的雑音源）話の続きが分らなくなったりすることが理解できるし、いつもは理解できる簡単な英語が外国人を前にして緊張のあまり聞き取れないことなどがこのモデルでは説明できる。

コミュニケーションとはキャッチボール：相互交渉（インターアクション）モデル

前記のモデルは送り手が受け手に伝える、一方向に限定されたコミュニケーションの働きを理解するには適しているが、私たちが日常行なっているコミュニケーションはこのような一方向だけのものではない。特に目の前に相手がいる（対人）場合には送り手のメッセージを送るという行為（アクション）に対して送り手が新たなメッセージを送って反応（リアクション）する場合も多い。

例えば、あなたが昨日見たプロ野球の劇的なホームランの話を熱心にしていたとしよう。話の途中で聞いていた友人があくびをしながら腕時計をチラチラ見ているのに気づいたあなたはどのように思うだろう。このような、メッセージに対する受け手の反応で送り手が認識できるものをフィードバックと呼ぶ。もちろんフィードバックは仕草や身振りのような非言語行動と呼ばれるものだけではない。目的地への行き方を説明しているときに聴き手がする質問や、手紙への返答などもフィードバックである。このようにコミュニケーションを相互交渉（インターアクション）として考えたものの代表にシュラムのモデル（図2－3）が挙げられる。[5]

このモデルによれば、個人はメッセージを記号化し、対象となる相手に何らかのチャンネルを通じてそれを送り、メッセージの受け手は両者のコミュニケーションの正確性を増すためにフィードバックを与えながら、もとの送り手にメッセージを送る。したがって、メッセージの受け手は送り手とも考えられ、送り手は受け手ともなりえる。このモデルによって、両者が相互にメッセージのやりとりをするという双方向性が明確に示されたと言えるだろう。シュラムはまた、送り手が受け手に送った

図2－3

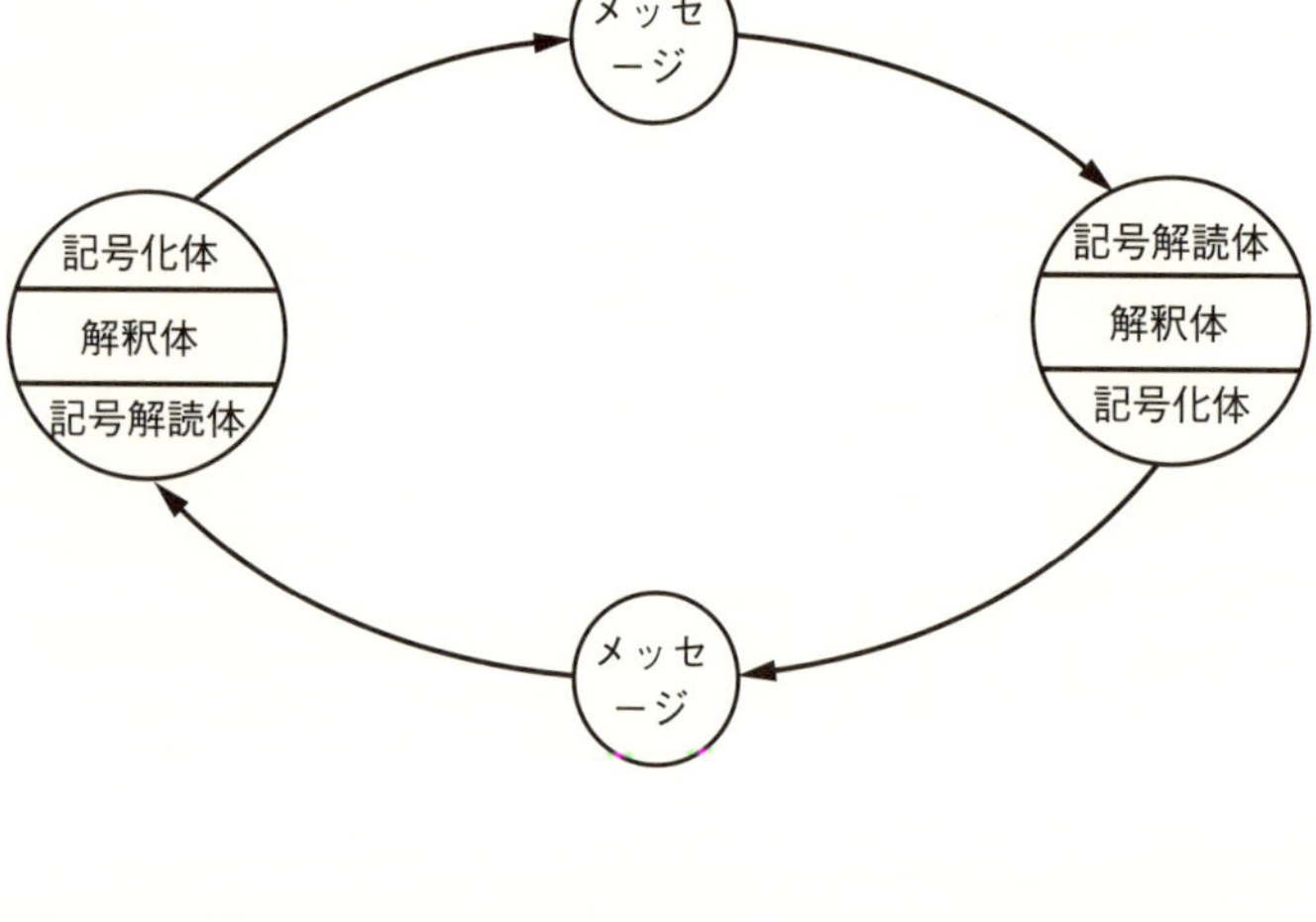

メッセージが意図したように届くかどうかを決定するものとして「経験の場」という概念を使い、両者が互いに共有する「経験の場」――例えば言語、文化、育った環境など――を持たなければメッセージが正確に伝わる可能性は低いと述べている。

「コミュニケーションは伝えること」という伝達型のモデルが、送り手が直線的に受け手にメッセージを与えるというような、送り手中心の印象を与えたのに対して、メッセージのやりとりの双方向性と相互性を強調した相互交渉（インターアクション）モデルは、キャッチボールのように送り手も受け手も対等な役割を持ち、互いにコミュニケーションに貢献するという、より動的なプロセスを描いていると言えよう。

相互交渉モデルでは、メッセージがうまく伝わらない原因に、伝達モデルでの雑音源という物理的な障害や送り手の心理的障害だけでなく、コミュニケーションを行なっている者同士の共通性の度合いが関わっていることを示している。

コミュニケーションとは共同作業：交流（トランスアクション）モデル

フィードバックや送り手と受け手の共通性を考慮し、メッセージの双方向性を取り入れた相互交渉モデルではあるが、現実の私たちのコミュニケーションを表すにはまだ不十分なところがある。交互にボールをやりとりするキャッチボールのイメージでは、受け手と送り手は絶えずどちらかの役割を交互に果たしているだけのような印象を受ける。私たちが日常誰かと話をしたりするときは、メッセージを交互に整然とやりとりしているわけでなく、全てを同時に行なっているのだ。

また、キャッチボールでは一個ずつ投げられた球しかキャッチできないが、現実のコミュニケーションでは投げたボールだけが受け取られるとは限らない。その例としてコンドンとユセフは「大使のフケ」というエピソードを紹介している。

私たちは東京の日本人学生たちと、日本語に達者で日本文化にも長《た》けていると評判だった元駐日アメリカ大使について話していた。ある女子学生がこう言った、「大使がすばらしかったのは分かっているのですけれど……でも、奥さんはあんまり良い奥さんではなかったようですね。分かりますよね、わたしの言いたい事が」。私たちには皆目見当がつかなかった。これはあの悪名高き日本の週刊誌からのゴシップだろうか？　いいえ、そんなんじゃないんです、と彼女は答えた。彼女は単に元大使のインタビューをテレビで数回見て「彼の肩にはフケがあったの」だと言う。それが説明の最後だった。どうやら他の学生たちには十分な説明だったようだ。皆一様に、そうだね、あんまり良い奥さんとは言えないね、と同意した。しかし、当時の筆者には不合理な結論、意味を成さない説明のように思えた。学生たちは皆根気よく説明してくれた。日本では良い妻とは夫の身だしなみにも責任があるのだと。夫がちゃんとした身なりをしていなければ明らかに妻の責任である。しかし、くだんの女子学生は大使がインタビューで何を言っていたのか記憶にあるのだろうか。何にも覚えていない――フケ以外には、というのが彼女の答えだった。一片のフケが千の言葉に勝るのである――ある状況、ある文化では。ここではアメリカ大使はこの日本人女子学生に何かを伝えたと言えよう。彼が伝えたことは彼が言ったことでも伝えようと意

図していたことでもない。彼はこの女子学生の反応など知りもしないのだ。(6)

このエピソードのような例は日常でもよく経験することである。大使にとって「フケ」は意図して投げた「ボール」（メッセージ）ではないが、女子学生はそれを受け取り、自分の価値観――あるべき妻の理想像――に照らし合わせて解釈したのである。そして彼女にとってはその解釈のほうが、大使が心を配り、細心の注意を払って受けたであろうインタビューの内容よりも記憶に値するほど重要だったのだ。もし、大使が女子学生と同じ日本人的感覚を持ち、あるいは彼の妻が女子学生が思い描く「模範的」妻としての才能を発揮してインタビューに臨んだとしたら、少なくとも肩のフケはなかったかもしれないし、それを見ていた女子学生は大使のインタビューの内容をもっとよく覚えていたかもしれない。また、この女子学生も大使のある一点についての自分の意味付けのプロセスに気づいたなら、大使がインタビューで伝えたかったことは何なのかに思いを巡らせる余裕を持てたかもしれない。

このように考えると、私たちは対人レベルでのコミュニケーションにおいては、受け手として、あるいは送り手として交互に役割交代をしているというより、互いに相手の意図に関係なく意味を見出しあいながら、自分の意図したことが伝わるように配慮し、コミュニケーションという共同作業に参加している、と言ったほうが複雑ではあるが的確なのではないだろうか。このようなコミュニケーション観を交流（トランスアクション）モデルと呼ぶ。

相互交渉モデルでは、コミュニケーションの中心的活動は人が送り手としてメッセージを作り出し伝えることとして説明されるが、バーンランドはコミュニケーションを特徴づけるのはメッセージを作り出すことではなく、意味を創り出すことであると述べている(7)。図2－4はバーンランドのモデルを単純化したものである。

ここでいう「手掛かり」とは、人にとって意味をくみとるきっかけになるもの全てを含む。このモデルでは実線による矢印は人が意識的、無意識的に発しているメッセージの記号化による意味付けのプロセスを示し、点線による矢印は解読による意味付けのプロセスを示す。解読と記号化を結ぶ螺旋《らせん》はこの二つのプロセスがその境目がはっきりせず常に同時に行われていることを示している。言語、非言語、個人に関わる、あるいは環境・状況に関わる手掛かりを波線で囲っているのは、これらには数量的に限りがないことを示している。しかし、これらの手掛かりに限りがなくとも、女子学生が見た大使の肩のフケのように、それを認識するものにとっては興味や重要性などによって順位をつけられるのである。

図2－4

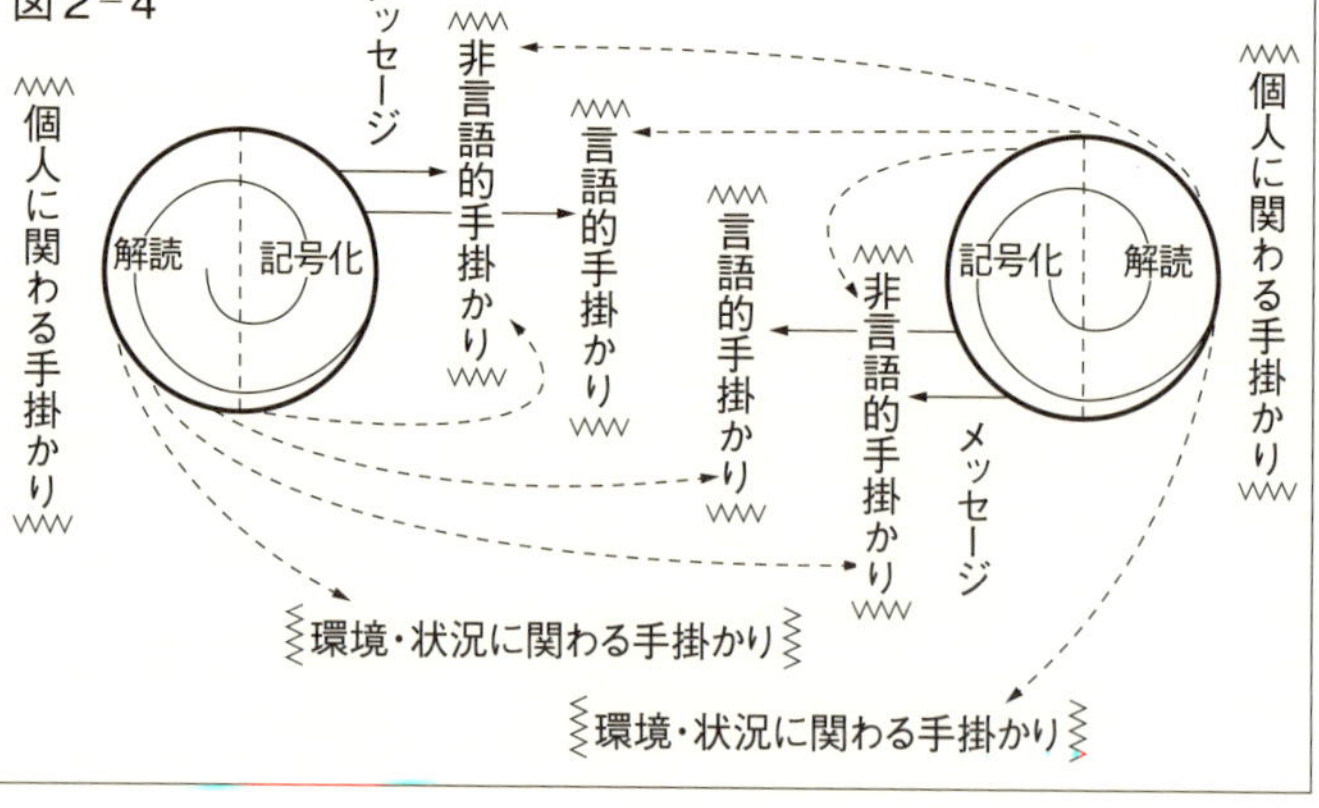

コミュニケーションは共同作業であるとする交流モデルでは、自分の意図をメッセージとして伝えようとする行為と、意図されたかどうかに関わらず手掛かりを見出し解釈する行為とは同じように重要で活動的なものだと考える。むしろメッセージが必ずしも意図されたようには解釈されないこと、大使のエピソードのように意図しなかった「手掛かり」が他のものより記憶に残るものとして解釈されることを考えると、今まで脇役のように考えられてきた受け手のほうがコミュニケーションの中心的役割を果たしていると言えよう。交流モデルは「送り手中心」の視点から脱却し「受け手中心」のコミュニケーション観を提示している。メッセージが送られたとか、意図があるかないかに関わらず、意味解釈の主体である私たちがそこに意味を見出したときに、すでにコミュニケーションは始まっているのだ。同じように、私たちが街で外国人を見かけたときに何らかの印象を持ったとしたら、もうすでに異文化コミュニケーションは始まっていると言えよう。

異文化コミュニケーションを考えるとき、交流モデルは、さまざまな誤解や行き違いが必ずしも意図したものでないことを理解する一助となり得るし、意図したことが相手に伝わることは当然のことではなく、むしろ驚嘆に値することであると実感できよう。

トレーニング 1[8]

以下の項目は私たちの日常生活で起こり得る出来事ですが、これらを読んで「コミュニケーション」と呼べるものに○をつけてください。

____①朝、電車の中で知り合いに会ったが、満員で互いに離れていたので互いに会釈をかわした。

____②久し振りに父と話していたら転職のことで意見が合わず、思わず口論になってしまった。

____③企画会議で発表する。

____④昨日娘に入学祝いに何がいいかと聞いたら、気を遣わなくていい、と言っていたのだが、今朝テーブルの上に『特集：徹底！パソコン購入計画』という雑誌が置いてあった。これはひょっとすると……。

____⑤講義を聴いてノートを取る。

____⑥今日は久し振りのデート。お気に入りのスーツにコロンで決める。

____⑦買い物から帰ったら、いつもは何もしない息子が洗い物をしてくれていた。そのうえ「母上、何なりと御用を」などと言う。今日は母の日ではないし……。

____⑧とても忙しそうなので悪いと思ってパーティーに声を掛けなかったら、なんで誘ってくれなかったのか、と後で言われた。

____⑨海外旅行中にレストランでコーヒーを頼んだらコーラが出てきてしまった。

____⑩課長のワイシャツが朝からヨレヨレ。髪は寝癖がついているし、奥さんとケンカでもしたのだろうか。

解説

さて、皆さんはいくつ選んだでしょうか。これら全ての項目は、コミュニケーション学においては全て「コミュニケーション」と呼べるものです。

①では、言葉こそかわしていませんが、会釈も立派な意味を持ちます。例えば、身近な人に会釈をしなかったことを想像するとその意味がよく分かるでしょう。会釈をすることも「記号化」であり「解読」の対象となります。

コミュニケーションというと「自分の意図を相手が理解し、受容すること」を意味すると考えている人も多いと思いますが、②のように、相手と意見が合わないと理解することやケンカもコミュニケーションです。

③は送り手（発表者）から受け手（発表を聞く人）への一方向のコミュニケーションの例です。もっとも、企画会議の参加者が全員その発表を一〇〇％理解しているのか、あるいはその発表を承認するかは分かりません。

④は婉曲的なコミュニケーションの例です。口ではあることを言っても言外に「察してほしい」と考えて行動をとることはありませんか？　皆さんも、長年の付き合いの相手や、自分の意思をはっきりと伝えて断られるのが嫌なときは、このようなスタイルをとるのではないでしょうか。このような場合、「察し」を多大に期待すると、それが伝わらないときに人間関係がうまくいかなくなったりすることも多いので、気をつけなくてはいけないでしょう。

⑤は、③と対になるような一方向コミュニケーションの例です。このとき眠くなったり（心理的）、隣の私語が邪魔になって講義が聴き取れなかったり（物理的）する事が雑音源となったりします。

⑥では、デートの相手にスーツを着て見せる（視覚チャンネル）ことと、コロンを付ける（臭覚チャンネル）ことによってメッセージを送ろうとしているのが分かります。ただ、相手と趣味が違っていると、そのメッセージが「裏目に出てしまう」こともあるし、そのようなメッセージにはまるで無頓着な人もいるでしょう。

⑦は同じ言語を使っても、いつもと違う使い方をすることによって自分の意図をメッセージ化しようとする例です。ここではいつもはしない洗い物までするという行動（非言語コミュニケーション）もメッセージを含んでいます。

⑧は気を遣って「誘ってあげなかった」という誘うという行為の不在が、意図しないメッセージとなった例です。「きっと、断るだろうから」と相手の行動を先読みしたつもりが、相手には「自分だけのけ者にして……」と解釈されたのかもしれません。

⑨はメッセージの受け手と送り手が共通の音声言語コード（記号体系）を持っていないときによく起こる「誤解」ですが、「誤解」もコミュニケーションの結果の一つです。

⑩では課長は何も言ってないのですが、課長の様子からさまざまなメッセージを

「受け取って」意味を見出しています。このような意味付けの根底には自分で検証したこともない思い込みやステレオタイプ（例えばここでは夫婦の役割や望ましい行動について）が往々にしてあるので、他にどのような解釈ができるのか、考えた上で行動をとると良いでしょう。

本章で説明しているように、言葉が介在してもしていなくても、意図があろうとなかろうと、あるいは意図したように伝わらなくとも、ある行動が「意味を持つ」としたら、それは全てコミュニケーション行動なのです。

❷ コミュニケーションは意味の創造：共通の意味の形成

「人間がコミュニケーションについて説明しようとするのは、魚が自分の住んでいる海を分析するようなものだ」とよくたとえられる。魚にとっての海は最初から与えられたものであり、あまりにも当然すぎてつい意識するのを忘れているものだからだ。前節ではいつもは意識していないコミュニケーションという現象をモデルを使って意識化してみたわけだが、コミュニケーションの根本はバーンランドの言葉を借りれば「意味の創造」であり、異文化コミュニケーションは、類似点よりも相違点に特徴づけられる人々が共通の意味を形成するという、共同作業のプロセスであると言える。このようなプロセスは次のような特性を持っている。

●コミュニケーションに「意図」は必ずしも必要ない

確かに私たちは自分の意思を伝えようとして言葉を選んだり、効果的な方法を模索したりするのだが、細心の注意を払っても「そういうつもりではなかったのに……」と後悔する出来事はいくらでも思い起こせるだろう。また、交流モデルで説明したように、受け手中心のコミュニケーション観から言えば、意図されていようがいまいが、何らかの意味づけ、解釈が起こってしまえば、それもコミュニケーションである。“make sense”という英語は「意味を成す」とか「理解できる」と訳され、日本語では自然発生的なニュアンスであるが、sense（意味）をmake（作る）するという能動的なほうがコミュニケーションを特徴づけるには当てはまる。コミュニケーション学者たちは“We can not *not* communicate.”（コミュニケーションしないことは不可能）という表現をよく使うが、私たちは絶えず意味を作りあげているのである。言い換えれば、意味付けの可能性があれば、私たちの存在自体がコミュニケーション行為なのである。

同じ文化圏の人とコミュニケーションを図るときには、共通点が多いため相手がどのように解釈しそうかは予想できる事も多いのだが、相違点が顕在化しやすい異文化の人とのやり取りのときは、こちらの意図とまるで関係ないことが「伝わって」しまうことが多い。筆者が留学していたとき、ある教授が嘆いていたことがあった。その教授はアジアからの留学生に嫌われている、と思い込んでいたのだが、特に嫌われている様子は私たち留学生は感じていなかった。むしろ、どちらかというともの静かで高齢の教授は尊敬されていると感じていた。理由を聞くと、キャンパスで会うと皆一様に下を向いて目をそらすからだ、と言う。それを聞いた留学生が「先生、それは先生に敬意を表して礼をしているからですよ」と説明して、やっとその教授は自分が嫌われてはいないと納得したのだった。

コミュニケーションはシンボルを使う活動である

シンボル（象徴）とは言語に代表される記号のことである。私たちが会話するときは、言語という記号体系（コード）を使って意思疎通を図ろうとしている。自分の伝えたいこと（メッセージ）を言語化するのは「記号化」の一方法である。言語だけが記号ではない。国旗や花などの「物」にも私たちは意味を見出している。例えば、ある国の国旗を焼く行為はテーブルクロスを焼くのとはまるで違うし、人に花をあげる場合でもカーネーションと菊では意味が違ってくる。握手や礼といった非言語行動もシンボルである。敬意を表するために礼をすることも「記号化」であり、非言語も立派な記号体系である。これらの記号と意味の関係は「恣意的」なものだとよく説明される。記号がある意味を必然的に「持つ」のではなく、私たち人間が記号に「意味付け」を行う、つまり記号を解釈・解読するということだ。相手に意図が伝わらないという原因の一つは、私たちがコミュニケーションで使っているシンボルの「恣意性」によるものとも考えられる。

異文化コミュニケーションを行うときに顕在化するのは、コミュニケーションという共同作業の参加者がメッセージを構成するシンボルとして使われている記号体系や記号化、解釈のプロセスを、はたしてどれくらい共有できているか、ということである。先の例で言えば、自分は尊敬されていないと感じた教授と敬意を表して礼をしていた留学生は「礼」というシンボルを共有しておらず、留学生の立場からは敬意を記号化したつもりが、教授には「目をそらした」と認識され「自分は嫌われている」という解釈につながったのだ。

また、シンボルを共有していたとしても一〇〇％同じ解釈をするとは限らない。例えば、同じ日本語という記号体系を使ってもまるで理解できないこともある。法律用語を知らない人が六法全書を読んだり、コンピュータに触ったことのない人が電気街の専門店でコンピュータを購入しようとして店員と会話することを想像すれば、日本語を話せるからといって全てを理解できるとは言えないことは自明である。ただ、日本語の記号体系を共有できれば、辞書や解説書を読んだり、徹底的に質問することで一応の目的は達成できるかもしれない。

言語による意味の違いについてはよく連想テストなどで比較されることがある。タカハラは、アメリカ人、フランス人、日本人を対象に英語の“marriage”とそのフランス語の同義語“mariage”、日本語の同義語「結婚」についての原語による連想を三言語圏のパイロット調査で得られた二六語から選択するという方法で研究したが、フランス人の回答のベスト5は「愛」「情熱」「性」「理解」「相手に対する感受性」、アメリカ人は「愛」「尊敬」「責任」「理解」「助け合い・問題の分かち合い」、日本人は「信頼」「家族」「理解」「問題の分かち合い」「妥協」であった[9]。もちろん一致もあるが、かなり反応が違うという印象を受けるのは筆者だけだろうか。法律で規定された結婚はフランスでもアメリカでも日本でもそれほど違わないかもしれないが、結婚に寄せる期待、心構えは決して同じとは言えないかもしれないし、文化や母国語が違えば、同じ言語を話していても「意味」は違っているかもしれない。国際結婚はするまでも大変であるが、実はしてからのほうが数倍も大変だという話はよく聞くが、この連想テストの結果からも妻と夫のギャップは想像できそうである。

コミュニケーションはコンテキストを伴う

コミュニケーションは常にコンテキスト（文脈）と称される、物理的、社会的、人間関係上の具体的な状況や場で起こる。物理的なコンテキストには、レストランなのか、職場のオフィスなのか、あるいは公式の場なのかといったことが含まれる。社会的なコンテキストとは、それがどのような目的で行われているのか――パーティーだったのかミーティングだったのか、それとも接待だったのかなど――である。また関わっている人々の対人関係、例えば、上司と部下、同僚同士、先生と生徒などの人間関係もコンテキストとして捉えられる。コンテキストは私たちにどのようなコミュニケーション行動をとるべきなのか、どのように解釈すべきなのか、という枠組みを与えてくれる。

日本語を学んでいる外国人が戸惑うことの一つは、同僚や友人間で日本人がコンテキストによって言葉の使い方を変えることである。教室や職場では丁寧語や敬語を頻繁に使うが、うちとけた雰囲気になると急にくだけた表現が多くなる。また、日本語学習者は通常「です・ます」体の表現を一番最初に学ぶため、親しい友人関係というコンテキストにふさわしい言い方ができないことが多い。すると、よそよそしいとか、近づきがたい、話しづらいなどと敬遠されたりする。また、日本文化の経験を積んでいれば、微妙なコンテキストの違いに気づいて、その場にふさわしい応対ができるのだが、日本文化に精通していないと場違いなコミュニケーション行動をとってしまったりする。

ある日本人女性はアメリカ滞在中にホストファミリーのお嫁さんのための「ベビーシャワー」に招待された。今度子供が生まれる人を囲んで、友人たちが必要なものを持ち寄りプレゼントをするというものである。「ベビーシャワー」は初めての体験だったが、今までのアメリカでの招待と同じように夫妻で訪れた。ところが、行ってみると出席している男性は彼女の夫だけで、変だと思っていたら、後になって「ベビーシャワー」は女性だけの集まりだと知り、大変恥ずかしい思いをしたという。[10]

筆者もアメリカ留学中に教授がクラス全員を「ポットラック・パーティー」に誘ってくれたことがあるが、持ち寄りパーティーだと知らずに何も持たずに行って、クラスメイトから「何も持ってこなかったの？」と聞かれ、ばつの悪い体験をしたことがある。そのときは招いてくれた教授夫妻が、キッチンのない寮に住んでいるから仕方がないわよね、と助け船を出してくれたので救われた思いがした。

異文化コミュニケーションでは、もともとコンテキストに共通理解がないと分かっていれば、それほどひどい誤解になったりはしないが、相手が分かっているものと勝手に思い込んでいると、適切なコミュニケーション行動をとれないことを「非常識な人」とか、「こんなことも知らないでよく外国で生活ができる」とか、個人に対しての否定的な評価につなげてしまい危険である。

コミュニケーションはプロセス（過程）である

コミュニケーションはプロセスである、というのはコミュニケーションに関わっている人、人間関係、一緒に行なっている活動など、全ての要素が時間とともに変化することを意味する。日本古典の「もののあは《わ》れ」や「無常」を引き合いに出すまでもなく、私たちは変わり続ける存在である。個人の考え方や行動の規範も経験によって変化を遂げるし、人間関係も疎遠になったり、密になったり、プラスにもマイナスにも発展していく。コミュニケーション行動を分析し、何が起こったのかを理解するためには一つの出来事をあたかも一幕物の劇のように、どういう状況で誰がどういう役割でどう行動し、何を何のために言ったのか、と細かく観察する必要があるが、実際のコミュニケーションはどこから始まってどこで終わるのか、劇のようにははっきりと分からない。

コミュニケーションが時間とともに変化する、ということは二つの側面を持っている。一つは後戻りできない、やり直しがきかない（不可逆性）という事である。一度言ったこと、行なったことは取り消すことはできない。何か不都合なことをしたときに私たちは謝罪し「なかった事にしてくれ」などと言ったりするが、実際は不可能である。もし人間関係が修復されたとしたら、それは起きたことを取り消したのではなく、起きたことを認めつつ、それに対して行なった否定的な評価を今一度思い直し、今後に期待するということであろう。

もう一つは繰り返せないということである。初対面は一度しかなく、二回目に同じ人に同じ所で会っても初対面のときと同じではない。もし、同じ行動をとって自己紹介を繰り返したなら、それは初対面のときとはまったく違う意味を持つ。つまり、同じ事を繰り返すこと自体に新しい意味付けがなされるのだ。昨日成功した売り込みの交渉を、今日、別の相手に対して繰り返しても成功するとは限らない。相手が変われば「同じ」ではないし、「同じ」ことを言おうとしても自分にとって初めてのときと二回目とでは感情も意気込みも違う。

異文化コミュニケーションも変化する動的なプロセスと理解すれば、最初は共有する部分が少ないかもしれないが、徐々に経験を共にし、新しい相手と自分を発見できれば、共感できる可能性が高くなっていくことが予想できる。自分はこういう人間だから、日本人だからとか、あの人は外国人だから、などというような変化を受け入れない態度は、コミュニケーションをプロセスとして理解できていない証拠かもしれない。失敗や誤解が起こったときに後には戻れないとあきらめるのでなく、その要因を理解した上で次にできる最良のことを考えていかなければならないだろう。一度起こった失敗や誤解はもう二度と繰り返さないのだから。もっとも、誤解が新たなる誤解を引き起こし、本当に「やり直し」できなくなる場合もあり得るが。

コミュニケーションは共同作業である

コミュニケーションは相互依存的作業である。コミュニケーションに参加している人が共通の意味を創り出すために互いに影響しあっているのだ。そう考えると誤解や意思疎通がうまくいかないなどということがあっても、一方だけに非があるわけではない。「私」と「あなた」がいてコミュニケーションという作業は成り立つ、という考え方はシステム・アプローチと呼ばれる。他の人とはうまくいくのに、なぜかAさんと一緒のときはぎくしゃくする、ということがあるとしたら、その原因はAさんだけのせいでもないし、あなただけのせいでもない。互いの相乗効果である。Aさんとの人間関係を改善するためには、互いに変わらなければならないだろう。他人に行動の変化を強要するのは難しいが、あなたがいつもの行動を少し変えることによって今までの二人のシステムのパターンが揺らぎ、Aさんも行動を変えざるを得ないかもしれない。なぜか知らないがいつも喧嘩してしまうのなら、売り言葉に買い言葉のようなやりとりを変えてみるのが良いだろう。

異文化コミュニケーションを共同作業だと考えると、うまく意思疎通が図れないのは相手が日本語が分からないからだとか、自己主張が強すぎるからだとか、相手側だけに責任を押しつけるのでなく、自分のコミュニケーション・パターンを少し変えてみて、相手がどのように反応するか見てみることも必要だろう。また、相手に自分が望むようなコミュニケーション行動をとってもらうには、どのように自分から働きかければいいのか考え、実行してみることも大切である。いずれにしてもコミュニケーションという共同作業においては、コミュニケーションに参加している者同士が相互責任と協調関係を築き上げていかなければ、双方に満足のいくような結果は得にくいであろう。

トレーニング　2

意味付けとコンテキスト

人間が何かを認識して意味付けをするプロセスを心理学では「知覚」と呼びますが、ここでは私たちの知覚は決して絶対的なものではないこと、そして変化すること、また、そのプロセスがコンテキストによっていかに影響されているのかを考えてみましょう。

①ここには複数の同じような絵が描かれています。左上の絵と右下の絵の違いはハッキリとしていますが、その中間はどうでしょうか？左上から同じ段の絵を右方向に順番に見てください。今度は右下から同じ段の絵を左方向に順番に見てください。さて、あなたにはどのように見えますか？　どちらかというと男性の顔でしょうか、それとも女性でしょうか？[11]

②下の行記号を見比べてください。１行目と同じ記号が２行目では数字、３行目では文字として認識されたのではないでしょうか？　私たちの意味付けは回りの状況（コンテキスト）に左右されるのです。(12)

③下の二つの図を見比べてください。水平に描かれている線は平行でしょうか？　私たちの目には平行には見えませんが、それはこれらの線がおかれているコンテキスト（背景）によるものです。コンテキストが違えば同じはずの線が違うように見えてしまうのです。(13)

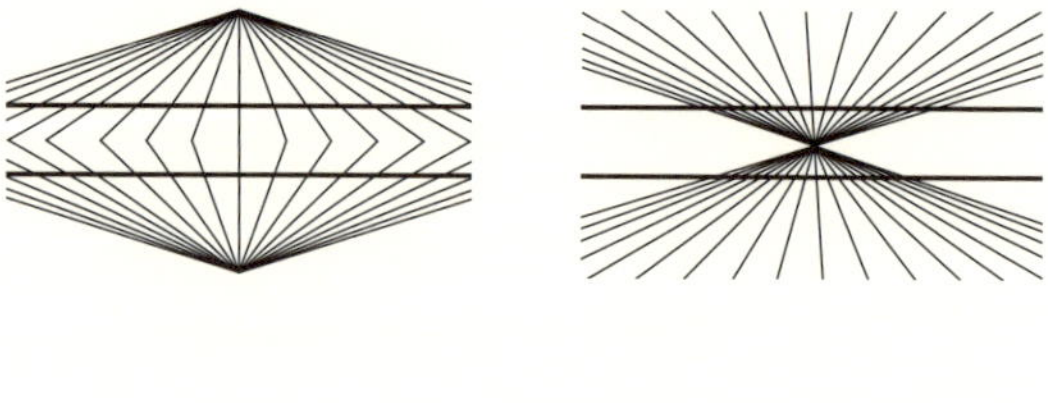

解説

私たちの意味付けの拠り所となっているものが、実は状況に左右されることが分かったでしょうか。

Seeing is believing という諺《ことわざ》がありますが、むしろ私たちは自分の見ているもの（見ていると信じているもの）に惑わされている場合も多いのではないでしょうか。絵や記号の解釈においての行き違い、意味付けの違いは面白いものですが、同じプロセスが人間同士のコミュニケーションでも働いているとしたら、簡単に「面白い」では済まされないこともあるでしょう。特にお互いの文化背景が異なる場合には双方の意味付けの違いは、あって当たり前という心構えが必要不可欠です。

3 コミュニケーションの二つの顔：内容面と関係面

私たちの存在自体が解釈可能なメッセージなのだと前述したが、対人レベルでのコミュニケーションには、内容面と関係面という二つの意味の次元が関わっていると言われる。内容面とはメッセージを構成する言葉や明示的な行動、表面的な見かけの意味上の一次元をさし、関係面とは誰が誰に発言（行動）したのか、どのような関係なのか、親密度はあるのか、など、「内容」についての解釈の枠組みを提示する意味の次元を表す。単純に考えれば前者は主に言語レベルで、後者は非言語レベル（声の抑揚、表情、時刻、その他前述のコンテキストを含む）で表されると考えてもよいだろう。例えば、「今夜、予定は空《あ》いてる？」と職場の同僚から聞かれるのと、上司から言われるのでは同じ言葉でも解釈も違ってくるし、それに対する反応や行動も違ってくる。対等な関係ならば純粋な質問として受け取って正直にイエス、ノーで反応してもよいかもしれないが、上司となると「予定を空けておけ」という命令とも解釈できるし、単にイエス、ノーでは答えられない場合も多い。また、通常よりへりくだった表現を使われれば、いつもとは違う状況として解釈しなければならない。「お元気ですか？」という挨拶に「はい、おかげさまで」と応えても声の抑揚や表情などで、実は全然元気ではないことが分かったりすることも多い。ケンカの後に「まだ怒っているの？」と聞かれて「怒ってなんかない」と口では言いながらキッと睨《にら》んだら、その言葉を額面どおりには解釈してはいけない、というサインだ。

長くて良好な付き合いがあれば、このような内容面と関係面が矛盾するようなやり取りも、二人の関係にあまりマイナスにならないような解釈ができるが、そのような人間関係が築きあげられていない場合は、矛盾するメッセージの解釈は難しい。しかし、同時に人間関係の潤滑油や、うっぷんを晴らすときに使われる冗談や皮肉、ユーモアは、この矛盾をあからさまにすることで成り立っていることも多い。大雨のときに「なんて良いお天気でしょう」とか、忙しいときの同僚の失敗を「お前がいると仕事が楽しいよ」などと言ってしまうのは珍しくない。

往々にしてコミュニケーションの内容面が両者に明白でも、関係面の捉え方が違うと、思わぬ誤解をひき起こす。関係面については言葉で明確に議論したりしないため、内容面だけで解決しようとして、最後まで誤解や行き違いの原因が分からずに終わる場合も多い。異文化コミュニケーションでは関係面の意味次元を共有しているかどうかも分からないまま接することがよくある。その一例としてトリアンデスはギリシアの精神科医ジョルジュ・バシリオウの事例を分析している。この事例では、仕事での上司と部下の役割と期待に関する関係面の異文化コミュニケーションでの行き違いを見ることができる。これは部下に参画型の意志決定を期待しているアメリカ人のマネージャーと、上司とは適切な指示を与えてくれるもので自分には意志決定の余地はないと考えているギリシア人の部下のやり取りで、〔　〕内は各々の行動に対する意味付けである。

アメリカ人：この報告書を仕上げるのに君は何日くらいかかるかね？〔参加を求めている。〕

ギリシア人：〔混乱する。なぜ彼は何日かけるべきなのか言わないのか。〕分かりません。何日

ぐらいかけるべきでしょう？〔彼に指示を求めている。〕
アメリカ人：〔責任をとるのを拒否している。〕必要な時間の予想に関しては君が一番よく分かる立場にいる。〔彼の判断を支持しよう。〕
ギリシア人：〔ナンセンスだ。答えたほうがいいようだ。〕一〇日です。
アメリカ人：〔時間を予測するのは得意じゃないな。経験から分からせるとしよう。〕一五日間使いたまえ。一五日で仕上げるということで了承かね。〔これは契約だ。〕
ギリシア人：〔彼は私に指示しているのだ。(14)〕

このコミュニケーションでは積極的な参加を求めるアメリカ人マネージャーの最初の質問が、ギリシア人部下にとっては、上司がそのような質問をするわけがない、という関係面の意味付けによって、むしろ混乱を引き起こしている。ギリシア人は質問よりもはっきりとした指示が欲しいのだ。しかし、アメリカ人にとってはそれは責任逃れと写り、部下としての責任ある態度をとってほしいと、また参加を要求する。余計に混乱したギリシア人はこの場を切り抜けるために結局でまかせを言ってしまうのだが、上司はまたその態度に不快感を覚える。このエピソードは、結局一五日では仕事を終わることができなかったギリシア人部下を、アメリカ人マネージャーは仕事の見積もりも約束もきちんと果たせない無能な社員だと評価し、一方、適切な指示をくれない上司の下では働けないと思ったギリシア人部下が辞職願いを提出するという結末を迎える。

これは極端な例のように思われるかもしれない。しかし、岡部によると関係面は健全な状態であればほとんど表《おもて》に出てくることはないが、いったん問題が生じると内容面が隠れてしまい関係面の問題だけが前面に表れ、その結果実際の人間関係が悪化することもあり、「コミュニケーションでは内容面より関係面のほうがいっそう重要である」という[15]。また、岡部はこの二つの意味次元を文化におけるコミュニケーションの志向と結びつけ、異質性の高いアメリカ文化では「なに」の側面が重視され、それに対して同質性の高い日本文化では人間関係の維持、調和を最大限に図る「いかに」の側面が大事にされると述べ、アメリカと日本における論争のあり方の違いを例にとり次のように述べている。

> アメリカと日本では内容と関係の見方が違うために文壇、学会で「論争」に対処する仕方にも、どうも違いがあるようだ。人間関係にあまり気を取られず、もっぱら内容のみが重視されるアメリカでは、最後まで論争が知的なコミュニケーションとして成立しているようだ。……これとは対照的に、日本では論争がいったん始まったら、相手の人格攻撃に終始してしまい、論争のきっかけとなった論点の違いなどどこかへすっ飛んで、お互いの「罵《のの》り合い」、「罵倒のし合い」という後味の悪い形で終結するのが常である。どうも日本人は人間関係に目をやり過ぎるあまり、関係面と内容面の峻別ができていないように思われる[16]。

このように考えると、文化が違えば内容面と関係面のどちらを優先的に意味付けするかも違ってくるということもできよう。似たような観察はヤマダも報告している。ここで紹介するのはマークというアメリカ人と彼のもとで働くマサという日本人とのちょっとしたコミュニケーション上の誤解であるが、岡部が述べたコミュニケーションに対する二つの志向の違いを表しているとも解釈できる。

マークとマサは二人とも音楽関係のエンジニアである。二人は他のスタジオにあるビデオテープを取りに行く話をしていた。

マーク：向こうにあるテープをどうやって手に入れるんだい？
マサ：　僕が取りに行きます。
マーク：え？　君は明日まで取りに行けないから、アマンダが行くのかと思ってたよ。
マサ：　はい。
マーク：じゃ、アマンダが取りに行くんだね。
マサ：　アマンダはとても忙しいです。僕が取りに行きます。
マーク：でも、君は明日まで取りに行けないんだろう？
マサ：　はい。
　　　（沈黙）
マサ：　僕が明日取りに行きます。
マーク：（笑いながら）でも、テープは今日取ってこなきゃいけないんだよ……実際、本当は昨日取ってこなきゃいけないはずだったんだ。

（沈黙）

マーク：だから、アマンダが取りに行かなきゃ。

マサ：　ＯＫ。

ヤマダはこの会話がぎくしゃくしているのは、二人が違う事に重きをおいているからだと説明する。マークが一番気にかけているのはテープをなるだけ早く取りに行くことなので、マサが今日取りに行けるかどうかを確認し、今日取りに行けないならばマサの同僚であるアマンダに代わりに行ってもらうことを提案している。マークにとってコミュニケーションの目的は、なるだけ早くテープを取りに行ってくれるのは誰なのかを確認することだ。ところが、マサがここで気にかけているのはアマンダの事である。マサは実はこのところずっと残業しているアマンダに気を遣って、自分が取りに行くことによってアマンダの仕事を少しでも減らしてあげようとしたらしい。ヤマダはマサの発言は同僚との人間関係の相互依存を重視する「思いやり」に基づき、マークの発言は独立した「個人の機会均等」という考えに基づいていると分析する。そして英語で行われたこのやり取りで誤解を誘発したもう一つの原因に、日本語の「はい」と英語の yes の文法的違いがあると説明する。ヤマダによれば、日本語の文法は関係性を維持する目的に添っていて「論理上の同意」をしなくてもいいからである。(17)

これを内容面と関係面という二つの次元から説明しようとすれば、マサの「はい」はマークの言ったことについての内容面での（言語における）文法に基づいた肯定ではなく、自分とマーク、自分とアマンダとの関係面での（人間関係における）文法に適合した答えと考えられる。これはささいな誤解ではあるが、ここに垣間《かいま》見えるのは人と人との関係を終始念頭に入れたコミュニケーション志向と、言語による内容面の正確さを目的とするコミュニケーション志向のせめぎあいではないだろうか。岡部の指摘するように文化圏の違う人々とコミュニケーションを図るときには、自分の意味付けを内容面と関係面に分けて解釈の多様性を考慮する必要がある。また、どちらが良いとか悪いとかでなく、自分の意味付けの傾向を自覚しておかなくてはならない。

トレーニング 3

ケーススタディ[18]

①日本の大学で英語を教えているあるアメリカ人講師の経験です。上司である日本人教授に学部独自のテストを作成したいので手伝ってくれと頼まれました。最初の会合で、彼は上司のサンプル問題を見ながら、TOEFL や TOEIC などを例に挙げて既存の数種のテスト例を紹介しました。すると後で当人から電話があり、協力したくなければしなくていいと言われました。彼はすでに協力するつもりでいたので、びっくりしてしまいました。

日本人の教授はなぜ手伝ってくれと頼んでおきながら、しなくてもいいと後で言ったのでしょう。二人の意味付けは内容面と関係面でどのように違っていたと思いますか。

②ある中国人留学生の経験です。「夏のことですが、アルバイトをしていた店の店長が私に『どうして冷房を消したのか。消してはいけない』と言いました。私は冷房を消したりしていないので『今日は最初からついていません』と言ったのですが、店長に『お前はなぜ口答えをするのだ。はい、でいい』と叱られました。こういうことは日本の習慣だと思いますが、決していい気はしませんでした」

店長はなぜこの中国人留学生を叱ったのでしょう？　二人のやり取りを内容面と関係面から説明してみましょう。

③木村さんが庭の手入れをしていたときのことです。お隣の吉田さんの垣根からキンモクセイの香りがしていました。ちょうど垣根越しに庭の掃除をしていた奥さんに「このキンモクセイはいつも良い香りがしますね」と声をかけました。ところが数日すると吉田さんの庭のキンモクセイの枝がばっさりと切られていました。木村さんはあんなこと言わなければよかったと後悔しました。

木村さんと吉田さんの解釈の違いを内容面と関係面から考えてみましょう。木村さんはどういうつもりでキンモクセイの事を話題にしたのでしょう？　吉田さんはそれをどう思ったのでしょう？

④最近自分の回りで起こったうまくいかなかったコミュニケーション事例を思い浮かべ、それを内容面、関係面の二つの意味次元を使って考えてみましょう。

うまくいかなかった事例の簡単な描写（誰がどこで何を誰に言ってどうなったか）：

内容面（何が言われたのか）の意味付け：

関係面（どのように言われたのか）の意味付け：

解説

①では内容面は描写にあるとおりですが、関係面の意味付けはアメリカ人講師と日本人教授では大分違ったようです。自分のテストに対してほかのテストを紹介することは暗に自分のテストを批判している、ひいては協力したくないという態度であると上司である日本人教授は考えたのではないでしょうか。それに対してアメリカ人講師は紹介と批判は違うもので、単に他に権威のあるテストがあることを伝えたかったのであって、もし、協力できないならできないと、内容面から解釈できるメッセージで伝えたでしょう。また、アメリカ人講師からすれば、テストについての知識を共有すること自体「協力をします」「主体的に関わっていきます」という関係面の意思表示なのですから、「協力したくないのでは」という日本人教授の解釈に驚いてしまったのでしょう。

②の店長は日本人の中でも上下の絶対的な関係を好む人のようです。「冷房をどうして消したのか」という言い方は内容面では理由を聞く質問ですが、関係面から考えると、その次の「消してはいけない」という命令と同じ意味、あるいは「冷房はいつでも点《っ》けておきなさい」という指示とも考えられます。それに対して、中国人学生は内容面を重視し「自分は消していない」と答えたわけですが、店長にとってはそれは質問に対する答えではなく、自分の命令に対する「口答え＝反抗的態度」と写ったのでしょう。目上の者がもし間違っていても、「顔を立てる」のが上下関係の美徳と思っている人には、中国人学生の態度は関係面から見ると受け入れ

られないのです。「上下関係のあり方」という関係面の解釈が違っているわけですから、どちらが悪いという訳ではないのですが、ここでは店長が力を持っているだけに中国人学生にとっては居心地の悪さが残るでしょう。

③は自分の言動が原因となってキンモクセイが切られたと感じて、木村さんは後悔しています。日本人だから日本人とのコミュニケーションがうまくいく、とは限らない例です。木村さんとしてはキンモクセイの香りを褒《ほ》めたつもりが、吉田さんにとっては内容面より、「キンモクセイの香りが鼻につく」という関係面の解釈になってしまったようです。他人について褒めることが日常的に行われる西欧社会と違って、大っぴらに人を褒めない傾向にある日本人ですが、同じ日本人同士でもコミュニケーション・スタイルが違うことはよくあります。面と向かって批判したり、文句を言ったりしないので、余計に褒め言葉を額面通り（内容面として）解釈できないのではないのでしょうか。少なくとも木村さんと吉田さんの関係は、木村さんが思うほど素直に褒め言葉を交換できる関係ではなかったのかもしれません。

内容面と関係面の解釈の違いは私たちの日常でのコミュニケーションでよく起こることですが、あまりにも当然のことなので、うまく意思疎通が図れているときは気づかないことのほうが多いようです。普段から意識的に観察する目を養えば、文化背景の違う人々とのコミュニケーションを理解するのに役立つでしょう。

第3章 ことばによるコミュニケーション

1 言い方いろいろ：コミュニケーション・スタイル

「顔を見ただけで相手の言いたいことが分かるのが理想ですが、それはなかなか難しい。自分も言うべきことは言うし、部下にもはっきり意見を言ってほしい。そこはやっぱり外国人なのかなあ[1]」旅行会社ＨＩＳに勤務するバングラデシュ出身のアザドウル・ハックさんの感想である。

マツダ自動車の社長に英国人が就任したときは話題をさらったが、昨今、外国人管理職はそう珍しいことではなくなっている。外国人管理職と部下とのコミュニケーションは飲みュニケーションも含めて試行錯誤の連続である。特に、日本人のことばによるコミュニケーションは外国人には曖《あい》昧《まい》で真意が理解しにくいもののようだ。このような感想は欧米系の人ばかりでなく、中国人や韓国人からも聞く。一方、日本人のほうから見ると、外国人のことばによる表現ははっきりし過ぎていて情緒がなく攻撃的ですらある。また、自己主張が必要以上に強いように感じられる。

文化によって、規範とされるコミュニケーション・スタイルは異なる。ここでは、言語使用に表れる六つのコミュニケーション・スタイルを対にして取り上げて、その背後にある価値観を考えてみよう。

●螺旋《らせん》的——直線的

螺旋的コミュニケーション・スタイルとは、自分の主張や意見を明確に言語化しないで、相手にいろいろと状況を説明し気持ちを伝えながら、相手が結論を推察してくれることを期待する表現方法であり最後まで結論を言わないスタイルである。直線的なコミュニケーション・スタイルとは自分の主張や意見を簡潔に表現し、次にその主張や意見の背後にある理由を論理的に説明し、相手の理解と同調を求める表現方法である。まず結論を言ってから、裏付けを加えるスタイルである。(2)

螺旋的スタイルと直線的スタイルを並列すると、その違いがよく分かる。「今夜、一緒に飲みに行こう」という誘いに対して——

螺旋的返答：「いいねえ。ここんところ忙しくて飲みに行っていないなあ。今日も、仕事がたまっていて、残業だよ。何時になるか分からない。まったくまいっちゃう」

直線的返答：「いやあ、残念だけどダメなんだ。残業で何時に終わるか分からない。まったくまいっちゃう」

日本人ならどちらの答え方でも断っていることは直ぐに分かる。しかし、直線的なコミュニケーション・スタイルを用いる人だと、螺旋的な答えに対しては納得できなくて、さらなる誘いをかけてくる。「残業がいやなら、明日に廻せばいいだろう。今夜は息抜きが必要だよ」などと、こちらの気持ちを読み違えて反応してくる。相手は主体（主語）が明確な断りのことばを表明しないかぎり納得できない気分なのである。

螺旋的な答え方では相手が誘ってくれたことに対する肯定的な気持ち、残業で一緒に行けないことに対して相手の同情を求める気持ちなど、相手の感情移入を期待する態度が多分にこもっている。直線的スタイルでは、飲みに行けないことと残業に対する話者の気持ちは表明されているが、相手に対する気持ちはほとんど表明されていない。

これら二つのコミュニケーション・スタイルを説明するのに、人間としての個の確立の概念を用いることができる。螺旋的なスタイルでは、相手と自分とを情緒的に結びつけるグループ意識が見られ、「個」の確立を感じさせない。直線的なスタイルでは、相手と自分を一体化しない「個」の立場が明確であり、論理的な弁論に向いている。

国際化が進む中、日本人の曖昧なコミュニケーション・スタイルを改め、論理的で明確なコミュニケーション・スタイルを習得すべきであるという意見をよく聞く。宮智はビジネス・コミュニケーションについての日本貿易振興会の提言を解説し、これからのビジネスマンは、はっきりと意見を述べ、論理的に説明できるようにならねばならないと指摘している。[3] 個々人の権限と責任が曖昧で意見を積極的に述べる機会が少ない日本の経営風土を改め、集団主義的思考と行動から脱却して、「個」の確立に基づく意思伝達や説明能力を身につけることが国際ビジネスマンの条件であるとしている。

螺旋的なコミュニケーション・スタイルが日本で用いられるのは、それが日本の風土や人間関係のあり方に調和しているからである。日本人同士がコミュニケーションするときにはこのスタイルで良いのであるが、相手が文化背景の異なる人である場合は、螺旋的スタイルでは真意がなかなか伝わらない。メッセージが伝わるか伝わりにくいかを考えた場合、一番メッセージが伝わりやすいのは双方が直線的スタイルを用いた場合であろう。一番問題となるのは、双方とも螺旋的スタイルで、かつ文化背景が異なる場合である。文化背景が異なると、表《おもて》に表れないメッセージを察することは非常に難しいから、互いに理解するのにかなりの時間を要するであろう。誤解の危険性も増す。したがって、国際ビジネス・コミュニケーションの場合は、日本貿易振興会の提言のように直線的なスタイルを用いたほうが良いことになる。それぞれのスタイルには優劣があるわけではなく、相手と目的に応じてコミュニケーション・スタイルを使い分けなければならないということである。

●飛び石的——石畳《いしだたみ》的

飛び石的スタイルでは、伝達される情報の内でことばにしなければならない部分だけがことばで表明され、状況で理解される部分は言語化されない。つまり、それまで共有された体験や場面、状況に多くの意味が含まれており、あえてことばに表現しなくても分かりあえることが前提である。したがって、話し手は分かりあえるための必要最低限のことばで済ませ、聞き手は話し手の本意を察しなければならない。(4)

石畳的なスタイルでは、ことばを端折《はしょ》らないで、むしろことばをつくして正確に情報を伝達する。さらに、正確さを期すために余計な情報は伝えない。これらのことがらは、話し手の責任においてなされる。これは、正確にことばで説明しないと誤解を招きかねないと思われるから用いるスタイルである。話者と聞き手の間に共有されているものが少ないときは、このスタイルが有効である。

〔飛び石的〕
A：昨日の林商事の件、どうだった。
B：うまく行きました。
〔石畳的〕
A：昨日話しあった林商事とのフィルム納期の件、こちらの要望を聞いてもらえたかね。
B：ええ。納期をこちらの要望どおり九月二〇日で約束を取り付けました。文書にして確認します。

ホールはこのようなスタイルの違いは、高コンテキスト文化か低コンテキスト文化の違いによって生じると言っている。[5] 高コンテキスト文化とは、話されることばよりも場面、状況に情報が内在している文化である。高コンテキスト文化では飛び石的スタイルで十分話が通じる。これに対して、低コンテキスト文化では、場面、状況よりもことばに情報が内在しているので石畳的なスタイルが用いられる。一般に、高コンテキスト文化は、特定の地域に一つの民族が長年生活を営んでいると形成されるのに対して、低コンテキスト文化は、人々の移動が激しい多民族多言語の地域に形成される。これは、高コンテキスト文化ではものの見方や価値観、常識、行動様式が均等化しているので、ことばによる説明がそれほど必要ないからである。ホールによると、日本を含む多くのアジア文化は高コンテキスト文化、北欧・ドイツ・アメリカ文化は低コンテキスト文化である。しかしながら、同じアメリカ文化でも、家庭文化と会社文化では家庭文化のほうが一般に高コンテキストだと考えられる。また、同じ会社文化の中でも、自分が日常接しているセクションでは高コンテキストであり、他の部署の業務に関しては低コンテキストであると言える。「顔を見ただけで相手の言いたいことが分かる」のが高コンテキスト文化の理想である。

「ただいま」の一言でその日一日の気持ちを伝えることができるのが飛び石的スタイル。「今日は大変だったよ。行きには電車が事故で三〇分も遅れるし、課長はごきげん悪かったし、取引先からクレームを付けられるし、帰りの電車は超満員……」とびっしりと余すところなくことばにして伝達するのが石畳的スタイルである。

人間関係重視――情報重視

大学で講義を終えた教授に丁寧に頭を下げて、「ご苦労様でした」と御礼を述べた留学生がいた。教授は苦笑いして教室を出ていった。この留学生は勉強熱心で、日本文化に適応しようと真面目に取り組んでいた。それを知っていたので教授も苦笑いしただけで、立腹した様子はなかった。これが、日本人学生が言ったことばだったら、教授は立腹したに違いない。なぜなら、「ご苦労様」と目上の人に言うのは失礼であり、本当は「ありがとうございました」と言うべきところだからである。

英語に訳すと「ごくろうさま」も「ありがとう」も「サンキュー」(Thank you) になってしまう。しかし、「ごくろうさま」は普通、自分に対して義務を果たした人、例えば部下とかお手伝いさんに言うねぎらいのことばである。学生が教授の講義に対して感謝の気持ちを伝えるのには使えない。

日本語にはこのようにことばの中に人間関係が含まれてしまっているものが多い。give の意味の「差し上げる」、「あげる」、「やる」や receive の意味の「いただく」と「もらう」は人間関係の上下によって使い分けなければならない。その点、英語のほうは人間関係の情報は入っていない。ただ、ものが主体から他に渡ったのか、他から主体に渡ったのかを伝えるだけである。

敬語や呼称も人間関係を表すことばの良い例である。英語でも敬語と呼称で話者と聞き手の上下関係、親疎関係、心理的距離を表すが、日本語ほど頻繁にかつ詳細に使い分けられない。それは、アメリカでは人はみな平等だという建て前があり、ことばがその思想を表しているのである。それに対して、日本では人には生まれ、年齢、社会的地位などの上下差があるのが当たり前とされている。また、人を敬い、自分を卑下する謙遜、謙譲が美徳とされている。日本語はこのような精神を表現しやすいようにできている。英語で尊敬、謙遜、謙譲を表現できないことはないが、日本語のように表現しようとすると、なんだか変な英語、いわゆるジャパニーズ・イングリッシュになってしまう。

以上、見てきたとおり、どのようなコミュニケーション・スタイルが用いられるかは、その文化の価値観や思想によって決まる。したがって、ことばだけを変えようとしても価値観と精神の理解が伴わなければ表面だけのものになってしまい、定着しない。しかし、目的に応じて適切なコミュニケーション・スタイルを用いることができることは、異文化コミュニケーションの大切なスキルである。

この節では、コミュニケーション・スタイルのマクロ的側面を説明したが、コミュニケーション・スタイルを決めるミクロ的要因としては場面、状況、話者と聞き手の関係、メッセージの内容、個人の性格と能力などがあることを忘れてはならない。私たちは以上述べてきたこれらの要因を考慮したコミュニケーション・スタイルを選択している。また、試行錯誤および相手からのフィードバックなどから学び、より効果的な自分独自のスタイルを作りあげようと日々努力しているわけである。

トレーニング 1

賛成・反対

次のコメントに対する賛成意見と反対意見を書いてみましょう。理由をそれぞれ4点あげてください。

①暖房器具は電気のほうがガスより良い。

賛成

1.

2.

3.

4.

反対

1.

2.

3.

4.

②国際的に通用するコミュニケーション能力を養うには、英語、英語と言う前に日本語で論理的に話せる力を付けるべきである。

賛成

1.

2.

3.

4.

反対

1.

2.

3.

4.

解説

① 直線的・石畳的に自分の意見を明確に表現するためには、日頃から賛成意見と反対意見をすらすらと言える練習をする必要があります。

賛成
1 炭酸ガスが出ない
2 比較的に安全である
3 においがない
4 不完全燃焼の危険がない

反対
1 暖まるのに時間がかかる
2 電気代が高い
3 空気が乾燥しすぎる
4 心地よい暖かさとは言えない

② 日本語推進派としては富士通株式会社名誉会長の山本卓真氏の「米国人との議論で最後にモノを言うのは、語学力より見識と理論、それに気合い」という意見が説得力を持っています。(6) 詩人の荒川洋治氏は「外国人と接するときは、片言でも良いから、生の自分をぶつけたほうがいい。語学が堪能でも、それだけでは相手は『よくできました』と思うだけ。それよりも、日本や相手国の文化、歴史などを知っていることが、深い対話のきっかけとなる。普段、自ら何を学んでいるかという生活態度にかかわってくる」と述べています。(7)

一方、英語推進派の意見としては次のようなものがあります。ビジネスマンに求められている能力は外国人と通訳を介してコミュニケートすることではなく「英語でビジネス・トークができること」です。(8) インターネットの普及で英語は「国際公共財」的性格を深めています。外国人に日本語でコミュニケートしろというのは現実的ではありません。アジアの他の国々と比べても日本人の英語力は劣ると言われています。これでは国際競争に勝てません。実践的、集中的英語教育が必要だと思われます。

〈解答例〉

賛成 1 日本語で言えないことを英語で言うのは無理

2 本当の国際コミュニケーション能力は見識と理論

3 ことばよりも相手の文化に対する態度と知識

4 外国語で内容のないことを言うよりも、日本語で内容のあることを言うほうが良い。

反対 1 日本語では国際ビジネス・トークはできない。

2 英語ができなければインターネット通信ができない。

3 通訳に頼っていては心の通ったコミュニケーションはできない。

4 英語を学ぶことによって、異文化のものの見方も学べる。

② 自分について話す：自己開示

こんな経験をしたことはないだろうか。あまりよく知らない人なのに、自分のことをいろいろ話してくれる。こちらもできるだけオープンになって率直に応じているつもりだが、どうも相手ほど自分のことについて話せない。それに、だんだんそこまで話したくないという気持ちがわいてくるのをどうすることもできない。

街でたまたま出会った外国人から思いがけずいろいろな話をされたとか、いろいろなことを聞かれたという経験はないだろうか。とてもフレンドリーでフランク。こちらが聞きもしないのに、出身地や家族のこと、自分の好き嫌い、仕事のことややりたいことなど、初対面の人には普通話さないようなことまで話してくる。たまたまおしゃべりな人に出会ったのだろうか。それともホームシックにかかっているのだろうかと気になる。だが、本当のところはどうもそうではないらしいのである。

このような経験をしたことのある人は、自分と相手の「自己開示」の度合いの違いに直面したのである。どれくらい自分について話すことが適切であるか考え方が違っていたのだ。「自己開示」というのは自分のこと、自分の状況、自分の考え、感情、行動などについて自分から自発的に相手に話すことである[9]。

私たちは、普通は初対面の人、またはあまりよく知らない人と話すとき、話題として自分のことを持ち出す前にいろいろと他の一般的な無難な話題、お天気のこととか、マスコミで話題になっていることなどを取り上げる。この無難な話題で情報交換をしながら、相手はどんな人なのか感じとり、相手に対する自分の立場や関係をどのようなものにしていくかを判断しながら、自己開示を少しずつ開始する。場合によっては、あまり関わり合いを持ちたくないと判断し、自己開示を避ける。また、相手との関係が親しくなればなるほど自己開示の度合いも増すというのが自然なパターンである。また、通常は自己開示の度合いはコミュニケーションを行なっている双方でだいたい同じ程度であることが多いが、社長と平社員というような人間関係が対等でない場合などでは自己開示の度合いに大きな差が生じる。

●ジョハリ・ウインドウ

ところで、自分のことを話すには、自分のことを知っていなければならない。私たちは、自分のことは自分が一番よく知っていると思っているけれども、実は意外と自分のことを知らない。この点を明らかにしてくれるジョハリ・ウインドウというモデルを見てみよう[10]。自分で知っている自分と自分で知らない自分、人に知られている自分と、人に知られていない自分との関係をジョハリ・ウインドウ（図３－１）で次のように示している。

１は「オープンな部分」。自分で知っていて、人にも知られている部分である。この部分が３の「隠れた部分」より大きければ自己開示の結果に負うところが多いと言えよう。また、この部分をより大きくしていくことが自己開示の度合いを増すということになる。

２は「盲目な部分」。自分は知らないけれども他人には知られている部分である。自分では自覚していないけれど、例えば他人からは「Aさんは超楽天的性格だ」などと評価されているような場合がこれに当たる。この部分は自己開示しようにも意図的にはできない部分である。

３は「隠れた部分」。自分は知っているけれども、他人には知られていない部分である。他人には知られていないのは、意図的に隠しているのか、ただコミュニケートされる機会がなくて知られていないのか、どちらもあり得る。いずれにしろ、この部分が他に比べて大きい人は、自己開示の度合いが小さいと言える。

４は「未知の部分」。自分も知らないし、他人も知らない部分である。この部分がどのくらいの大きさであるかは自分にも他人にも未知であるが、抽象化されたモデルではその部分を図のように示すことができる。

図３－１

	自分で知っている部分	自分で知らない部分
人に知られている部分	1 オープンな部分	2 盲目な部分
人に知られていない部分	3 隠れた部分	4 未知の部分

（バーンランド 1975年 p.30より）

さて、このモデルを使って、自己開示のインターアクションを考えてみよう。仮に、図３－２のような人と図３－３のような人が話をすると、どのようなことになるだろうか。

図３－２の人は自己開示が大きいのでどんどん自分に関する情報を発信する。図３－３の人は自己開示をあまりしないで聞き役ということになる。このような関係でも長年連れ添った夫婦のよう

に互いに満足であるなら問題はない。また、社長と平社員のように身分の上下関係が優先する場合は不自然ではない。しかし、一般の対等な人間関係では、往々にして図3-2の人は「こんなに正直に自分の気持ちを話しているのに、相手は心を開いてくれない」と相手に対して不満を持つ。極端な場合は相手が自分に意図的に何かを隠していると思うかもしれない。一方、図3-3の人は相手に対して「聞いてもいないのに、自分のことばかり話して、自己中心的な人だ」と思うだろう。または、「何だか私の個人的なことを聞き出したがっているみたいだが、こちらとしては話したくない」と不快に感じるかもしれない。この節の初めにあげた例がこのケースである。

　このように、自己開示の度合いにずれがあるとコミュニケーションはぎくしゃくする可能性が高い。ところで、実は私たちはそれぞれ自己開示の度合いが違っている。その上、相手によっても、トピックによっても開示の度合いを変えている。それなのにたいがいの場合はうまくコミュニケーションができているのは、自己開示行動をつねに相手とのやりとりで微妙に調整しあって、互いに許容できる程度、納得できる水準を維持して

図3-2

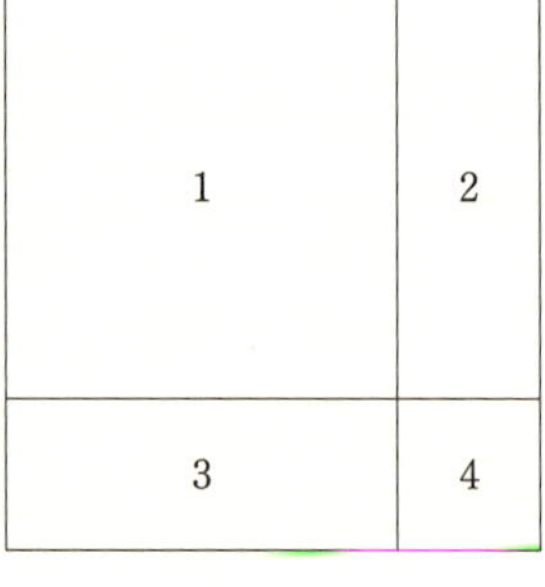

図3-3

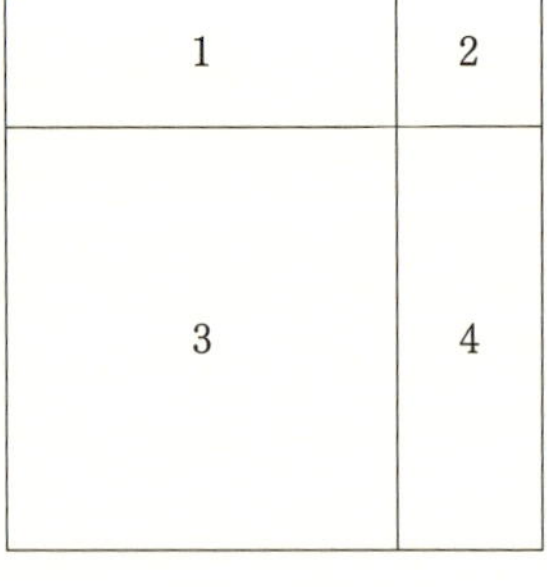

いるからである。

ところが、自分の予想、予測を越えるような今までに経験したことがないほど自分とは違った自己開示行動に遭遇すると調整が困難になるか、どう調整したらよいのか分からなくなって、コミュニケーションを継続しづらくなる。相手が異なる文化背景の人で、大幅に異なる自己開示行動をとる場合がそうである。この節の初めに二番目にあげた、こちらが聞きもしないのにいろいろと自分のことを話してくれる外国人の例がこのケースである。

日米自己開示比べ

バーンランドは日本人とアメリカ人の自己開示を、会話の相手、会話の話題、自己開示の深さの三つの側面から研究を行なった（図3－4[11]）。会話の相手は、1を最も近しい人、15を最も近しくない人とした場合の1、2、8、14、15に位置した実在の人物とした。話題としては、①一般的な情報：家族背景、学歴など、②趣味：衣服の趣味、好きな演劇、映画、テレビ番組など、③感情：人に対する好き嫌いなど、④社会的な問題に対する意見、⑤仕事：職業的野心、仕事上の失敗など、⑥経済状態：収入、借金の有無など、⑦自分の身体について：好きな点、嫌いな点、病歴など、⑧性格：自分の性格で好きな点、嫌いな点、性的な傾向など、以上八分野に及んだ。自己開示の深さは0（この話題については話したことがない）、1（話したが、一部は正直ではなかった）、2（限られた範囲で話した）、3（かなり詳しく話した）、4（大変詳しく話した）の五ポイント・スケールで回答させた。

調査の結果では、話題に関しては日米それほど決定的な違いは見られなかったが、自己開示の深さに関しては、差が見られた。アメリカ人のほうが日本人より自己開示が深いという結果が出た。

しかし、この調査結果とは異なる結果も出ている。グディカンストや西田のグループの研究によると、親密度の低い関係では、日本人の自己開示はアメリカ人の自己開示より少ないが、親密度の高い人間関係では日米に差がないという[12]。

このように、自己開示行動に影響を与える要素は、相手との関係、場面状況、コミュニケーションの目的、個人の性格、話題などいろいろあることは言うまでもないが、文化

図3-4　自己開示の深さ

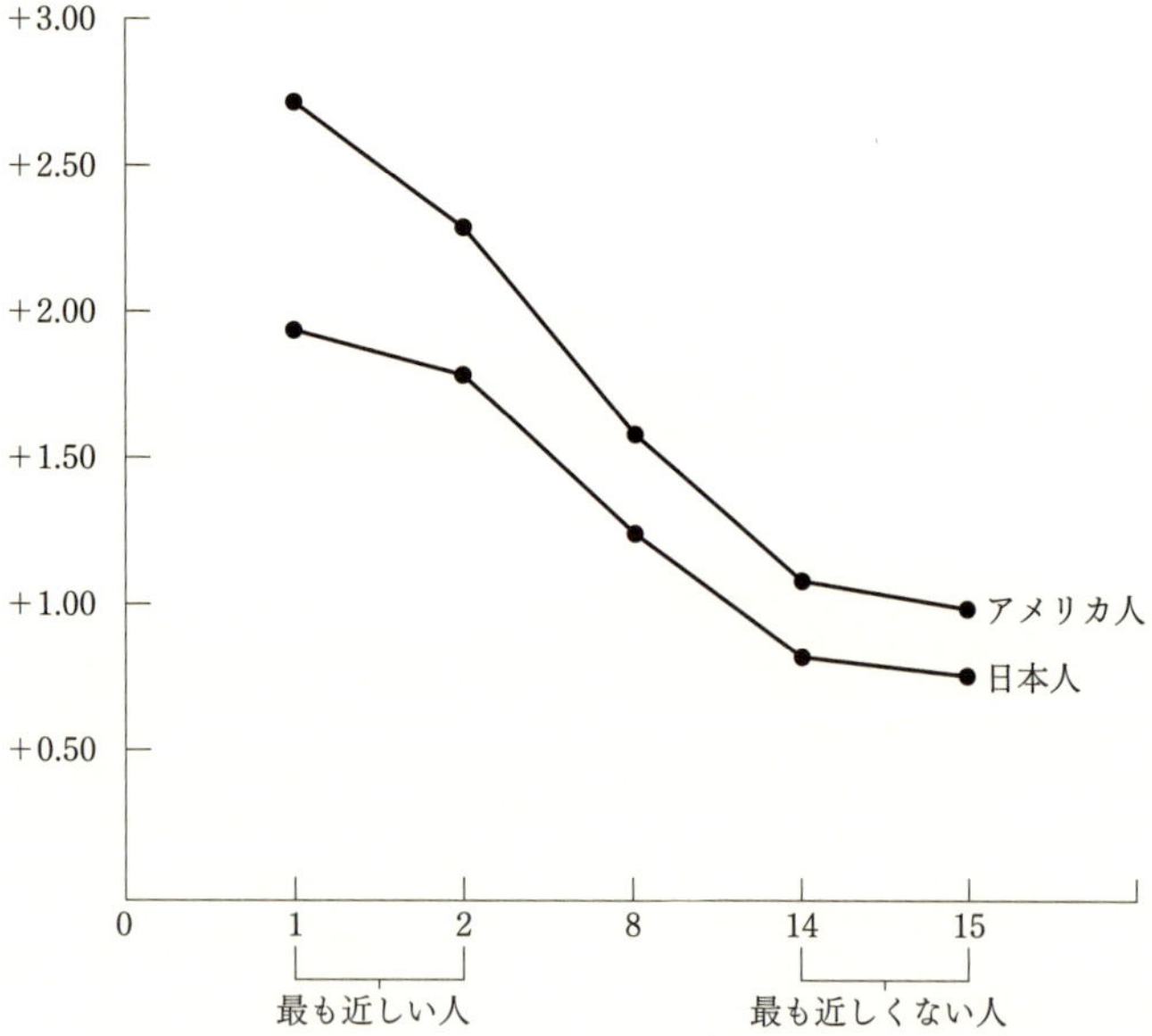

（バーンランド 1989年 P.111より）

的背景もその重要な一つであることを忘れてはならない。冒頭にあげた、フレンドリーでフランクな人の場合は、ジョハリ・ウインドウのオープンな部分がこちらの予想を上回って大きかったわけである。このようなとき、自分の過去の経験のみに基づいて、自分の文化的基準で相手の行動を判断してしまいがちであるが、「押し付けがましい」とか「非常識である」というような相手に対する否定的な判断を下すよりは、ただ当惑しているほうがその後のより良いコミュニケーションの可能性を残すと言えそうだ。相手の社会での自己開示の常識的範囲や習慣がどのようなものであるのか分からないのであるから、判断を保留するほうが無難である。

もちろん、いつまでも判断を保留しておくわけにはいかないのだが、残念ながらどのように対応したらよいかを習得する簡単な方法はない。いろいろな人々とのコミュニケーション経験と文化によるコミュニケーションの違いについての知識およびトレーニングの積み重ねにより、自己開示スタイルが大幅に異なる場合にはどのように調整していったらよいのか、自分に合った方法を自分で編み出していくしかない。そのためには、自分の自己開示スタイルを知ることも大事である。

トレーニング 2

自分の自己開示チェック

1から14の話題について、異なる7人の相手に、どの程度自己開示するか0から4までの数字で表してみましょう。

0＝この話題については話したことがない、1＝話したが、一部は正直ではなかった、2＝限られた範囲で話した、3＝かなり詳しく話した、4＝大変詳しく話した

相手 話題（自分の）	母	父	恋人／配偶者	同性の友達	異性の友達	初対面の人	初対面の外国人
1. 顔と身体の欠点							
2. 病気やけが							
3. 性格の弱点							
4. 性的関係							
5. 財産							
6. 金銭的トラブル							
7. 仕事／学校での問題							
8. 人生の目標							
9. 政治的信条							
10. 安楽死に対する態度							
11. ポルノに対する態度							
12. 相手に対する気持ち							
13. テレビ番組、映画などの好き嫌い							
14. 異性の友達							

（Barnlund 1975, Pusch 1979, Simon 1995, Klopf 1996 を参考に八代が作製した）(13)

解説

最も近しい人と最も近しくない人は、この表の誰でしょうか。人によってそれは異なると思われますが、それぞれの平均点を出して、「図3－4　自己開示の深さ」と比較してみましょう。

自分の自己開示行動が日本人の平均とアメリカ人の平均と比べてどのような位置にあるでしょうか。

同じ日本人でも世代別にかなりの差があると思われます。できればこのトレーニングを、友人、同僚、部下などに記入してもらって、自分の結果と比較するとおもしろいでしょう。

自己開示は深ければ良いというものではありません。相手に応じて適切な開示レベルがあるわけですから、敏感に調整しているかチェックすることが大切です。また、自己開示レベルが極端に異なる相手がいる場合は、その原因について考察し、もし双方またはどちらか一方に不快感やストレスが生じている場合は、どのようにしたらそれを解消できるか考察するようにしたいものです。

3 ことばのキャッチボール：相互発話

発話の機会

電車の中や喫茶店でよく見かける光景。日本人サラリーマン三人から四人のグループが一緒に立っている。話をしているのは主に一人。たぶん上司であろう。他のメンバーは相槌《あいづち》は盛んに打つがもっぱら聞き役。これは相互に発話している状態ではなく、一人が話し、残りの人が聞いているという状態で、双方向の会話ではない。

第2章でも述べたが、相互交渉モデルでは、コミュニケーションはことばのキャッチボールであるととらえている。このような考え方からすると、一人が一方的に話し、他は一方的に聞くというのはインターアクションでないことになる。ところが、私たちの日常にはもっぱら話し手になるときともっぱら聞き手になるときのほうが、互いに同じだけ発話するようなときより多い。仕事をしているときは、指示を与えたり、指示されたり、説明したり、説明を求めたりするが、これらの行動は相互発話の形態をとることは希である。このような行動も重要なコミュニケーション行動ではあるが、相互発話のコミュニケーションではない。私たちの多くは上下の役割が決まったコミュニケーションには慣れているが、平等な関係でのコミュニケーションにはそれほど慣れていないのではないだろうか。

相互発話は会話の特徴である。相互発話はコミュニケーションに参加している双方の発話が交互に行われるのが前提である。このような形態はどのような条件がそろったときに実現するのか考えてみよう。一番大切な条件は、双方が平等な関係にあるということである。社会的地位の差、話題に関する知識の差、精神的な依存関係などがあると平等な関係とは言えない。不平等な関係では相互会話は困難である。つまり、双方向の会話は平等な人間関係を前提にしている。

第1章で述べたとおり、望ましい異文化コミュニケーションは自分と相手との共生共栄と相互尊重のために行う情報交換、情報共有、共通の意味形成行為であるから、一方通行のコミュニケーションは良しとしない。友人、同僚、趣味の仲間などでは、心を開いてコミュニケーションができ、理解を得やすいし、満足感もある。ところが、異文化コミュニケーションでは、平等な人間関係は実際にはそれほどあるものではない。しかし、だからこそ、異文化コミュニケーションでは、平等でない人間関係でも、あたかも平等であるかのように発言の機会を平等に与えようと心がけることが重要になる。国際的な場ではこれが礼儀になっている。ところで、国際的な場で日本人に発話の機会を廻して意見を聞こうとしても、なかなか意見を述べてくれないという不満の声を聞くのは、残念である。

発話の義務

相互発話が実現するためには発話の機会が平等に与えられていなければならないが、同時に発話者には相互発話を維持し、意義のあるコミュニケーションに貢献する義務もある。せっかく発話の機会が回ってきたのに何も言うことがなかったり、言っても内容が支離滅裂だったり、曖昧《あいまい》だったり、前に出た意見のコピーだったりしてはコミュニケーションに対して無責任である。

日本人は意見を求められると、「別に何も意見がありません」とか「難しい問題ですね」と逃げる人が多い。相手が日本人なら、これでも遠慮だと理解してもらえるかもしれないが、文化が異なる人が相手のときは、これでは許されない。責任放棄と取られることが多い。グライスは、会話とは参加者の協力と貢献があって初めて成り立つものであるとし、参加者は、発言を話題に沿った情報価値のある内容にすること、偽りの情報を提供するのではなく正確な情報を論理的に提供すること、曖昧ではなく明確に簡潔に表現することが求められるとしている(14)。

もちろん、欧米での会話が全てこれらの条件を満たすように行われているわけではない。しかし、少なくとも、この精神に基づいて行われている。したがって、この精神を共有しない日本人の発話行動は彼らからうさん臭く思われるのである。国際的な場では、日本人も発話の機会が与えられたときは責任を持ってコミュニケーションに参加し、話の内容を豊かなものにするために貢献しなければ国際人とは言えない。ただ黙って聞いているだけでは参加、貢献したことにはならない。

話すのが先

国際会議で日本人はなぜ積極的に発言しないのだろうか。用意した原稿を読み上げたら、後は、一方的に話を聞いているだけでは不甲斐《ふがい》ない。

日本人と外国人がグループ・ディスカッションをするときも圧倒的に日本人は聞き役になってし

まう。このような受け身の姿勢から脱するには、どうしたらよいのか。
一つの解決方法は、話題の提供者になることである。つまり、相手の話を聞く前に発言すること。相手の話を聞いてから反応しようとすると、相手の土俵で勝負させられることになり会話に積極的に貢献しにくくなる。特に、外国語で話さなければならないときは、相手の話を聞いて理解して、それから自分の考えをまとめて、外国語にして発話するので時間がかかりすぎて、タイミングを逸する。だから、自分の言いたいことを前もって整理して、外国語で言えるように何回も練習しておく。質問や意見も想定して、対応を準備しておく。原稿を読むのではなく、発話として言えるようになるまで鏡の前で身振り手振り表情をまじえて、声を出して練習しておくことが大切である。

　このような準備と練習は子供じみたことのように思われがちであるが、実は非常に大切なことである。欧米人は幼稚園の頃からこの練習をしている。大人になって堂々とスピーチができるのも、会議で鋭い発言ができるのも、カクテルパーティーで粋な会話ができるのも、全て幼稚園の頃から継続的に練習し実践してきた賜《たまもの》である。教室でも先生の質問に機知に富んだ受け答えができると、先生も生徒も拍手喝采するような文化に育っている。私たちにはそのような習慣がないから、大人になってから本腰を入れて集中して練習しなければならない。

　難しい文法やことばを使う必要はない。ソニー創業者の盛田昭夫氏は決して流暢な英語ではないが、易しい、誰にでも分かることばを駆使しながら、聞き手の心をとらえたという[15]。話すときの気合い、相手の注意を引きつける話し方、良い印象を与える発声、視線、表情など鏡の前で試行錯誤を繰り返し、さらには人に聞いてもらい、自分なりに納得のいくスタイルを作り上げていくようにする。このように準備していれば、機会を積極的にとらえて発話したいと思うようになる。そして、その機会をとらえて発話したとき成功する確率も高くなる。このような成功を土台にして、相手の発言に耳を傾けると理解もスムーズに行くし、心理的にも相手にことばで反応しやすくなる。

余裕がでてくれば、相手にまず話させてから、自分の意見を展開すればよい。まだ、そのような余裕がない間は、先に発言できるように話題とそれに対する自分の意見を準備しておくことである。考えるだけではダメ。考えをまとめて、言語化し、発表練習をし、準備しておこう。

トレーニング 3

あなたは次の人々と相互的コミュニケーションをとっているでしょうか。名前を書いて、その人とあなたの1週間の期間の発話時間の割合を円グラフで表してみましょう。

〈例〉

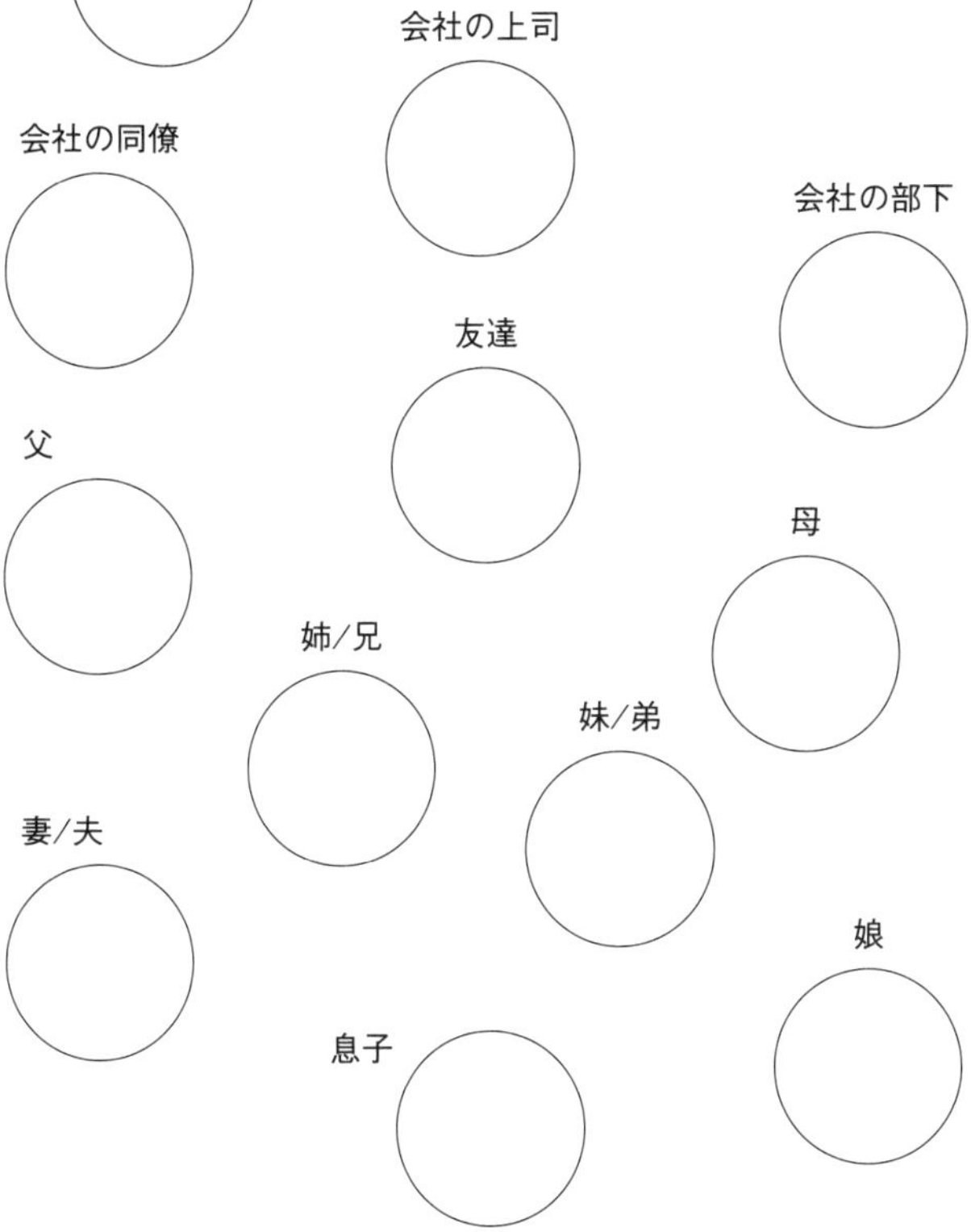

解説

自分と相手で発話時間が半々の発話関係は本当に希です。自分のほうが多く発話している人は、相手に対しては次回から発話のチャンスを作ってあげるようにしてみましょう。相手のほうが多く発話している人に対しては、次回からもっと自分の考えや気持ちを伝える方向で努力してみましょう。もちろん、人間関係によっては非相互的な会話が正常な場合も多いので、これらの試みは、常識の許す範囲内で行うようにしましょう。

④異なる意見をどう扱うか：コンフリクト・マネジメント

面子《めんつ》

「互いに思っていることは全部オープンに伝えて、意見の相違があったら率直に議論を戦わせて、合意に達すればいいので、その結果、合意に達しなければ仕方がないさ。それでも、オープンに言いあったほうが、腹にためるよりはずうっといい」というのがアメリカ人の意見。しかし、この意見には、にわかに賛同しがたい人もいる。

意見の違いがあったらオープンに話しあって、調整しあえると信じる人がいる一方で、オープンに議論しあってはことがこじれるだけで、まとまるものもまとまらない。むしろ根回しをじっくりして、裏で調整したほうが良いと考える人もいる。

問題の本質を探り出すためにオープンに議論することが解決につながらない理由の一つに面子がある。人前で言いたいことを言っていては、相手の面子を傷つけるし、自分の面子も失いかねない。一旦損なわれた面子は、そう簡単には修復できない。したがって、私たちはできるだけ相手の面子も自分の面子も危険にさらしたくない。

面子というのは人が世間に対して提示しているイメージである。グディカンストとティング・トゥミーによると、個人主義的な文化では自分と自分が世間に示す自己イメージが一致していることが良しとされる。[16] 一致している人は「個」が確立している、正直で責任ある人間であるとされる。集団主義的な文化では、自分は、自分が属する集団が自分に付加したイメージに自分を一致させようとする。義理と人情のしがらみに縛られている。このような文化では、自分を自分だけのイメージに一致させようとするのはわがままであり、幼稚であるとされている。したがって、腹にあることをオープンに言うことは、集団主義的な文化では問題の解決に貢献しにくい。

しかし、個人主義の文化でも集団主義の文化でも相手と自分の面子を傷つけないように注意しながら、意見の相違を調整しようとすることに変わりはない。ただ、集団主義の文化のほうが周りへの配慮が広く、複雑であるから、みんなの前で言えることが限られてしまい、オープンな話し合いが持つ調整力が劣る。日本の社会では面子を重んじるやり方のほうが効果的なのである。

しかし、宮智は、これからの日本のビジネスはグローバル化に備えて集団主義的な日本の風土から脱皮した風通しのいい社風を作り出すために企業の最高指揮者のリーダーシップが強く求められると提言している。[17]「理屈はそうかもしれないが」、「前例がない」などという表現が議論封じ込めに使われ、根回しの結果を承認するだけの会議をやっていては国際社会に通用しない。すなわち、「個」の確立に基礎を置く、明せきな議論が行える会議を実現してこそ世界の人々に納得してもらえる。

インタレストをつかめ

紛争、コンフリクトは利害が対立したときに起こる。ここで理想的な紛争解決、コンフリクト・

マネジメントの方法を説明するためによく用いられるたとえ話を紹介しよう。

一つしかないオレンジをめぐって二人が争った。一方がオレンジを得て他方が何も得られなかったとしたら、勝ち負けがはっきり分かれる。勝ったほうはよいが、負けたほうは目的を全然果たすことができない。それでは、オレンジを半分ずつに分けたらどうなるか。双方が目的を半分ずつ達成することができる、または、半分ずつしか達成することができない。ところで、一方はオレンジ・ジュースを作りたい、他方はマーマレードを作りたいのでオレンジを必要としていたとしよう。この事実が分かれば、一方は中身、他方は皮を使ってそれぞれの目的をほぼ一〇〇パーセント達することができる。すなわち、一方的な勝ちや負けのない、双方が勝つ、ウィン・ウィンの結果が得られる。これが、利害の対立を解決する理想的な方法である。コンフリクトを対立ではなく、双方の利益を達成するための共同作業にしてしまうというわけである。

ハーバード・ビジネス・スクールのフィッシャとユリーは交渉をするときは、初期位置または初期値（ポジション）にこだわるのではなく、互いの本当のインタレスト、すなわち、欲しいものは何なのかを虚心坦懐に話しあうことが交渉をウィン・ウィンに導く鍵だとしている[18]。そのためには、実際の交渉に入る前に、自分の本当に求めているもの（インタレスト）が何なのかしっかり掘り下げて把握しておく必要がある。また、相手のインタレストが何であるのかも十分考慮しておかなければならない。そして、双方のインタレストを満足させることができる選択肢（オプション）をできるだけ多く考える。さらに、それらの選択肢と世間一般の慣行（スタンダード）とを比較し、解決案の常識的範囲を特定する。そして、交渉以外の目的達成方法（Best Alternative to

Negotiated Agreement=BATNA）があるか吟味する。つまり、この交渉が不調に終わった場合でも別の手段があるなら、後悔するような合意にいやいやもつれ込む必要はない。選択肢群をスタンダードとBATNAに照らし合わせて、次なるステップに進む。すなわち、相手に対して交渉のときに示す提案を用意することだ。提案は、最も望ましい内容のもの、納得できる内容のもの、合意する最低線のもの、この三種類を作成する。これだけの宿題をして交渉に臨むわけである。

鈴木[19]はこのプロセスを以下のように分かりやすくまとめている。まず、双方のポジションを特定し、さらに掘り下げて双方のインタレストを探り出す。そこで、ウィン・ウィンを目指し、問題の再焦点化を行う。このステップを、オレンジのケースに当てはめると、ポジションはそれぞれ、「オレンジ一個ほしい」である。インタレストは、一方が「オレンジ・ジュースを作りたい」、もう一方は「マーマレードを作りたい」である。問題の再焦点化は、「オレンジ・ジュースが作れて、マーマレードも作れるようにするにはどうしたらよいか」である。ここで、問題を勝ち負けとして捉えるのではなく、双方が共同で知恵を出しあって解決する課題として捉え直すのである。このような、視点と態度の変化を経ることによって、課題解決のためのいろいろな可能性が提案として出てくる。

しかし、このような視点と態度の変化をもたらすには、互いの信頼関係が基礎になければならない。この信頼を築くにはどのような行動が必要なのだろうか。ユリーのアドバイスは詳細にわたるが、ここでは数点だけ紹介する。[20] 対立に対する反応として、反撃・妥協・逃避があるが、いずれの行動も建設的でないので避けるべきである。その代わりに、①反射的に行動しないで時間をかせぎ、頭を冷やして何が起こっているのか相手も自分も客観的に冷静に捉え直す、②相手の立場に立って見てみる、③コンフリクトの見方と捉え方を変えてみる、④相手がこちら側に渡れるように橋をかける、⑤交渉を共に学ぶ機会とする。

これら五つの過程では、数々の交渉用コミュニケーション・スキルを用いるが、その一つに、アクティブ・リスニングがある。まず、相手の言い分を十分聞き、聞いた後で自分が相手の言ったことを正しく理解したか相手に確かめてもらうために、自分のことばで繰り返して言うのである。店員と客との間の会話を例に、このコミュニケーション・スキルを説明しよう。

〈店員がアクティブ・リスニングを用いない例〉

客：先日、お宅で買ったビデオデッキ、ちゃんと予約録画できないんだけど、故障なのか欠陥なのか、分からないけど。せっかくデッキを新しくしたのに録画できなくて、本当に困ってるんですよ。

店員：それは、へんですね。信頼できるメーカーの製品ですから欠陥ということはないと思います。故障することもまずないと思います。もう一度マニュアルをよく読んで、予約やり直してみてください。

客：もちろん、マニュアルどおりに操作していますよ。何回もチェックしました。（かなり不快になっている）

〈店員がアクティブ・リスニングを用いる例〉

店員：先日お買い上げいただいたビデオデッキの予約録画が思うようにいかなくて困っていらっしゃるのですね。どのような不具合か具体的に教えていただけますか。どのように操作されましたか。

アクティブ・リスニングをすると客の怒りが半減するのが分かる。怒りをやわらげて、予約録画できない理由を建設的に聞き出すことで相手のインタレストにせまる。

相手の言ったことを繰り返して言うとき「あなたは○○と言いましたね」と言うのではない、「私はあなたがおっしゃったことを○○と理解しましたが、それで良いのでしょうか」といった表現を用いる。

相手の言ったことを理解したつもりが、間違っていることはよくある。特に、文化背景の異なる人との交渉の場合は解釈の間違いはよく起こる。相手は「そうじゃない。私はこう言った」と修正を加えてくる。それを受けとめ、受け入れる。このやりとりで相手は「この人は真剣に私の言うことを理解しようとしてくれている」と感じる。そのように感じさせる誠実さ、真摯《しんし》な態度が大切である。このような作業を継続することで対立の意識が弱まり、むしろ協力して問題を解決しようという気持ちが育まれる。

インタレストの本質にせまる質問の仕方には工夫がいる。まず、相手に話させるように質問する。尋問するのではない。「その点が非常に重要だとお考えなんですね。もう少し詳しく説明してください」、「どうもよく分からないのですが、こんな場合はどうなんでしょう」、「このように考えていいんでしょうか」、「こうした場合のあなたの考えや気持ちは、いかがですか」など対話を促進させる質問をする。間違っても「問題は○○だ」、「こうすれば解決するんです」、「私に任せておけば良いんですよ」と断定的に意見を押しつけたり、アドバイスしたり、一方的に結論を出すようなことを言わない。

「あなたが約束を守らないから、問題がこじれるんだ」と言われれば、誰だって反発したくなる。このようなときは、「予定していた状況にならなかったので私はたいへん困惑しました。仕事を休んで対処しなければなりませんでした」というような「わたし」が主語の「わたし文」を使うようにする。「わたし文」は、相手を責めないで、相手の自発的行動を促すのに有効である。このとき、相手に対する気持ちを理解してもらいたいという気持ちで話すことが大切である。お涙頂戴ではなく、自分はこのように感じ、このような状況に陥り、このような行動をとったと報告する。相手を責めたり、不誠実を暴き出し、信用を傷つける意図で発言するのではない。

また、できるだけ否定的な表現は避け、肯定できることは積極的に肯定する。行き詰まったときは、その時点まで交渉してこれたことを評価する、相手の努力を評価するなど、否定的にならず、あくまでも肯定的な気持ちを表現する。相手の面子をたてて人間関係を維持し、交渉が継続できる手がかりは残しておくことが大切である。このように、アクティブ・リスニング、対話的な質問文、私が主語になる文などのコミュニケーション・スキルを用いて、相手との間の信頼関係を育て、交渉を成功に導くよう努力する。

●仲介・調停・ミディエーション

利害の対立があるとき、交渉の他にどのような対処方法があるだろうか。ペパーダイン大学紛争解決研究所によると、大きく分けて逃避、交渉、仲介・調停、仲裁、訴訟、自救行為の六つの方法がある。[21]逃避は対立があることを認めようとしない態度で、この方法は対立解消には役立たない。むしろ、対立が内向化し複雑化する。交渉は双方の利益を満足させる合意に到達するための当事者による最も効果的なコミュニケーション・プロセスである。仲介・調停とは、当事者間ではなく、当事者に代わって第三者によってなされる交渉である。調停は、公的機関を用いるのではなく、任意に行われ、合意事項は法的規制を受けない。調停人には合意事項を強制施行する権限はない。仲裁は調停と同じように第三者によって行われるが、調停と異なるのは、この第三者が決裁を行う権限がある点だ。訴訟では、裁判官もしくは陪審員が法律に基づいて判決を下す。当事者は判決に不満なら上訴する権利がある。自救行為とは一方の当事者が一方的に問題解決の行動を起こすことを指し、相互的コミュニケーションは介在しない。暴力をふるって、自分の目的を果たす行為がこの範疇に入る。

前節では、交渉を扱ったが、本節では仲介・調停を取り上げてみる。日本では、対立する双方の当事者の直接交渉より、間にだれかに入って取り持ってもらう交渉の形をとることが圧倒的に多い。これは、前に述べたように面子が直接交渉を困難にしているからである。初めての交渉のときは紹介者が必要であり、その紹介者が後には仲介者・調停者になることが多い。したがって、だれを紹介者・仲介者・調停者にするかは、交渉それ自体よりも重要な課題であると言っても過言ではない。日本では、仲介者は当事者双方をかなりよく知っている人で、後ろ盾になることができるような相対的に社会的地位の高い人がなる。そして、当事者は交渉を仲介者・調停者に任せて、その人の知識と経験を信頼して全面的に頼ろうとする。また、仲介者・調停者は頼られ、判断を仰がれることを予想し、任せてもらうことを意気に感じるか、社会的責任と感じて引き受けるのである。

このような仲介者・調停者の働きは、日本だけでなく多くの国々で見られる。ところが、最近、米国で盛んに話題になっている紛争解決の手助けをする調停者、ミディエーターは、従来の仲介・調停者とはかなり趣を異にしている。なぜ人々は従来の仲介者や弁護士に頼るよりもミディエーターに紛争解決の相談に行くほうを選ぶのだろうか。

原因はいくつか考えられる。まず、弁護士は訴訟をしたがる。訴訟をすると金と時間が途方もなくかかり、その上、法による裁きはあるが、真の問題解決はまず望めないし、人間関係は破壊される可能性が大きい。訴訟では、当事者同士のコミュニケーションは皆無に等しいので、当事者間の理解が形成される可能性は少ない。したがって、訴訟では法律に束縛されてしまい、柔軟なウィン・ウィンの解決はまず望めない。

これに対して、ミディエーターによる調停は、平均二回から三回の会合で合意に達するものがほとんどであり、時間もあまりかからない。謝礼も弁護士よりは数段安く、費用もあまりかからない。当事者双方は調停者と一緒に同じテーブルを囲み、話し合いを行う。調停者は中立の立場で公平に話し合いができるようにルールを守った行動をとり、当事者にもルールを守らせる。調停者は双方が納得のいく合意に到達するよう手助けするが、合意事項を実行するかしないかは、当事者に任されている。調停では法に照らし合わせて合法か、違法かを問うのではなく、紛争解決を主眼としているので、解決手段や方法は多様で柔軟性がある。したがって、ウィン・ウィンの解決に到達する例も多い。もちろん、合意が成立しないときもある。そのようなときは仲裁や訴訟にもっていけばよい。しかし、合意に達した場合は、法によって押しつけられたのではなく当事者が主体的に合意したわけであるから、合意事項が当事者によって実行される確率は訴訟の場合より高い。

さて、調停のルールとはどのようなものだろうか。まず、当事者双方が守るべき約束事項である。(1)誠意を持って紛争解決のために真剣に努力することを約束し、ゼロサム・ゲームではなくウィン・ウィンを目標にする。(2)互いにインタレストに焦点を当てて話し合う。(3)紛争解決の責任は当事者双方にあること、調停者は交渉を円滑にかつ公平に進められるよう手助けをするだけであることを承認する。(4)相手に自分と同じ発言時間を与える。(5)相手が発言しているときはじゃまをしない。(6)相手を非難中傷しない。(7)うそはつかない。

調停者が守らなければならないルールは次のとおりである。(1)中立の立場を維持する。当事者双方を公平に扱う。(2)当事者双方の承認がないかぎり調停の内容は公表しない。(3)当事者が問題を分析、把握するための手助けをする。このときアクティブ・リスニングを用いながら、いろいろな見方や考え方を検討する手助けとなる質問などをする。(4)話し合いが相互尊重の精神に基づき合理的に進行するよう指導する。(5)法的な解説は行わない。(6)合意に関して直接的なアドバイスはしない。(7)合意を強制しない。(8)当事者が合意した合意事項を整理し文書化する手助けを行う。(9)合意文書に双方に署名してもらい自分も署名をする。このように、調停者はあくまでも当事者が紛争解決の合意に到達するのを手助けする存在である。

当事者と調停者の行動ルールの根底に個人主義と民主主義、平等の精神が脈々と波打っていることは明らかである。はたして、このような仲介・調停の方法は上下関係がはっきりした権威を重んじる社会で適用できるだろうか。じっくり双方の言い分を聞く、双方の気持ちを尊重するというような面では日本人のほうが得意ではないかと思われる部分もあるが、仲介・調停者が積極的に合意を指示しないで、当事者間の合意が成立するよう進行係に徹するという点はなかなか日本では難しいのではないだろうか。

ところで、ミディエーター、仲介・調停者は所定の機関で訓練を受けた者でなければならない。ほとんどの訓練機関は裁判所、地方公共団体、紛争解決の研究機関、大学の法学部などに付属している。訓練を受けるのに特別な資格は要求されないが、受講生は法学部の学生、コミュニケーション・カウンセラー、学校のカウンセラー、家庭問題のカウンセラー、弁護士、検事、判事、警察官などが主である。受講生のほとんどが法律に基づく紛争解決の限界を実際に体験している人々である点が興味深い。

トレーニング　4

次のコメントを「わたくし文」に書き直してみましょう。

① 上司が部下に。「君はいつも詰めが甘いんだよ。しっかりしてくれんと!!」

② 母親が娘に。「朝帰りなんて若い娘のすることじゃないわよ！」

③ 父親が息子に。「ゲームばっかりしてないで、勉強しろ」

④ 妻が夫に。「あなたはいつも電気をつけっぱなしにするんだから」

⑤ 夫が妻に。「何回言ったら分かるんだ。ビールをきらすなよ！」

解説

本文でも述べたように、「わたくし文」はお涙頂戴的になってはいけません。しかし、相手との関連における自分の気持ちや立場、置かれた状況を相手に伝えなければ納得のいく解決が得られない場合は、相手を責めたり罵倒したりする主観と感情があらわな表現を用いるのではなく、感情をコントロールして客観的で理性的な報告文的表現を用いるほうが目的を果たすのに効果的です[22]。

次は、あくまでも解答例です。もっとやる気にさせる言い方を工夫してみてください。

①僕は、君を頼りにしているんだよ。しっかり最後まで詰めてくれ。

②私はあなたのことが心配で朝までまんじりともしなかった。せめて、電話で居場所を連絡してちょうだい。

③お前が熱心に勉強していると母さんから聞くと、おれも仕事をする元気が出るんだよ。

④わたし、いつもあなたの後から電気消して回っているのよ。

⑤ビールを飲むと「ごちそうさまっ。うまかった」って自然に言えるんだよ（おれは）。

第4章 ことばのないメッセージ：非言語コミュニケーション

1 何も言わなくても伝わるものがある：非言語コミュニケーションの重要性とその種類

「おまえ、この前のミーティングの資料、おれにだけ、くれなかっただろう。何か恨みでもあるのか？」「あの人、さっき私のほう見ていた。もしかするとわたしのこと……」「あの子、最近髪型変えたけど、何かあったのかしら」「いつもは仲の良い二人が、同じ方向に行くのに、あんなに離れて歩いている。けんかでもしたようだな」

資料をくれなかったこと、こちらを見たこと、髪型の変化、離れて歩くこと。これらはどれも、ことばでは何も言っていないにも関わらずメッセージが伝わった例である。受け手が何らかのメッセージを受け取った、と思うところにコミュニケーションが発生するのだということは、先に第2章で説明したとおりである。

「目は口ほどに物を言う」などと言うが、目だけではなく、さまざまなものが口ほどに、あるいはそれ以上に物を言うのである。それらの、ことば以外の手段によるメッセージ伝達を「非言語コミュニケーション」あるいは「ノンバーバル・コミュニケーション」と言う。

実は、情報のかなりの割合が非言語コミュニケーションによってやり取りされていると言われる。バードウィステルは、二人の会話の中では六五％の情報が非言語によってやり取りされると報告している。(1) また、心理学者マレービアンの研究によると、人から受けるインパクトのうち、九三％が言語以外のメッセージ（声の調子＝三八％、表情＝五五％）からのものだという。(2) まったく言語が使われなくても、相手のしぐさや状況を見ただけで何か意味を感じ取ることは日常茶飯事だ。何といっても、第2章で分かったように、「あなたの存在それ自体」が、もうそれだけで立派なメッセージなのだから。就職面接を受ける人は、ことばの使い方だけでなく、服装や姿勢など、さまざまな非言語コミュニケーションに注意を払う。これも、自分という人間についてのさまざまなメッセージが非言語コミュニケーションによって表現され、面接官に伝わることをよく承知しているからにほかならない。

このように重要な比重を占める非言語コミュニケーションだが、このテーマについて学んだことのある人や、普段、人と接するときに意識して使っている人はあまりいないのではないだろうか。「なんとなく」「あまり意識しない」で使っているにもかかわらず、その影響力は大きい。マレービアンは『非言語コミュニケーション（原題：Silent Messages)』の前書きで次のように述べている。

> 意思伝達におけるノンバーバルの重要性を理解している人は、社会において成功するだろう。人の上に立つ人は言うに及ばず、演技を必要とする職業、説得を必要とする職業には特に大切である。職業でなくても、友人関係において自分の気持ちを相手に正確に伝えることは、ノンバーバルの理解なくしては至難のわざである。その証拠に、常に何らかの誤解をし、友人関係を冷たくしてしまい、孤独に一人で生きていかなければならない人もいる。人間関係におけるノンバーバルに敏感になれば、友人関係や社会生活全般にその効果が表れるだろう。[3]

もちろん、文化による違いも大きい。それにもかかわらず、海外に行く前に「少しは行く先のことばを習わなくては」とは思っても、「少しは現地の人の非言語コミュニケーションを習おう」と思いつく人は残念ながら少ないようだ。たとえ言葉が通じなくても「身振り、手振り」で何とかなるという発言をよく耳にする。はたしてどうであろうか。実際には、無意識性と文化的・個人的意味付けの違いがあいまって誤解も引き起こしやすい。非言語コミュニケーションをめぐっては、政治家から庶民まで悲喜こもごものドラマを生んでいるのが実状である。

非言語コミュニケーションの種類

では、非言語コミュニケーションには具体的にどんなものがあるのだろうか。さまざまな分類法がある中で、ここでは一般的で分かりやすく、しかも全体を網羅しているナップの分類を基にする。ナップによると、身体動作、身体特徴、空間の使い方、接触行動、準言語、人工品、環境要素の七種が人間に用いられる非言語コミュニケーションである(4)。

また、「時間の使い方」も八番めの項目として加えることにする。これは、ホール(5)ら、多くの専門家がそのコミュニケーションへの影響と文化による違いを指摘しているものである。表4−1は、これらの項目と、項目に含まれる具体的内容をまとめたものである。

それでは、非言語コミュニケーションのうち、文化背景の異なる人とのコミュニケーションに影響が大きいと思われる種類について、具体的な事例を挙げて解説していくことにする。ただし例を挙げると言っても、ここでの目的は世界中のたくさんの文化の非言語コミュニケーションを網羅的

表4−1

種　類	学術用語	具体的内容
身体動作	動作学（kinesics）	ジェスチャー、からだの動き・姿勢、表情、目の動き
身体特徴		魅力、体臭・口臭、頭髪・皮膚の色
空間の使い方	近接学（proxemics）	対人距離、縄張り
接触行動	接触学、触覚学（haptics）	撫でる、叩く、抱く、握手
準言語	パラ言語学（paralanguage）	音声の特徴、感情や体調から出る音、間の取り方
人工品	対物学（objectics）	衣服、かつら、化粧品、持ち物、香水
環境要素		建物、室内装飾や照明、色、温度、音
時間の使い方	時間学（chronemics）	物事の同時進行性、優先順位

に知ることではない。いくら専門の辞典があったとしても、そのようなことは不可能である。どこかの文化について分かったつもりでも、地域差というものもある。それよりも大切なのは、人間にはどのような非言語コミュニケーションのオプションがあるかを認識することや、文化の違いによってどのようなところに誤解が起こりやすいかという視点を養うことである（誤解を防ぐ方策については第6章と第7章に詳しい）。

身体動作

ジェスチャー（手振り）やからだ全体の動き、姿勢、そして、表情や目の動きなど、からだの部位を動かすことによるコミュニケーションは全てこの範疇に入る。

ジェスチャー

「兼高かおる世界の旅」（ＴＢＳ）という大変ロングランで人気の旅番組があった。その番組を長く担当された兼高さんが、香港で中国人と食事をしていたときのこと。男の人同士で話をしているとき、兼高さんがお茶を注いであげたのだが、その中国人男性は、テーブルを指でポンポンと叩いたのだった。兼高さんは、「もっと注げ」とか「早くしろ」と言われたような感じで、不愉快になった。――しかし実は、他の人と話していて口で言えないときの、「お礼」のジェスチャーだったことが後で分かった。兼高さんは、初め自分の文化の視点で解釈をしたため不快に思えたことも、その地での意味を知り、慣れてしまえば合理的と思えたと語っている。(6)

ジェスチャーとは主に手を使った表現を指すことが多い。ことばを使わないメッセージ伝達手段といったら、まず「ジェスチャー」と答える人が多い。それほど一般的でコミュニケーションには重要な手段である。ことばの代わりに気軽に使うことも多い。しかし、それゆえに注意も必要である。海外に出かける前に「身振り手振りで何とかなるさ！」と言ってことばの通じない不安感を払拭しようとする人がよくいるが、気を付けるべき第一のポイントは、「一つのジェスチャーが、文化によっていろいろな意味になる」ことである。異文化の地に足を踏み入れる前には、その文化を尊重する意味も込めて、せめてその地の人々が最も嫌うジェスチャーや、代表的なジェスチャーなどを知っておきたいものである。もし知らない動作に出くわした場合は、兼高さんのように、「この文化では、自分が思うのと違う意味があるかもしれない」という視点を持ち、相手や現地の人に確認することが大切であろう。ジェスチャーに限らず何事に関しても自分勝手な解釈をせず、「これはこの文化ではどういう意味か？」と常に関心を持って見ることが誤解を防ぐ秘訣である。

他にもこんなジェスチャーの誤解が報告されている。一九五〇年代、アメリカ合衆国の副大統領だったリチャード・ニクソン氏（後の大統領）は、南米各国を親善訪問した。ブラジルの空港で、専用機のドアを開け、タラップの最上部に立ったニクソン氏は、迎えの人垣に向かって大きく「OKサイン」（つまり、親指と人差し指で輪を作り、他の指を立てるジェスチャー）をし、ポーズを取ったのだ。……ところが、人々の返答はブーイング。おまけに、ニクソン氏のこのポーズの写真が翌日の現地の新聞の一面を大きく〝飾る〟ことになり、人々の反米感情を高める結果になってしまった。ニクソン氏のした動作は、南米各地では、卑猥な、人を侮辱する意味で使われるものだったのだ。

　異文化のジェスチャーに気を配るにあたっての二番目のポイントは、自分がしている動作を認識しておくことである。それでは日本人が多く用いているジェスチャーで、異文化の人に誤解を与えやすいのはどんなものだろうか。日本の漫画の中から九五の一般的なジェスチャーを選び、日本人と英米人にアンケート調査を行なった東山の研究結果では次のようなジェスチャーは英米人にはあまり使用されないと分かった[7]。被験者数が少ない調査ではあるが、参考までに紹介する（下図参照）。

　①「親指と人差し指でお猪口《ちょこ》を持ち飲む動作（酒を飲む）」、②「小指のみ立てる（女・愛人）」、③「手刀（物をもらうときに感謝を示す）」、「両手で物をおし頂く（深い感謝で物をもらう）」、④「顔の前で両手を合わせて、あるいは片手を立てて相手を拝む（依頼、感謝、謝罪）」、「深々とお辞儀をする（依頼、感謝）」などである。

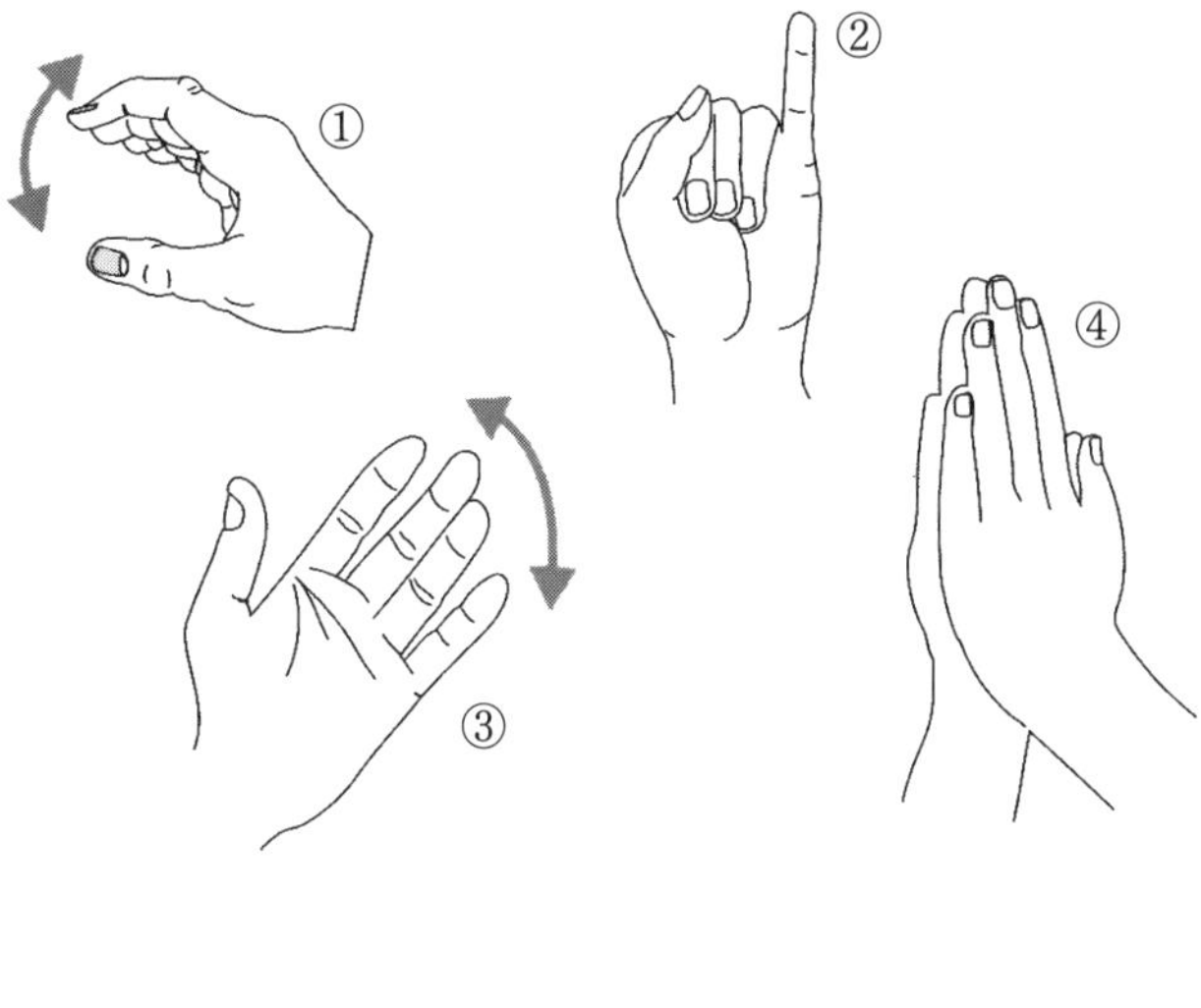

〈左手の使用〉

左手を使うことには特別の意味がある文化が多く見られる。特にジェスチャーをするとき、物を指し示すとき、人から物をいただくときに左手を用いるのは世界の多くの文化で大変失礼にあたる。そのようなときは右手か両手で行うべきだとされる。この考え方は、アラブ地域、アジア、アフリカの多くの国で見られる。(8)

姿勢・からだ全体の動き

新聞に報告された出来事である。

日本料理店が北京にも増えてきた。(中略)大きな店は座敷もあり、和服の中国人女性たちが料理を運んできてくれる。日本と同じように座って皿を並べ、片付けていく。ごく自然な動作に見えるのだが、この給仕の仕方が最近、中国人の間でちょっとした論争になった。『ひざまずく給仕は是か非か』と、地元紙・北京日報が三か月にわたって読者の声を紹介した。主な意見を並べると——。『服務員を低い地位に置いている。旧中国でもこんな醜い現象はなかった。国家の尊厳を損ね、服務員を侮辱している』『客の座る位置が低い場合、立って給仕すると腰を曲げねばならず、環境と不似合いだ』『広める必要はないが、特定の範囲なら構わない』そこで、同紙記者は、日本料理店で、直接、中国人服務員たちの意見を聞いた。答えは——『自分の親にもひざまずいたことがないのに、どうして客にひざまずくのか、と言われたことがある。でも、ここは日本式の店だから当然と思う』『いちいち座るので疲れるし、足が痛い』……同紙は結局、『今後の成り行きをみるしかない』と論争を締めくくった。この国の人たちと理解をひとつひとつ積み上げていく長い道程は、まだ始まったばかりなのだ。[9]

文化によって、低姿勢は、謙虚さと受け止められたり、あるいは自信の無さに写ったりもする。平等に価値を置く文化では、この例のように強制的に侮辱的姿勢を取らされていると受け止められかねないのである。先に紹介した東山の調査でも、「深々とお辞儀をすること」や真剣にものを頼むときの「正座をしたり、足を揃えて腰掛け、うつむき加減で拳をひざに置く」いわばきちんとした姿勢は、英米人には理解できない動作の一つであった。[10]

いすや床に座ったときの足の処置のしかたも、文化背景の異なる人とコミュニケーションする際には関心を払う必要がある。厳格なマナーを要求する文化もあれば比較的自由な文化もある。例えば、女性について比べると、日本やアラブ地域では、伝統的には足を組むこと自体、はしたないとする人が多かった。今でも正式な場で足を組む女性は少ないであろう。英国では、女王のロイヤル姿勢は、両足を揃えて少し斜めにし、足首を組むというものである。一般人はひざで組むことが多い。また、北米では、ひざで組むことはもちろん、時にはくるぶしを反対の足のひざの上に載せるスタイルも観察される。これは男性ではもっと頻繁に見られるスタイルである。ところがこのようなスタイルの違いが文化摩擦に発展することもある。次に紹介する事例は、命に関わる問題となったものである。

かつてロサンゼルスのあるキャバレーでタイ出身のエンターテイナーが常連客のラオス人を銃で撃ち殺すという事件があった。その理由は、勤務時間後に歌を歌っていたところ、そのラオス人がいすに足を投げ出し、足の裏を自分に向けたからというものだった。[11] 姿勢の与えるメッセージの強烈さを物語る事件だ。東南アジアやアラブ地域やアフリカの多くの地域では、足の裏を人に向けたり見せたりするのは、相手に対する侮辱という意味にあたる。[12] 日本でもお世話になった人に「足を向けて眠れない」という表現があるが、これと通じるものがあろう。人体の最上部で大切なところと考えられている人の頭にやたらに触らない、足は人体の最下部で不浄なので人に向けたりしない、と多くの文化で考えられている、と覚えておきたい。

表情

ある大学にアメリカ人の若い男の先生が赴任してきたときのこと。廊下で会ったときこの人がスマイルしながら眉毛《まゆげ》をつりあげ、顎《あご》を突き出して「Hi !」と挨拶した。挨拶をされた日本人の先生は、なんだかバカにされたような気がして、不愉快だった。気になったのでアメリカからの男子留学生に友達同士でどのように挨拶するのか聞いたところ、まさに若い男の先生がしたと同じ行動をしてみせてくれたのだ。したがって、若い先生の挨拶行動が親しみを込めたものであることが分かった。(ただし日本人の先生は、このような挨拶行動は日本では失礼な印象を与えることもあると、だいぶ後でアメリカ人の先生に知らせたとのことである)。挨拶行動は人間関係をスタートする上で一番初めに遭遇する非言語コミュニケーションなので印象が強烈である。

筆者は、授業や研修で非言語コミュニケーションにふれる際、学生や研修参加者の社会人に眉毛を動かす表情を試みてもらう。すると、一〇人のうち、一人か二人自由に動く人がいる程度である。眉毛を上げるというコミュニケーション行動が、日本文化では一般的でないということであろう。

眉だけでなく全般的に日本人は感情をあらわにしない。メッセージの受け手側が相手の微妙な表情の変化を読むことを期待される。災害などのとき、マスコミが被害者にインタビューすると、たとえそれが津波で家を失った直後であっても、家族に行方不明の人がいても、笑みをたたえたような表情をする人をたびたび見掛ける。しかし、その後静かにあふれる涙が物語るように、それは決して明るい微笑みではない。悲しみを込めた笑みなのである。そして、そのような内に秘めた感情はなかなか異文化の人には理解されにくいようである。

アーガイルは、日本人とイタリア人、イギリス人の表情を写した写真を、この三文化の人たちに見せ、どれだけ正確に認識したかを調べた[13]。その結果、やはりどの文化の人たちにとっても、日本人の表情が一番理解されにくかった。日本人自身にとってもである。イタリア人やイギリス人は、自分の属する文化の人の表情のほうを別の文化の人の表情よりも正確に理解していたが、驚くべきことに、日本人は、同胞の表情よりもイタリア人やイギリス人のほうをよく理解していたのだ。

このように日本人の表情の使い方は誤解を受けやすい素地を持っていることを認識し、文化背景の異なる人とのコミュニケーションにおいては、他の手段で補足のメッセージを発信するなり、説明をするなりして誤解を防ぐことが大切となろう。

目の動き

あなたは人と話すとき、相手のどこを見て話すだろうか。①顔全体、②目、③口元、④顎か首のあたり、⑤その他、⑥あまり見ない。

相手の目を見る行為を「アイコンタクト」という。一対一で話すとき、あまりアイコンタクトをしない人が日本人には多いようだ。見ることは見ても、じっと見る人は少数派である。研修や授業で多くの人に試みてもらったが、苦痛なく相手の目を見続けられる人は少ない。米国への留学生の中には、クラスメートやハウスメートが、近距離で、しかもじっと目の中を見つめるので苦痛さえ感じるという人が多い。

友人や同僚を相手に、できるだけ目を見て話をしてみてほしい（もちろん、瞬《まばた》きは普通にしてよい）。もし苦痛を感じるようなら、自分は普段それほど見ていないということが認識されるであろう。

アイコンタクトをするかしないかで、文化によっては思いがけない誤解をされることがある。海外からの帰国者から、こんな話をよく聞く。日本の学校でのこと。掃除をサボったなどという理由で、数人の小学生が先生に注意を受けてしまった。その中に、一人、北米からの帰国児童も混じっていた。その子は、以前通っていた北米の現地校の先生から、「私がお話や注意をしているときは、しっかり私の目の中を見なさい！」と厳しく教えられていたので、日本の学校に帰ってきてからもそうしていた。その日もしっかり先生の目を見て注意を聞いたのだ。そうすることがまじめに聞いて、反省を示すことになると思ったからである。それなのに先生のほうは、「何ですか、その反抗的な態度は！」とよけい怒ってしまったという。その子がそっと他の子の様子を見ると、みなうつむいて先生の話を聞いていた。

アイコンタクトの量と使う場面に違いがある文化間では、同様の問題がいつどこででも生じる可能性がある。日本人だけの問題ではない。

空間の使い方：対人距離を中心に

異文化出身の人と話すとき、圧迫感を感じ、何となくいつもの自分でなくなったようで落ち着いて話せない、という人は多い。言葉に問題がない人の場合でも同様のことがある。その原因が、相手との距離にある場合がある。相手が自分が考えているよりも近づいてきて迫った感じになると、とても普通の気分で話ができないわけである。言葉のほうもよけいしどろもどろになってしまったりするものだ。

Aさんは、長年英語の訓練を受け、仕事で英語を使うことも多いという。けっこう自信もある。ところが、パーティーや立ち話のときに英語で話しかけられると、どぎまぎしてしまって、いつもよりうまく話せないと嘆いていた。頭が混乱して不適切なことを言ってしまったり、ど忘れが多くなったり、逃げ出したい気分になるという。どうやら話をするときに顔がアップになるような近距離に接近して話されると心理的に不安定になり、いつもの力が発揮できないようだ。

反対に、あの人は何となくよそよそしい、避けられているような気がする、と感じる場合があるが、実はこちらが接近し過ぎたため、相手が無意識に自分に都合の良い距離まで退いたにすぎないのかもしれない。こんな場合でも、人は、「おいおい、すまないがもう少し離れてしゃべってくれないか。こんなに近づいては落ち着かないよ」とは言ってくれないものだ。黙って、あるいは意識せずに自分の心地よい距離を保とうとする。この、お互い無言のせめぎあいが余計な勘繰《かんぐ》りを助長してしまうことになるのである。ちょっとした距離のとり方の行き違いから「あの子、オレに気があるに違いない」だとか「嫌われているかも」あるいは「セクハラの兆候か」など、とんでもない誤解にもつながりかねない。

ボディーバブル

実は、人は個人個人、他人に入り込まれたくない空間をまとっていると言われる。この空間は、周りの状況や人間関係によって大きさが変化するので、泡のように弾力があるものにたとえて、ボディーバブルなどと呼ばれている。また、対人距離ともいう。この、ボディーバブルつまり自分が心地よく感じる対人距離は当然個人差もあるが、生まれ育った文化によってかなりの部分が形成される。しかし、他の非言語コミュニケーション同様、対人距離には、はっきりと明文化された規則はない。しかも私たちは無意識に自分にとって好ましい距離をとったり、また相手の用いる距離によって「よそよそしい」「なれなれしい」などと、無意識にその人の印象を形成したりしてしまっている。ここに無意識下での人間関係のすれ違いや異文化摩擦が生じることがある。また、適切な距離を用いることによって、良い印象を与えたり、説得力が増したりもするものである。

プロクセミックス

文化人類学者エドワード・ホールは人間の空間利用を学問として研究し、その分野をプロクセミックス（近接学）と名づけた。[14] 動物にはテリトリーがあり、個体同士で距離を保ちあったり（社会距離）、近づくと威嚇《いかく》したり（臨界距離）、侵入者を追い払ったり自分が逃げたりする（逃走距離）。ホールは人間の対人距離も同様に分類し、密接距離、個体距離、社会距離、公衆距離に四区分した。人間の場合、臨界距離や逃走距離はとりあえず取り扱われていない。

この学説を基に、ホールは合衆国の北東沿岸部の中流階層の人々を対象に詳しく調査し、実際の対人距離を測定することにした。次ページの表4－2はこれをまとめたものである。各距離区分はさらに近接相と遠方相の二つに分けられている。密接距離は他の人間とかなり近い距離であり、身体接触もかなり行われる。普通特に親しい関係でのみ用いられる。また、五感がフルに活動する。0から45センチ程度。個体距離は、前記のボディーバブル、あるいはテリトリーのことである。この距離では相手に触れることもできる。45センチから122センチ程度。夫婦なら入り込んでもどうということはないが他人の場合は越境すると問題が生じる距離だ。次の社会距離では相手に触れることができなくなる。相手の体の半身から全身が目に入る距離である。社交が行われたりビジネスの用件などが話される。122～366センチ程度。それ以上が公衆距離になる。逃走する意志のある人を除いてあまり個人同士がコミュニケートするときには用いられず、主に大勢に向かって演説するときなどに用いられる距離である。

ホールはくり返し、プロクセミックスのパターンは文化によって違うものであることを強調している。

表4－2の距離や特徴は、あくまでも「合衆国北東沿岸部の中流階層の白人成人」のものである。文化が異なればそれぞれの距離区分に当てはまる距離が違ってくるのは当然であろうし、ホールも、「ロシア人とかなりの社会的交流の機会を持ったことのあるアメリカ人は、アメリカの密接距離に特有な兆候の多くがロシアでは社会距離の中に

表4－2

距離区分	下位区分	対人距離	特　徴
密接距離	近接相	0 ～ 15cm	接触によるコミュニケーションが多い。発生は希。
	遠方相	15 ～ 45cm	手と手の接触が多い。低い音声。ささやき。
個体距離	近接相	45 ～ 76cm	腕を伸ばせば触れられる。他人が入ると違和感が生じる。
	遠方相	76 ～ 122cm	お互いに腕を伸ばせば握手ができる。声の大きさは中位。個人的話題。
社会距離	近接相	122 ～ 213cm	非個人的話題—やや入り組んだ用件。同僚、社交相手との距離。
	遠方相	213 ～ 366cm	非個人的話題—やや形式的用件。相手に関わらずに作業が可能。声：やや大
公衆距離	近接相	366 ～ 762cm	大きな声。公式的話し方。
	遠方相	762cm ～	人がアリのように見える。ゆっくり、はっきり、誇張された話し方。演説の距離。

見られると報告している」[15]などと述べ、何が親密さを表す行為かも文化によって異なる事を指摘している。さらに、ホールの用いた区分方法そのものも、全ての文化に同様に当てはまるとは限らないのである。

その後、プロクセミックスは比較文化研究の対象になっている。北米人と日本人とベネズエラ人を比較したところ、日本人同士が一番距離をとって腰を掛けた。次が北米人で、ベネズエラ人が一番対人距離が短かったという[16]。一般に、中南米や地中海地域およびアラブ地域は短めの個体距離を持ち、ひいては社会距離も近いところから始まることは良く知られている。どうやら日本人のボディーバブルは他の多くの文化よりも広めのようだ。また日本人の場合、アイコンタクトが行われると特に個体距離が長くなることが実験で証明されている[17]。

男性と女性は文化が異なるとよく言われるが、対人距離にも違いが見られる。相手が同性か異性かも影響する。渋谷の実験[18]では、女性の場合、個体距離（他人にそれ以上接近されたくない距離）は相手が同性の女性だと約80センチ、相手が男性だと約150センチ、男性の場合は相手が男性でも女性でも60センチから70センチほどであまり変わらないという。

先ほど述べたような無意識の勘繰りを防ぐためにも、思いもよらぬセクハラ疑惑を招かないためにも、そして異文化摩擦を生じないためにも、自分と相手の対人距離の癖や好みを知ることはとても大切である。

巻末の「グループ・トレーニング」の中に距離に関するものがあるので試みてもらいたい。

●接触行動

イタリア系の父親と日系の母親を持った若者が、「うちのお母さんは日本人だから愛情が薄いんだよ」と言ったそうだ。どういう意味かよく聞くと、日本出身のお母さんは、子供に対してあまりキスやハグ（肩を抱き合う挨拶行動）の愛情表現をしないからだと言ったそうだ。

愛情を接触によって表現することを当たり前だと思っていると、ちょっとしたしぐさや視線で愛情を示すといった別の方法による愛情表現が見えないこともある。

反対に、あまり接触行動をしない人に対してしてしまうと大変である。イギリスのエリザベス女王が「新大陸」を親善訪問したとき、訪問を受けた施設の六七歳の女性は、女王をハグしてしまい、歴史的事件等と報道されたものだ。ヨーロッパの中でもイギリス人はあまり接触をしない傾向にあるようだが、特に相手が女王では。[19]

このような、撫《な》でる、叩《たた》く、抱く、といった非言語コミュニケーションを、接触行動という。学問分野としては、接触学あるいは触覚学（haptics）という。接触行動が多い文化から少ない文化へ、「あまりしない文化」から「しないと気が済まない文化」へと適応することはかなり難しいようである。

接触行動の日米比較調査

バーンランドは日米の学生を対象に、身体部位の接触の度合いを比較調査した。[20] 学生たちが一四歳以降に、父親、母親、同性の友人、異性の友人とどの程度接触した経験を持つかを調べたところ、接触が多く見られる部位は、両文化で共通しており、手、肩、ひたい、頭と首の後部、前腕であった。しかし、接触の量を比較すると、アメリカ人は日本人の二倍近くであった。母親と同性の友人との接触は日米でそれほど大きな違いは見られなかったが、父親と異性の友人に関しては、アメリカ人のほうが、それぞれ二倍以上であった。また、アメリカ人の接触度が一番低いのは父親とであったが、それとて日本人の接触度が一番高い相手（異性の友人）の場合よりもむしろ接触度が高いという結果であった。日本人の接触によるコミュニケーションはアメリカ人と比較するとかなり限定されていると言える。

接触の場面と方法

誰とどんな場面でどう接触をするかは、それぞれの文化内でルールが形成されている。接触自体があまり好まれない文化もあるし、人の頭に触ることを忌み嫌う文化もある。一方で、挨拶としてキスやハグ、握手をすることが大切な文化もある。文化背景の異なる人とコミュニケーションを行う際には、相手の文化ルールを知っておくことは大切であるが、接触方法について「この文化ではこうすべきだ」というようなノウハウの伝授は、慎重に行われなければならない。地域性や場面、相手によって一概に言えないことも多いからである。特定文化の概説書やマナーの本は一応の参考にするとして、その地に生きる人々から学ぶことが一番であろう。

準言語：ことばに関係があるがことばでないもの

家族が電話で話していると、会話の内容はよく聞こえなくても、相手が誰なのか何となく分かってしまうことがある。そんなとき、私たちはいったい何を手がかりにしてその相手を推測しているのだろうか？　それは、きっと、声の高さや緊張度、ペースなどだろう。このような、声の特徴（高低、速さ、大きさ、リズム等）や、感情や体調から出る音（笑う、泣く、唸《うな》る、あくびをする、咳《せき》、くしゃみ等）、中継ぎことば（えーと、あのー、沈黙など）等を「準言語」あるいは、「パラ・ランゲージ」（paralanguage）と呼ぶ。周辺言語や副次言語という用語を用いることもある。

声のトーン

文化背景の異なる人とのコミュニケーションでは、どんな準言語に配慮が必要だろうか。ナップは北米の人々の間には低く太い声への好みが強く、魅力的で男性的だと感じられていることを紹介している。(21) テレビのニュースキャスターを観察すると、女性もかなり低い声で話すようである。このような文化の人が日本に来て指摘するのは、電車などのアナウンスが男性の声であってもかなり高いことや、女性のアナウンサーの驚異的なトーンの高さであった。「あった」と述べたのは、近年、かなり低くなってきているとの指摘もあるためである。

感情・体調による音

感情や体調から出る音は、文化によって受け止め方が異なるので注意が必要である。例えば、企業に派遣されていた英会話の講師が授業中にあくびをしたために派遣先から引導をわたされてしまったことがあった。おそらく度々だったのか、他にも先方を怒らせる要因はあったと推察する。しかし、日本文化では、公の場でのあくびはかなり悪印象につながりかねない。他の同僚のアメリカ人講師も、一対一で話しているとき度々あくびをしていた。日本では失礼にあたる由説明し、忠告したが、彼の説明では、北米では手で口を被うなどすれば、個人の体調の問題と捉えるだけで相手にそれほど失礼ではないのだとのことであった。また、ある大学では、鼻水をすする学生にネイティブの英語教師が我慢できず、教室でできないなら廊下に出て鼻をかんできてほしいと言ったところ「出て行けと言われた」と勘違いした学生が教務課に駆け込むという事件が発生している。分かっていても自分の文化の常識から抜け出すのは容易でない部分があるものだ。

沈黙

次に沈黙に関しては日米比較研究が盛んである。例えば西田の研究によると、ディスカッションで話す機会を捉えられず、他の人の話を終始聞いていた留学生に対するアメリカ人学生の反応は、10％強が好意的で、60％弱が批判的だったとのことである[22]。また、石井とクロフの研究では、日本人が一日に会話に費やす時間は平均三時間三一分、アメリカ人は六時間四三分だった[23]。日本人のみを対象とした研究では、物静かな人のほうが人生で成功を収めると信じる会社員は76％、結婚するなら寡黙な人と答えた若い女性は65％という報告もある[24]。日本人の沈黙に対する意味付けの大きさが分かると同時に、沈黙をあまり好意的に捉えない文化の人との間で大きな問題になり得ることも容易に察しがつく。大学や会話学校で、英語やドイツ語の教師が「日本人の学生は反応してくれない！　どうして黙っているの？」と、ぼやくのをよく見聞きする。この文化の違いが一番大変という人も多いようだ。外国から来た教師だけではない。留学経験のある日本人もしかり。西田の研究にあるように、話をしないと「怠けている」と批判されうる環境にあっては頑張って話をする訓練をするので、しっかりその価値観と行動様式が身につくのである。帰国して、教師になってクラスのおとなしさに戸惑ったり、会社の会議では、気がつくと自分ばかり発言をしていた、という状況になりがちなのだ。

沈黙に類似するものに「間《ま》」がある。間は、一連の発言が続いている中、あるいは発言と発言の間の、考慮中や息継ぎ、意味の付加などのための短い沈黙である。間をとることもまた、大切なコミュニケーション手段である。長めにとることとよって前後のことばが強調されたりもする。とり方によって文の意味自体が大きく変わることもある。分かりやすい話し方のために、アナウンサーは間のとり方を大いに訓練される。文化が異なる相手からは、その「間」が誤解されることもある。相手の質問や意見に対してすぐに返答できずにしばし考え込むような場面はよくある。そんなとき、少し長めに考え込む日本人に対し、自分の言ったことが分かってもらえなかったと勘違いして質問を繰り返したり、さらにたたみ掛けるように主張を繰り返す英語文化出身者をよく見る。英語ではそのような場面で黙って考えるよりも「そうですね、ちょっと考えさせてください」などとコメントが入ることが多い。ことばの使用度が高い（コンテキスト度が低い）文化の人には短い「間」でも長く感じられ、ただの「間」とは受け取れないのであろう。また、英語で会話をしているときに「間」を長めにとると、発言権を他の人に取られてしまうことも多い。言葉を学ぶときには間のとり方も学ぶ必要があることを実感させられる。

人工品

身につけたり、からだを装飾したりするもの、持ち物の類は、人工品というカテゴリーで分類される非言語コミュニケーションである。衣服や持ち物がコミュニケーションをするかどうかまだ疑問を持つ人は、次の事例を読んでほしい。

ある夏、ワシントンD.C.でのできごとである。留学のためアメリカに滞在していた二〇歳の日本人女性が、旅行中、バスに乗っていると、アメリカ人男性二人から、次のバス停で降りるよう言われ、降りると今度は、はいていたショートパンツを脱ぐよう要求された。その若い女性のショートパンツには、黒人のイラストが付いており、その二人の黒人男性には、黒人を愚弄した絵に思えたのだった。実際に脱がされはしなかったようだが、この女性は近くの洋品店で別の服を買って、慌てて着替えたとのことである[25]。

この女性はことばで何も語ったわけではないが、衣服に描かれた絵が、黒人男性らに十分なメッセージを送ったのである。たとえそれがその女性が意図したものと違うメッセージであったとしても、そこに何か感じる人がいれば、メッセージは伝達され、それに伴って次の行動も起こされた。つまりコミュニケーションが生じたのである。

人工品に関して海外に出かける人のための教育の中でよく取りあげられるのは、現地の人に合わせた物を身につける、というポイントである。これには二つの理由がある。一つはいかにも外国人という服装をすると目立つために、犯罪に巻き込まれやすいという理由。もう一つは現地のことをよく知り、その文化に合わせることは、その文化への敬意を示す事につながるという理由である。もちろん、十分に現地に溶け込んでいる人が、差し障りのない範囲で自分の文化を象徴する服装をし、アイデンティティーを示すことは問題がないだろう。

時間の問題

時間について扱う分野をクロネミックス（chronemics）と呼ぶ。時間がコミュニケーションに及ぼす影響は見過ごすことができない。例えば就職面接の時間に遅れるということは、かなり大きなメッセージを送ることになるであろう。自分の権威を示すために意識的に他の人より少し遅れる人もあるとか。では、時間についての考え方、その使い方にはどのように文化の影響が現れるのだろうか。

友人との約束のために出かけようとしているときに別の友人が訪ねてきたとしよう。そんなときあなたならどうするだろうか。アラブでは、たとえ先約があっても今自分の目の前にいる友人のほうが優先順位が高いと考える人が多いという。そんな場合は連絡もなく遅れても先約の主はたいてい了解するのだそうだ。もし先約があるからと、いわば新規に割り込んできた友人に時間を割《さ》かないようなことをすると、かえって先約の友人からの信用も下がる可能性があるという。スケジュールを重視する文化ではこうはいかないだろう。よほどの事情がない限り「先約」は先約であって、約束の優先順位は守られなければならないだろうし、ましてや相手のスケジュールにも穴を開けたり迷惑をかけることにもなる。このように時間に対する考え方が異なる人々が仕事や生活をともにしたらどうなるか、混乱が目に見えるようである。

時間の捉え方は文化によって実にさまざまである。ほとんどの家電品に時計が付いているばかりでなく、自分の身体にまで時計をくくりつけて分刻みの時間に追われる文化もあれば、太陽の傾きが示す大まかな時刻を拠り所にして生活する文化もある。そのような二つの文化間では時間の正確さについての考え方がかなり違ってくる。また、現在の生活をエンジョイするか、はたまた未来の楽しみのために今を我慢して生きるか、というような考え方の違いも存在する。正確さの問題のみならず、さまざまな文化のさまざまな時間の観念が前述のホールによって紹介された。『沈黙のことば』の中で空間と並んで時間の捉え方、使い方を、文化の構成要素として大きく取り上げ、そのコミュニケーションに果たす役割を論じている[26]。

それによると、時間を物質のように捉え、大切にするとか無駄にしないようにと考える文化と、無駄にするもしないも、物質のようにつかめるものではないから、そのように捉えない文化がある。また、一時に一つずつ物事を処理する文化と複数のことを同時進行で扱う文化とがある。思い当たる人も多いのではないだろうか。時間は一筋の流れや過去から未来に続く細く長い道のようなものと捉える文化と、カプセルやプールに喩《たと》えられるように空間的なものと捉える文化があると言う。もしカプセルやプールであれば、流れや道と違い、先のことはそれほど考えず、その中のことを大切にするだろう。また、流れたり無駄に進んでしまうことはないので、ゆったりと過ごせるはずである。さらに、スケジュールや計画性を重視する文化もあれば、ものごとは機が熟したときに始まるといった考え方の文化もある。北米先住民族のプエブロは後者だそうだが、何となく自分にもそのような傾向があると思う読者もいるのではないだろうか。どれほど先の将来までを考えたり計画するかも文化によって違う。そういえば、小泉元首相が厚生大臣を務めた時にジンバブエを訪問した際、ムガペ大統領との会談がキャンセルされたという出来事があったが、現地では当日にならないと日程が確定しない傾向があるそうである。(27) 時間の区切り方もいろいろだ。暦にも陰暦、陽暦、潮の満ち引きに準じたものなどがある。例えば会合の約束などをするとき、日本では日にちを示す人が多いが、アメリカ人は必ずといってよいほど曜日を確認する。曜日という区切りの意味が大きいのであろう。

Pタイム、Mタイム

このようにさまざまな時間の捉え方があるが、ホールは全体をまとめ、「ポリクロニック」と「モノクロニック」という二つの文化傾向として理論化を試みた。(28) スケジュールを重視し、物事を一つずつ片付けていくような時間の使い方をモノクロニックな時間（Mタイム）、また計画やスケジュールよりもその時々を重視し、複数の事柄が同時進行するような時間の使い方をポリクロニックな時間（Pタイム）と呼んだ。ホールは時間は空間の使い方とも切り離せない関係にあると言い、「一度に一つずつ」のMタイム文化では、個人的な作業スペースや、関係者のみの会合スペースを使用すると分析した。複数のことが同時に行われるPタイム文化では、時間とともにスペースも共有され、同じ空間にさまざまな用件の人が同席する。主人はあちらの人、こちらの用件と掛け持ちで応対をする。

ホールによると、Mタイムは北欧、ドイツ、アメリカ合衆国を中心に使用されており、Pタイムは主に中南米や地中海地域（フランス、スペイン、ギリシア、トルコなど）、中東・アラブ地域、そしてアジアで使用されているという。日本はアジアであり本来Pタイムであったが、今では、身内ではPタイムを用い、対外的にはMタイムを用いているとホールは分析している。[29] 明治以来の工業化と欧米文化の摂取により、現在ではかなり厳格なMタイムが広く施行されていると思われるが、考えてみると、今でも多くのオフィスで用いられている空間共有型（島型）のレイアウトは異なる用件が同時に飛び交うPタイム型といえよう。先のアラブの例もスケジュールよりもその場の人間関係を重視したところから、Pタイムでの行動であったと見ると理解しやすい。

文化背景の異なる人とのコミュニケーションにおいて、相手が約束を守らないとか時間にルーズだという解釈から感情的になったり関係を損なったりすることがある。そんな場合はMタイムの文化の視点でPタイムを見ている可能性が高い。Pタイムの、少しゆったりした感覚を取り入れてみると、そのような誤解も解け、異文化への理解も深まるのではないだろうか。

トレーニング　1

あなたの空間の使い方・チェック

下の図は、テーブルと椅子を表しています。それぞれのテーブルに一人先客が座っています。雑談をするためにそのテーブルに同席するとき、あなたはどの椅子に座りますか、椅子を１つ塗りつぶしてみましょう。あまり深く考えずに、すばやく答えるようにしてください。[30]

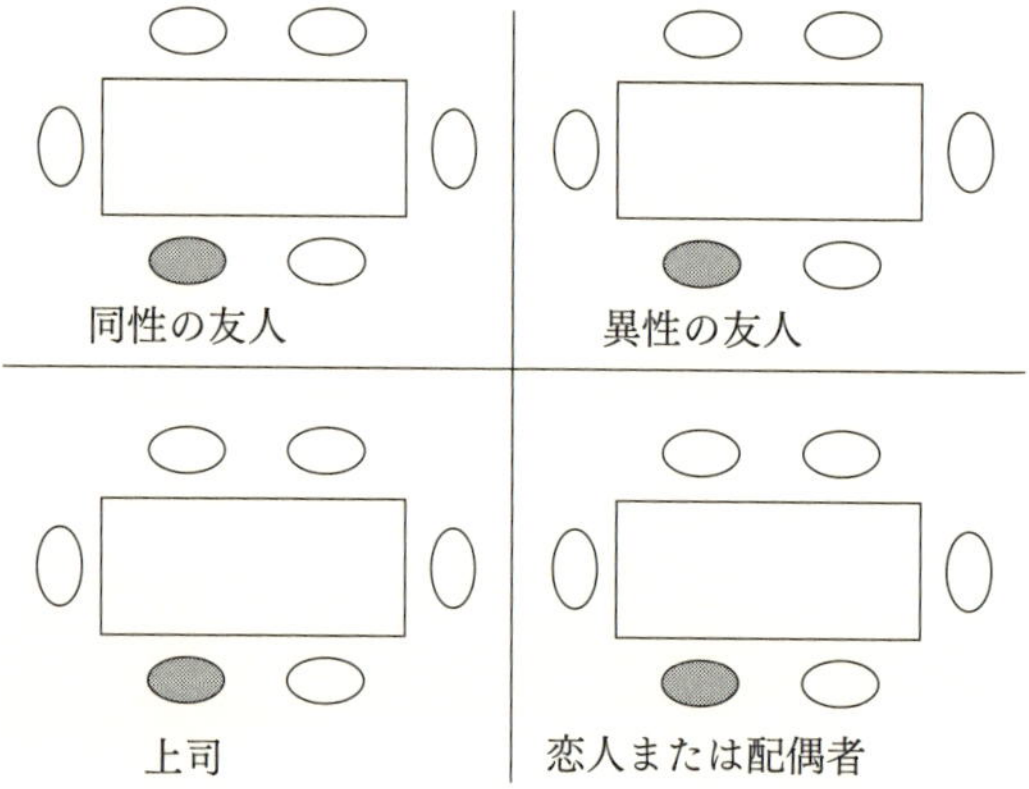

解説

人間関係は、距離のとり方やお互いの位置などの空間の使い方によく現れます。親密な人とはより近く、ことによっては接触も可能な場所に座るでしょうし、心理的に距離のある相手とは文字どおり距離を置いたり、机などの障害物を間に置くことも多いでしょう。同じような場面は、電車の座席（長椅子タイプ）でも観察できます。空席の多い電車内で全員が他人同士の場合は、たいていの人は他の人のいないシートを選びます。各シート、両端から埋まっていき、端がうまってしまうと次に真ん中が埋まります。そんな中、もし他に空きも多いのに、あなたのすぐ隣に誰かが座ったら、どういう意味でしょう。ひとつには、よほど親しい人が偶然あなたを見つけて隣に座った可能性があります。もし知らない人だったら早急に用件を聞くか、あなたのほうから車両を変わったほうがよいかもしれません。

この演習は、何人かで結果を比較してみると個人差が分かって役に立つことでしょう。

❷ 非言語コミュニケーションのおもしろさ：注目すべき特徴と有効な使用法

非言語コミュニケーションの重要性、種類等が分かったところで、最後にその特筆すべき機能や特徴についてまとめることにする。

非言語メッセージと言語メッセージとの関係

非言語メッセージは単独で送られることもあるが、言語と一緒に用いられることも多い。そんなときは言語との関係はどうなっているのだろうか。常に一体だろうか……。エクマンによると、言語と非言語には次の六通りの関係が存在する。[31]

①非言語メッセージは言語メッセージのくり返しとして使われる。例えば「あの人」と言いつつ「指差す」というのはこれに当たる。

②言語メッセージと矛盾することを伝える。「怒っているわけではないよ」と言いながら「にらむ」のはこれに当たる。無意識に非言語の信号のほうで本音《ほんね》が出たり、ことばで言い難いことを意識的に非言語で表すこともあろう。メッセージの受け手側は、どちらかというと非言語信号のほうを信用しやすいという研究報告がある。しかし一方で、人によっては言語のほうを信じるという報告もある。[32]

③証券取引所で銘柄等を示すジェスチャーのように、言語の代わりをする。

④　言語の補足をする。「このくらい」と言いながら実際の大きさを手で示すといったように、ことばで言ったことをより分かりやすくするために用いる。

⑤　アクセントを付ける。大切なところで声を大きくする、恐ろしい話にトーンを下げるなど、ことばで表す感情をよりリアルにするといったように、パラ・ランゲージはアクセントの付加のために有効に使用される。人を怒るときの「ドスのきいた声」や、甘えるときの「猫なで声」もアクセントである。英語圏でスピーチの際に用いられる〝クォーテーション・マーク〟を示すジェスチャー（Vサインのように両手の指を二本立ててからだの上部に上げ、指をチョンチョンと曲げて ” “ を書くまねをする＝下図参照）もアクセントにあたる。

⑥　コミュニケーション行動の始めや終わり、流れをコントロールする。例えば自分が話したいとか、次どうぞ話してください、もうそろそろこの会話を止めよう、などの意味を非言語で伝える機能である。具体的には、会議で自分の発言権を獲得するために、「すばやく音を立てて息を吸う」という方法も用いられる。

非言語コミュニケーションの特徴

言語との関係以外では非言語コミュニケーションには次のような特徴がある。[33]

① マルチチャンネル性。つまり、言語と非言語メッセージ、あるいは非言語メッセージ同士を組み合わせて二つ以上のチャンネルで同時にコミュニケーションができること。例えばアイコンタクトと距離を同時に使って「秘密の話がある」というメッセージを伝える、といった具合に複数のチャンネルが同時に同じ人によって用いられる。

② 直接伝達性。無意識のメッセージも含め、非言語のメッセージは心の中がそのまま、あまり演出されずに表現されることが多い。また、人を介さずに直接見聞きすることも多いという意味でも直接的である。そのためメッセージ受信者は比較的素直にこれを受け取り信じやすい。

③ あいまいさ。非言語メッセージは一瞬で、移ろいやすく、解釈が難しい。メッセージの送り手には何の意図もないこともある。学校で非言語コードの文法や意味を教えてくれるわけでもない。同じ文化の人同士でも、そのあいまいさゆえ、解釈が困難なことや誤解が多い。

④ 意識せずに記号化（メッセージを作り出すプロセス）や解読（復号化ともいう。受信したメッセージに意味を付すプロセス）がなされやすい。

⑤ 基本的、生理的感情表現などユニバーサルなものもあれば、表示規則など、文化特有のものも多い。学者の間でも、いったい文化を超えて共通な非言語表現などありうるのかという疑問と議論があったようだが、結果としては、生得的な感情表現におけるユニバーサルな側面の抽出に成功している代表的な研究が少なくとも二つある。一つはアイザードの研究だ。[34] 興味・興奮、楽しみ・

喜び、驚き・仰天、悲しみ・苦痛、嫌悪・軽蔑、怒り・激怒、恥・屈辱、恐れ・恐怖の八種の感情は多くの文化（アメリカ、ドイツ、スウェーデン、フランス、スイス、ギリシア、日本）で共通して認識されることを証明した。もう一つのエクマンとフリーゼンの研究では、このうちの恥・屈辱を除く他の七つの側面に関して、ブラジル、チリ、アルゼンチンで共通して認識された[35]。

このように、生理的な表現にはユニバーサルな面があることが分かったが、文化特有の表示規則も観察することができる。例えば、国際的に報道されるような事件・事故のニュースの中で、被害者の家族がテレビに映し出されることがあるが、静かに悲しみを表す文化の人々もあれば、感情をはっきりと出し、泣き叫ぶことで死者への思いを表出することをよしとする文化もある。かと思うと一種の微笑みをたたえて秘めた悲しみを表現する日本のような文化もあるわけだ。この章全体を通しても、文化によっていかに非言語表現が多様であるかを見てきた。分かり合えるユニバーサルな面もあることはあるが、やはりことば同様、文化独特な非言語システムがあると考えるべきであろう。

興味深い現象

非言語コミュニケーションを研究していると、大変おもしろいことに気付く。その一つはシンクロナイゼーション（同調）という現象である。二人の人間がコミュニケートしていると、いつのまにか無意識に身体の動きや声などのリズムが同調して似通ってくるというものだ[36]。本人たちはおそらく気付いていないだろうが、そっと二階から観察したり、ビデオに撮って早回しをしたら、まるでダンスでもしているが如く見えるという。相手との関係をより親密にしたいときは、意識的に少し同調させてみるのも有効であろう。

もう一つ興味深いのは、非言語コミュニケーションが相手への心理的距離を示す、という点である。相手に好意を持っていると、対人距離が短くなり、身体や顔が相手のほうを向き、前かがみになり、もっと見つめるようになり、スマイルやうなずきなど、相手に肯定的な反応が多くなり、ジェスチャーや接触が多くなるという研究結果がある。[37] 人の気持ちに鈍感だという人がいたら、これらを手だてにして人と接することをお勧めする。

非言語コミュニケーションを成功させるヒント

最後にシンゲリスが提唱している、非言語コミュニケーションのための三つの成功の秘訣を紹介しよう。[38]

① 解釈を急がないこと。文化だけでなく個人個人で使い方、意味の異なる非言語メッセージが多いことは前に述べた。思い込みによる早まった解釈をしないようにすることだ。② 自分の非言語コミュニケーションに気付く。そして、先ほども述べたように③ 相手の非言語コミュニケーションに合わせること。

人間関係が苦手と思っている人も、非言語コミュニケーションに精通すると、そこに秘められた人の気持ちが分かりやすくなるだろう。また、これらのヒントを参考に、より前向きな人間関係が生み出せるであろう。

トレーニング　2

まとめのトレーニング

次に挙げる事例は主にどの非言語コミュニケーションが原因で生じたのか、該当する非言語コミュニケーションの種類を挙げ、具体的にどこがそれに当たるのかリストしてみましょう。また、事例の中に出てこない項目は、自分で例をあげてみましょう。

①ある日本の女性が南米を旅行中、通りがかりの男性にいきなり「あかんべー」をされたことがあった。一体どういうつもりかと、かなり憤慨していた。実は、南米の男性には美しいもの（きれいな女性等）を見てほめたたえるとき、目の下まぶたを指で下に引っ張る習慣があるそうだ。[39] 男性の気持ちはまったく逆に伝わってしまったわけだ。

②あなたは、何か間違えてしまったときや分からないとき、どんな行動をとるだろうか。そんなとき「笑う」人は多いと思う。照れ笑いやごまかし笑い。ハワイのホテルでも、そんな笑いが観察されている。――フロントの担当者が日本からの客に英語で接していた。その日本人客は、英語をあまり話せないようだった。そこで、フロント担当者は少し日本語を交じえてみた。この頃日本人客の「クスクス笑い」が始まった。英語ができない自分と、アメリカ人のほうが日本語を使ってくれたという状況。何か気恥ずかしいというか、日本語をしゃべってくれてうれしいというか、見知らぬ人が自分のお国ことばを使って話し掛けてきたので、何となく笑いが出てしまったわけだろう（国内でも、誰かに自分の出身地の方言を使われたりしたら、こんな複雑な思いになってクスクス笑ってしまうかもしれない）。しかしこのフロント従業員はそうは思わなかった。自分の日本語が笑われたと解釈し、頭に来て猛スピードの英語でまくし立てた。さて、日本人客のほうだが、ますます困ってしまって、ますますクスクス笑いが出てしまったようである。すると、ますますフロントの人を怒らせて……

悪循環がしばらく続いたそうだ。

③ハワイの有名ホテルに勤務していた日本人のＴさんのところに、あるときホテルのハウスキーパー（客室係）が困惑してやってきた。話を聞くと、日本からのお客さんの部屋をノックして、“グッド・モーニング！　ハウスキーピング！”と言ったところ、何の返事もない代わりに、中からノックが返ってきた、というのだ！　多分、この日本人旅行者は、英語で何と返事すべきか分からなかったものだから、とっさに日本のトイレの習慣が出てしまったのかもしれない!?

種　　類	どのような内容がそれに当たるか
1	
2	
3	
4	
5	
6	
7	
8	

〈ヒント〉非言語コミュニケーション の種類：身体動作（視線、表情、ジェスチャー、姿勢など）、身体特徴、空間の使い方、接触行動、準言語（声の質、間など）、人工品、環境要素、時間の使い方

解説

①の、下まぶたを指で下に引っ張るという行為は、身体動作の表情とジェスチャーを併用した例だと分析できます。

②これは、笑うことによって困惑などの複雑な心情を伝えようとした例です。笑うという行為は準言語（パラ・ランゲージ）に分類されます。また、フロント係が、「早口でまくし立てた」のは、発話のスピードですので、やはり準言語です。

③はドアのノックによって作り出した音によってメッセージを送ろうとした例です。この場合はドアを挟んでいるので相手からは見えないのですが、身体動作のジェスチャーも使用しています。ノックの音の分類は少々難問でした。ナップの類型では、音は環境要素に入れられています。本来の環境要素とは音楽やノイズのようなもので、このように人為的に言語の代用として明確な意味を伝えるために作り出されたもの（別の分類法によると、このようなものはシンボルあるいはサインという）は想定されていませんが、あえて入れても良いのではないでしょうか。あるいは、「人為的に作り出した音」という分類項目を自分で考え出すのも良いと思います。車のクラクションやインターホンもここに当てはまるでしょう。とかく分類というものは便宜的なもので、全てを網羅することは困難です。また世の中の現象を、部分部分に分けて考えることへの異論も起こっていることもお伝えしておきます。

第5章 見えない文化：価値観と文化的特徴

1 文化の芯《しん》：価値観

アフリカ系アメリカ人の日本体験を描いたレジ・ライフの「奮闘と成功――アフリカンアメリカンの日本経験」というドキュメンタリーの中で、日本に長く住み、ジャパン・タイムズのコラムニストとしても有名な作家のカレン・ヒル・アントンが、自分の子供たちの行動が生まれ育った日本文化に根差したものであることに改めて気づかされた出来事を次のように話していた。

……両親がアメリカ人だから彼らもアメリカ人なだけで、これは書類上のことなのよ。だって社会的には、この子たちは日本人だもの。ある日、下の子二人が帰ってきてこう言ったの。「水の入ってたバケツとタワシを貸して。友達が落書きしたから」って。「なぜあなたたちがやるの?」と聞くと「皆でやらなきゃいけないんだ」と言うのよ。その子がやればいいでしょ、と言いそうになったけど、道具を渡したわ。彼らにはそうする事が当然なのよね。[1]

アメリカで育った彼女は個人の過失は個人が責任を持つべきだと考えたので、子供たちの行動に疑問を持ち、日本の学校で学んでいる子供たちは、過失をおかしたのは個人でも責任は共同でとるべきだという考え方を何の違和感もなく体現したのだ。文化は学ぶものということを理解していたからこそ、アメリカ人らしくない我が子の行動を受け入れられたのだろう。

第1章の文化の定義で使われた「文化の島」を思い起こしてほしい。文化の違いは見えてさわれるレベルだけでなく、見えなくさわれないレベルがあると学んだ。今まで言語、非言語コミュニケーションの行動に表れるさまざまな文化の違いを見てきたが、これらの行動の違いはこの出来事のように文化に深く根差す価値観の違いを反映しているといえよう。

ホフステードは通常は見えない文化がどのようにして観察できるかをたまねぎ型モデルを使って説明している[2](図5－1)。

文化の最も表層にあるのがシンボルである。同じ文化を共有している人々だけが理解できるもので、具体的には特有の言葉遣いやスラング、服装、髪型、しぐさや文化固有の物——旗やコカコーラなど——のことである。ヒーローとはその文化で高く評価される特徴を備えていて、同文化の人々の行動の模範とされる人物である。儀礼とは人々が集団で行うもので、具体的な目的を達成するには役に立たないものではあるが、その文化圏の人々にとっては社会的に必要なものである。人間関係の維持に使われる挨拶の仕方や尊敬の表し方、社会的儀礼や宗教的儀礼などをさす。日本文化を例にとれば、礼の仕方や、冠婚葬祭などが入るだろう。これらのシンボル、ヒーロー、儀礼をつなげるのが慣行、すなわち実際の行動である。慣行をとおしてこれらは異文化の人々にも見ることができるが、その意味は文化を共有するものにしか理解できない[3]。慣行をコミュニケーションという言葉で言い換えてもよいだろう。

図５−１

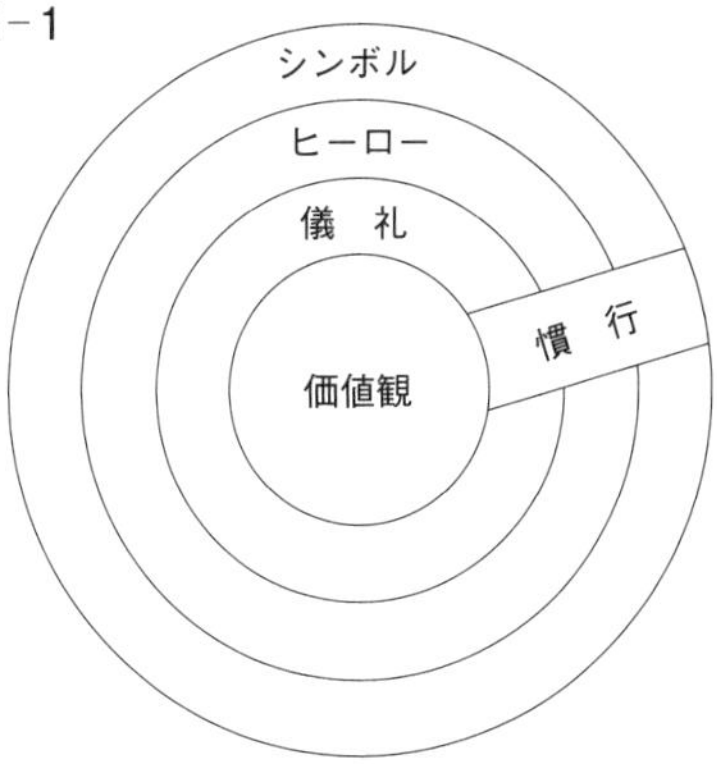

出典：Geert Hofstede, *Cultures and Organizations: Software of the Mind*（1991）p.9. Copyright ©Geert Hofstede. 許可により掲載。

この図によると文化の根幹をなすもの、文化の「芯」が価値観である。価値観はあることやものに対してのプラスやマイナスを併せ持つ感情であり、通常、「〜すべき」という言い方でよく表現される。良いとか悪いとか、正しいとか間違っているという表現を使っているとしたら、それは価値観についての話である。価値観は子供たちが一番最初に学ぶものの一つだという。また、発達心理学者たちは一〇歳くらいまでに自分の所属する文化の基本的な価値観をしっかり身につけ、それ以降はなかなか変わらないという。「このように価値観はわれわれの人生のきわめて早い時期に形成されるので、われわれは意識しないままに多くの価値観を内面化している。それゆえ、価値観というものは議論の対象にされることも、他の文化圏の人々から直接観察されることもない。価値観は、さまざまな環境のもとで人々がとる行動様式から推論されるだけである」とホフステードは述べている。[4] コミュニケーションという言葉こそ使ってはいないが、ホフステードが言っていることは、価値観は私たちのコミュニケーション行動からしか推し量れない、ということである。

さて、文化と価値観を考えるときに気をつけなければいけないのは、文化の違いと個人差である。また、価値観にはこうあるべきという理想と、現実においての判断・実行という二つの側面もある。ある文化が特定の価値観を持っていると表現されても、その文化の成員全てが同じ価値観を持ち、同じ行動をいつもとるというわけではないことは第1章でも述べたとおりである。ある人が理想としてある事に価値をおくというのと、実際の行動においていつもそれを優先して実行しているか、との違いは理解しておかなくてはならないだろう。価値観を調べるには行動を観察したり、洞察したりする方法と、社会調査などでよく行われる質問法などがあるが、このような調査の回答が呈示する文化の価値観は、日常の意識的、無意識的行動から推察される文化の価値観とは同等に扱えないし、識者の見解とは少し違うかもしれない。また、文化内での世代の特性もあるだろう。そのことこそが、文化の芯を解明しようとするのは簡単にはいかないことを示している。

異文化コミュニケーションを実りあるものにするには文化の違いを認めつつ、相違の中からコミュニケーションの基盤となる共通点を見出す努力が必要であるが、価値観の違いは、良いとか悪いとか、正しいとか間違っているという、私たちの行動や考え方の拠り所となるものだけに、違いを認めることは容易なことではない。また、冒頭の例でも分かるように私たち自身の価値観や文化的特徴は、私たちにとって疑問の余地のないものであり、自分の期待を裏切るような予想もつかなかったことを誰かがまるで当然のように行動するのを目の当たりにしたときや、文化を共有しない人に指摘されて初めて気づくことのほうが多い。そう考えると、私たちは価値観の違いには無防備であると言えよう。

いずれにしても、価値観についての文化の傾向、特徴を把握しておくことによって実際の異文化コミュニケーションでの行動のとり方、解釈の仕方の多様性を理解できるだろう。価値観とは実際の行動を導くものだからだ。自分には理解不可能で、奇妙にしか思えないような行動が、実はその文化の価値観からすれば、理にかなったものであると納得できれば文化の違いを克服する第一歩となるだろう。

トレーニング 1

以下の話を読んで、その後の質問に答えてください。

「ある物語」(5)

あるところにドナという20歳そこそこの娘がいました。ドナはペーターという若者と婚約していました。ドナが住んでいる村とペーターの村は河で遮られています。その河は普通の河よりも深く、流れも早く、しかも獰猛なワニの棲《す》む河でした。

ドナはどうしてもペーターに会いたくなり、なんとかして、この河を渡ろうと思案していましたが、向こう岸に渡るには船しかありません。そこでただひとりこちら岸で船を持っているエドワルドという男を思い出しました。ドナはエドワルドに向こう岸まで連れて行ってくれないかと頼みました。エドワルドはこう答えました、「一晩一緒に過ごしてくれれば連れて行ってやってもいいよ」。エドワルドの申し出にびっくりしたドナは母親に相談しました。ドナに向かって母親はこう言いました。「ドナ、お前の悩みは分かります。でも、これはお前の問題なのだから自分で決めなさい」。ドナはとうとう決心し、エドワルドに会いに行き、彼と一晩過ごしました。翌朝、エドワルドはドナを連れて河を渡りました。

こうしてドナとペーターは温かく再会できました。しかし、明日は結婚、という晩になって、ドナはこらえきれずに、どうやって河を渡ることができたのかペーターに話してしまいました。話を聞いたペーターはこう答えました。「たとえお前がこの世で最後の女性だとしても、私はお前と結婚しようとは思うまい」

ペーターに見放されてしまったドナはなす術《すべ》もありませんでした。そこへ、シャルルという男がやってきました。道端で泣いているドナを見掛け、どうしたのかと尋ねました。ドナの話を聞いた後で、シャルルはこう言いました。「君のことは愛してはいないけど結婚してあげよう。私についてきなさい」

この話に出てくる5人の登場人物（ドナ、ペーター、エドワルド、母親、シャルル）を、賛同できる順に並べ、なぜその順番にしたのか理由を簡単に述べてください。

1．＿＿＿＿＿＿＿＿＿＿

理由 （　　　　　　　　　　　　　　　　）

2．＿＿＿＿＿＿＿＿＿＿

（　　　　　　　　　　　　　　　　）

3．＿＿＿＿＿＿＿＿＿＿

（　　　　　　　　　　　　　　　　）

4．＿＿＿＿＿＿＿＿＿＿

（　　　　　　　　　　　　　　　　）

5．＿＿＿＿＿＿＿＿＿＿

（　　　　　　　　　　　　　　　　）

解説

さて、記入したら自分が書いた理由をよく読み返してみましょう。理由の中にはあなたの価値観が表れているはずです。「私は～べきだと思う」「この人は～すべきだった」「わたしなら～する」というふうに言い直してみましょう。順番を決めるのに基準となったあなたの価値観はなんでしょうか。また、その価値観は日本文化の価値観とどう関連していると思いますか。この話には父親が出てきませんが、母親と父親を入れ換えてみるとどうでしょう。順番は同じでしょうか。登場人物の性別を反対にしてみたら順番は同じでしょうか。もし順番が違ったとしたら、それはあなたの価値観についてどういう意味を持つと思いますか。また、あなたの順番とまったく逆の人がいたらどうでしょう。自分とまるで違う判断基準を持つ人とあなたはうまく付き合っていけますか。友人や家族と答えを比べてみると良いでしょう。

2　文化を方向づけるもの：価値志向

アメリカ人の上司をもつ日本人がこう嘆いていた。「とても仕事熱心なのはいいのだけれど、毎年とにかく仕事のやり方や責任者を変えたがるんだ。日本人なら順調にいっていれば変える必要ないと思うし、うまくいってないとしても何が原因か分からなければもう一度くらい同じやり方でやってみて、それでもダメなら対処しようと思うんだけれど、彼はとにかく、順調でも順調でなくてもどこか変えたがるんだよね。こっちはついていけないよ」

ここでは、どちらかが仕事に対して価値をおいているとかいないとかの違いというより、物事に対するアプローチの仕方、仕事に対する志向が違うと考えることができそうだ。

文化が違えば主要な価値観が違うというのは容易に想像できるが、価値観は無数にあり、全てを比べるわけにもいかないし、それだけでは文化の特徴やパターンをうまく理解できない。文化は相対的に違うのだと第1章でも説明したが、私たちの行動の拠り所となる価値観においても、文化によってどのような傾向があるかが分かれば、実際の異文化コミュニケーションで相手の行動様式を理解できるだろう。

フローレンス・クラックホーンとフレッド・ストロッドベックは絶対的な価値観の違いや有無よりも文化間・文化内での価値観のバリエーション、「価値志向」を見ていくことで文化特有のパターンの違いを説明しようとした。[6] その考え方は次のことを前提としている。

(1)　どの文化の人々も人間として答えなくてはならない普遍的な問題に直面している。
(2)　それらの問題に対する答えは無数にあるのではなく限られている。
(3)　ある文化の中で多くの人が選ぶ答えがあるが、他の答えを選ぶ人もいる。

(3)の前提は、同じ文化圏のなかにも複数の価値観や行動形式が見られることを想定しているが、どれか主要なパターンが存在することを示している。また、クラックホーンとストロッドベックは普遍的問題として次の五つをあげている。

①人間の本質とはなにか？　（人間性志向）
②人間と自然との関係はどうあるべきか？　（人間対自然志向）
③人間の時間に対する志向はなにか？　（時間志向）
④人間の活動に対する志向はなにか？　（活動志向）
⑤人間同士の関係はどうあるべきか？　（関係志向）

では、これらの問題に対する限られた答えには何があるのだろう。人間の本質については人間はもともと善であるという性善説と、人間は悪であるという性悪説、その中間として人間は善と悪の両方である、あるいは中間であるという答えが考えられる。また、これらの考え方には人間の本質は変化するかどうかという側面が各々につく。この志向は例えば他人を信用するか、それとも疑ってかかるかという、人に対する態度や教育の役割、懲罰の仕方などに影響を与えるだろう。

人間と自然の関係は人間は自然に服従する、人間は自然と調和する、人間が自然を支配するというバリエーションが可能である。自然に服従するという考え方は人生や環境に対して受身的で運命に甘んじ諦観した態度をとりがちである。反対に自然を支配するという立場は自然や環境は人間にとっての利用できる資源であると考えるし、同時に自然を守るのも人間であるとの視点に立つだろう。人間と自然の調和に価値をおけば、人も自然の一部であり、自然も人の一部であると考えられ、両者の対立など想定しない。

時間に対する志向は「過去」「現在」「未来」に分かれる。過去を基準にする人々は経験、歴史や伝統、前例を重んじる。現在志向の人は往々にして状況に応じて行動をとるため一貫した行動基準がないように思われがちだ。未来に価値をおく人々にとって現在は未来のためにある。たえず目標を立て、より良い未来を信じている。

人間の活動については、あるがままを肯定する「ある（存在する）」、自分を内面から徐々に変革する過程を重視するような「なる存在（存在する過程）」、そして行動することに意義を見

図５−１　クラックホーンとストロッドベックの価値志向

<table>
<tr><td>志　向</td><td colspan="6">可能なバリエーション</td></tr>
<tr><td rowspan="2">人間の本質</td><td colspan="2">悪</td><td>中間</td><td>善と悪</td><td colspan="2">善</td></tr>
<tr><td>変化する</td><td>変化しない</td><td>変化する</td><td>変化しない</td><td>変化する</td><td>変化しない</td></tr>
<tr><td>人間と自然</td><td colspan="2">自然に服従</td><td colspan="2">自然と調和</td><td colspan="2">自然を支配</td></tr>
<tr><td>時　間</td><td colspan="2">過去</td><td colspan="2">現在</td><td colspan="2">未来</td></tr>
<tr><td>活　動</td><td colspan="2">ある</td><td colspan="2">なる存在</td><td colspan="2">する</td></tr>
<tr><td>人間関係</td><td colspan="2">直系</td><td colspan="2">傍系</td><td colspan="2">個人主義</td></tr>
</table>

出す「する（行動する）」の三つが想定される。「ある」に価値をおく人々は自然発生的な抑制のない自己表現や感情の起伏に抵抗を持たない。また、行動型より沈思黙考型が指導者としてふさわしいと捉えている。その一方の極にあるのが「する」で、行動によって何かを成しうるし、尊敬を得るためには常に行動していなければならない。熟慮よりも素早い実行を評価する傾向にあると言えよう。「なる存在」というのは分かりにくい言い方だが、自己発見、自己啓発に価値をおくあり方である。芸術家や哲学者の行動様式や、日本文化では特に禅における修行などに反映されていると言われる。

人間同士の関係は「直系」「傍系」「個人主義」と大別されているが、直系は縦の上下関係を基本としており、権威主義的な要素を持つ。傍系とは自分の属する集団の横の結び付きを大事にし、個人よりは集団の意志を優先する。個人主義では個人の平等と権利が基本となり、自分が集団の一員であるという意識はうすいと考えられる。

コールはこの価値志向モデルを使って現代のアメリカ文化における主要な行動パターンの分析を次のように試みている。(7)

アメリカ文化は基本的に人間の本質については楽観的であり、人間は変わると信じている。人間と自然の志向においては、アメリカ人は両者ははっきりと別のものと認識しており、人間が自然を支配すると信じている。時間についてはアメリカ人は未来志向で、目標というものをはっきり意識している。時は金なりと考えており、時間を浪費するのは避ける。概して未来については楽観的で期待しており、変化は進歩と同じことと捉え、目まぐるしい変化は決して異常ではないと考える。

また、アメリカ人は「する」ことに価値をおくため、常に忙しくあろうとするし、生産的であろうと努める。問題解決や意志決定はアメリカ人の得意とするところである。人間関係においては個人と個人の平等を強調する。親しみやすく、形式ばらず、社交的、外向的であり、地位のある人でさえ階級や権威を重要視しない。そのひとつの表れが有名な「ファースト・ネーム・ベーシス」（誰でも名前で呼びあうやり方）である。友人を簡単に作り、誰彼となく親しくなれると思っている。それでいてほとんどが核家族で

図５−２Ⓐ

人間の本質		善と悪 / 変化する	善 / 変化する
人間と自然			自然を支配
時　間			未来
活　動			する
人間関係			個人主義

図５−２Ⓑ

人間の本質	悪 / 変化しない	善と悪 / 変化しない	
人間と自然	自然に服従		
時　間	過去		
活　動	ある		
人間関係	直系		

図５−２Ⓒ

人間の本質		中間 / 変化しない	
人間と自然	自然に服従		
時　間	過去		
活　動	ある		
人間関係	直系		

ある。（図5－2Ⓐ）

コールはまた、世界のいわゆる伝統的な文化は図5－2Ⓑのようなパターンになると述べている。

また、アラブ文化のパターンは図5－2Ⓒのように推察している。

このように考えるとアメリカ人がいわゆる第三世界やアジア、中東でさまざまなカルチャー・ショックを受けそうだと予想できる。

トレーニング　2

さて、日本文化はどのような価値志向パターンを持つと思いますか。下の図を使って日本の主要だと思われる価値を塗りつぶしてみましょう。

人間の本質	悪		中間	善と悪	善	
	変化する	変化しない	変化する	変化しない	変化する	変化しない
人間と自然	自然に服従		自然と調和		自然を支配	
時　間	過去		現在		未来	
活　動	ある		なる存在		する	
人間関係	直系		傍系		個人主義	

解説

もちろんこれには絶対的な回答はありませんが、コールは次のように分析しています。

彼によれば、日本人は大体において人間は善と悪とを合わせ持っており、しかも変わらない存在であると考えています。自然と人間の関係は対立するものではなく調和するものであり、時間に関しては過去志向と未来志向が混在しています。活動は「なる」と「する」の両方が重視され、人間関係は縦のつながりの「直系」と個人より集団を重視する「傍系」の傾向が顕著です。皆さんの解釈はどうでしょうか。コールの分析が正しいとすると、ここで挙げられている他の文化の例と比べると日本は一筋縄ではいかない、多様な価値観の混在する文化とも言えるでしょう。

この節の冒頭のエピソードは未来志向型で「する」ことに価値をおくアメリカ人の上司と、変化に対しては懐疑的で前例や経験を重視する過去志向型の日本人との行き違いとも解釈できます。

		善と悪	
		変化しない	
	自然と調和		
過去			未来
	なる存在		する
直系	傍系		

３ 文化を測る：文化の次元

「私」と「我々」：個人主義と集団主義

アメリカと日本の合弁事業のために日本に派遣されたアメリカ人技術者が日本での仕事についてこう述べたことがある。日本では人間関係が大事なので仕事が終わった後でも親睦を深めるために一緒に食事をしたり飲みに行ったりすることは来日前の事前研修で学んだが「これほどまであるとは思わなかったというのだ。彼は日本の職場での、集団を中心とした習慣について知識は持っていたが、それはあくまでもアメリカ人の常識からしか想像できなかったのだ。

近年、文化の違いを理解するための重要な概念として個人主義と集団主義が注目されている。人間は社会的存在で個人だけでは生きていけない。世界中どこに住んでいても個人は何がしかの関わり合いを他の人と持ち、何らかの集団の中にいる。しかし、個人と集団の結び付きの強さや個人の意志と集団の意志が対立した場合に、どちらを取るかはどの文化でも同じというわけではない。

トリアンディスによれば、集団主義とは、密につながった人々によって構成された社会的パターンであり、その中では個人は自分を単数あるいは複数の集団（家族、同僚、会社、部族、国家など）の一部であると定義しており、集団のもつ規範や義務が行動の拠り所である。個人よりも集団の利益や目標を優先し、集団の中の連帯感を重視する。このような人々にとって「我々」の集団、いわゆる「内集団」と「彼ら」の集団、いわゆる「外集団」の間には、はっきりと境界線が引かれ、アイデンティティーは「我々」にある。個人主義の社会的パターンでは人と人との結び付きは弱く、個人は集団からは独立していると見なしているため、内集団と外集団をあまりはっきりと分けない。基本的に個人の好み、要求、権利、他の人と交わした契約などによって行動し、他人より自分の利益や目標を優先する。アイデンティティーは常に「私」にある。前述の価値志向で言えば、集団主義は傍系、個人主義は「個人」志向に近い。[8]また、このような二つのアイデンティティーのあり方をマーカスと北山は相互独立的自己観と相互協調的自己観という概念で表した。[9]私たちの日常の感覚で言えば、独立的な「私」を主張する人はクールでドライ、自分を「我々」という関係の中でとらえる人は義理、人情に厚いウェットな人ということであろうか。

私たちは自分のしたいことを追求したいと思ってはいるが、現実に個人の利益や望みが自分の属する家族や会社、同僚などといった集団の利益と対立するときには、どのように対処するだろうか。前述したように同じ文化圏に属する人が全て同じ行動をとるわけではないが、多数の人が似たような選択をする場合は、その文化の中心的価値観を表していると言えよう。例えば次のようなとき、あなたはどうするだろうか。また、どのような行動をとることが社会的に認められ、期待されているだろうか。

①結婚したい人がいるのだが、両親や親戚が猛反対している。

②やっとマイホームを持てたのに、転勤を命じられた。
③甥《おい》が仕事を探している。口添えをしてほしいと頼まれた。

親の反対を押し切って結婚する人は日本でもたくさんいるだろうが、両親に反対されて結局あきらめたというケースもよく聞く。最近日本では少子化のせいで長男、長女の結婚の困難さが話題になっているが、憲法では結婚はあくまで両性の合意によると規定されている。親の反対によって結婚をあきらめたのは単に愛情が足りなかったのだと考えることもできるが、日本では結婚は個人の視点のみではなく、家や家族の視点も大きく関わっているとしたら、「私」の意見より「我々」の意見を尊重していると言える。しかし、日本よりもっと集団主義的要素を持つ文化もあり、そのような文化では結婚は個人の決断ではない場合もある。そのような文化と比べれば日本は個人主義的傾向があるとも言えよう。

日本は、家族に対するような集団主義的な忠誠心を会社や組織にまで拡大的に取り入れた数少ない文化だと言われているが[10]、前記の②では、いわゆる「会社人間」と呼ばれている人たちにとっては会社が一義的な「我々」の集団であり、単身赴任で家族と離れて暮らすことになっても会社の期待に応えようとするだろう。また、日本の会社においての転勤は承諾することを前提としており、会社が本人に打診して転勤できるかどうかを確認してから行うというやり方は、法的にはともかく現実的にはあまり普及していないようである。「我々」の決定に私が従うのが普通という人事のやり方自体が、「私」のことは「私」が決めるという立場の個人主義的な文化の人間には理解しがたいであろう。もちろん、個人主義的人間も実際には転勤を受け入れることはあるだろうが、その場合の理由付けは「会社（我々）のために」ではなく、「自分（私）のキャリアアップのために」であることが多い。

自分の親戚のために何か援助をしなくては、と感じる人は近親者集団に責任と義務を感じている人だろう。就職活動を体験した人なら学校の就職担当官から「コネがあるなら活用しなさい」と言われたことがあるのではないだろうか。そう言われても抵抗のない人は集団主義的価値観を身につけていると考えられる。また、コネで得た職が性に合わなくても紹介してくれた人の顔を立ててもう少しがまんしようと思ったら、集団主義の表れである。個人主義傾向の強い文化の人間が特に集団主義者を非難することの一つに、いわゆる「縁者贔屓《びいき》」がある。個人主義者にとっては、血縁関係だからというだけの理由で優遇されるのは、平等であるはずの個人の権利と利益に反するからである。

個人主義と集団主義が対立するのは組織や会社の中だけではない。グッドマンは教育の場における衝突として次のようなケースを紹介している。

アメリカの大学と日本の大学の共同事業として日本にできたアメリカのMBA（経営学修士）スタイルの教育プログラムでの出来事である。学生の大半が日本人で指導教授はアメリカ人、少数ではあったがアメリカ人学生も参加した。一学期の期末試験の時期を迎え、教授は試験のもととなるケースを出題し、学生はそのケースに基づいて試験に添付する資料を準備することになっていた。学生は自由に参考書やコンピュータを使っていいことになっていたが、準備は全てアメリカの大学での学業倫理規程に基づいて個人で行うことになっており、学生たちはアメリカでのやり方にならって宣誓書にサインをした。試験を採点する段になって教授は、日本人学生の答案があまりにも似ていることに愕然とした。そしてほとんどの日本人学生が試験のために勉強会を開いていたことを知った。これは教授の指示にも反していたし、彼らが宣誓書にサインをした学業倫理規程にも反することであった。教授は日本人学生の裏切りに失望したが、もっと動転したのは、この件に対する日本側事務局の関心のなさだった。日本人学生の陰謀を知ったアメリカ人学生は幻滅し、今までまじめだと感心していた日本人同級生を、もう信頼できないと気づいた。(11)

ここで問題になっているのは日本人が普通のこととして行なっている級友同士での勉強会が、試験は個人の評価なのだから個人が準備するものだという前提の個人主義的な倫理観では「不正行為・カンニング」と同等に見なされていることだ。日本では試験前に自発的にこのような勉強会を開いたりするし、ノートの貸し借りも珍しくない。学校でグループ学習活動を奨励する場合も多い。日本人学生にとっては勉強会は褒められこそすれ非難される性質のことではないので、事務局もアメリカ人教授の反応が理解できなかったのだろう。グッドマンはこのケースで問題となっているのは学生たちがちゃんと学んだのかどうかや何を学んだのかということよりも、学習の過程と成果がどう評価されたかであるとし、集団重視対個人重視の文化的価値観の違いが、教育の過程と実りある異文化交流を台無しにしたと分析している。(12)

個人主義、集団主義は自己の捉え方自体が違うと前述したが、それはプライバシーの考え方にも関連していると思われる。ある日筆者の知り合いのアメリカ人教師が、見た目にも分かるくらい動転して授業から帰ってきたことがあった。クラスの学生たちが教卓においてあった彼女の採点記録帳をしげしげと見ていたというのだ。彼女はすぐに注意したが、学生たちがまるで悪びれる様子がなかったことがショックだったようだ。彼女は真剣に「日本にはプライバシーがない」と嘆いていた。学生たちにとっては我々の成績記録という観念があり、見ても構わないという解釈になったのではないかと思われる。彼女にしてみれば、それは彼女個人のものであり、ましてやクラスの全員の個人情報がつまっているわけだから、良識をもってすれば侵害してはいけないプライバシーであるとの前提だったのだ。

トリアンディスはクラックホーンとストロッドベックの価値志向と同じように個人主義と集団主義は同じ文化内でも共存しており、文化によってどちらかがより強調されるのだと考える。

ホフステードは五〇か国と三つの地域のＩＢＭの社員を対象に行なった大規模な仕事に関連する価値観の研究と、その後の継続的な研究結果から、五つの対となる連続的な価値の次元を明確にした。そのうちの一つが個人主義―集団主義の次元である。他の四つについても後で紹介するが、それはちょうど第３章で説明したホールの高コンテキスト、低コンテキストと同様に、どちらか一方という絶対的なものというより、相対的な違いと捉えられ、その度合いによって国別に順位が報告されている。

一九九〇年代に出版された結果によるとアメリカが個人主義的傾向が一番強いとされており、日本は二二位、個人主義指標は46である。日米の比較で見ると日本が絶対的に集団主義のような気がするが、世界で見てみると日本より集団主義の傾向が強い国のほうが多いのである[13]（212ページの図5－3を参照）。また、二〇〇五年に改訂出版された七四の国と地域を対象としたホフステードとホフステードの研究結果によると、アメリカは個人主義的傾向は同じく一位で、日本の順位は三三～三五位となっており、相対的にはどちらかというと集団主義的傾向が見られる、という程度であることには変わりはない[14]。

近年、日本人は本当に文化的に集団主義であるのか、ということが、特に社会心理学や比較文化心理学の研究者から問題提起されている。多くの比較文化的研究で、日本人、特に被験者となることの多い若い世代が、日本より一般的に個人主義的傾向が強いと思われている他の国や文化の若者より、ずっと個人主義的であることが報告され、さまざまな論議がなされている。例えば、山岸は日本における集団主義文化は「幻想」であるとし、日本人は、個を犠牲にして集団に奉仕するといった、集団との心理的一体化を具現しているというより、集団を相互依存的活動の実践の場として捉え、集団が重要であることを認識して行動しているのだ、と分析している。つまり、日本人が集団主義的行動をとるのは、そのように行動することが期待されており、そうすることによって自分が集団に認められるという認識があるからであり、集団主義という「心の性質」を共有しているからではないと言う[15]。また、マツモトは、現代の若い日本人世代は明らかに前の世代の日本人とは違ってきつつあり、「日本人は集団主義的である」というのは打破すべきステレオタイプの一つで、これからの日本には当てはまらないのでは、と指摘している[16]。つまり、日本国内でも世代間による集団主義的傾向の違いがあって然るべき、ということになる。

いずれにしても、このような日本国内の文化的多様性と世界的な多様性に向かい合い、建設的なコミュニケーションをとるためには、個人主義と集団主義の違いを理解し適切に対応することはこれからも重要な課題である。

ホフステードの調査から個人主義的・集団主義的傾向の強い社会に見られる特徴は表5

表5-2　集団主義的な社会と個人主義的な社会の基本的な違い(17)

集団主義的	個人主義的
人々は、拡大家族または他の内集団の中に生まれて、その集団に忠誠を誓う代わりに保護され続ける	成人すれば、自分と身近な(核)家族だけの世話をすればよい
アイデンティティーは、自分が所属する社会的ネットワークに根ざしている	アイデンティティーは、自分自身に根ざしている
子供は「我々は」という視点から物事を考えることを学ぶ	子供は「私は」という視点から物事を考えることを学ぶ
常に調和が保たれねばならず、直接対決は忌避される	自分の心のうちを語る人こそ、誠実な人物である
コミュニケーションは、状況に左右されやすい	コミュニケーションは、状況に左右されにくい
不法行為を犯すことは、本人とその内集団にとって恥であり面子を失うことである	不法行為を犯すことは、罪の意識をかき立て、自尊心を傷つけることである
教育の目的は、具体的な方法を学習することである	教育の目的は、学習の仕方を学ぶことである
卒業証書を得ることは、より地位の高い集団の一員となる道を開く	卒業証書を得ることは、経済力ばかりでなく、自尊心を高める
雇い主と社員の関係は、家族関係と同じく、道徳的な観点から評価される	雇い主と社員の関係は、相互の利益に基づいて結ばれた契約関係である
採用や昇進に関する決定では、社員の内集団についての情報が考慮される	採用や昇進は、技量と規則にのみ基づいて決定されるはずである
経営とは、集団をいかに管理するかである	経営とは、個人をいかに管理するかである
人間関係が職務よりも優先される	職務が人間関係よりも優先される

出典：Geert Hofstede, *Cultures and Organizations: Software of the Mind* (1991) p.67. Copyright © Geert Hofstede. 許可により掲載。

−2のようになる。はたしてどの項目が日本社会やあなた自身に当てはまるか、また、あなたの知っている日本の中のさまざまな文化集団や日本以外の文化について考えてみると示唆に富んでいる。

個人主義と集団主義を連続の次元で考えても、複数の種類の個人主義と集団主義が文化内、文化間でさまざまな割合で混在すると考えても、いずれにしてもそれらの違いは、私たちがとるべき望ましい行動や他人への期待に多大な影響を与えると言えよう。

では、私たちはどのようなことに気をつければいいのだろうか。トリアンディスは特に個人主義的傾向の強い西洋人と、集団主義的な東アジア人がうまく付き合っていくための提言をしているが、次はその中からコミュニケーション上での注意点を簡単にまとめたものである。[18]

個人主義者について集団主義者が学ばなければならないこと

①個人主義者は自分に対して評価が高く高慢に見えるかもしれないが、それは文化的違いのせいである。

②東アジアの集団主義者が通常は使わない、“I love it!” とか “Great!” “Terrific!” のような、情熱的で表情豊かなスタイルを使って表現するので、この違いが誤解につながることがある。

③愉快なこと、面白いことを強調する。楽しさは彼らにとって重要な価値である。

④決断は早いが少ない人数で意思決定をするため、遂行は往々にして十分でない場合がある。

⑤一貫性、特に態度と行動の一致をとても重視する。一致していないと判断すると偽善者というレ

ッテルを貼る。
⑥行動において公私の違いをあまりはっきりと分けない。
⑦やらなければという義務感よりも面白いからという理由で行動することが多い。
⑧人間関係においては、私はこれを提供するから、君はこれをくれたまえというような明確な表現を期待する。
⑨人間関係は比較的短期間しか続かないと思っている。

集団主義者について個人主義者が学ばなければならないこと

①集団主義者は控え目であるので、高い自己評価を隠して控え目な表現を学ぶ必要がある。
②楽しさはあまり重要ではなく、義務のほうがより重要である。
③決断において苦労することがある。コンセンサスを求め協議するために決断が遅くなることを尊重しなければならない。この傾向は非効率に見えるが、時間をかけて決断することによって影響を受ける人々を巻き込むことができ、決断の後の遂行が早くなる。
④一貫性や一致については個人主義者ほど気にしない。
⑤私的行動と公的行動の違いにとても注意を払う。
⑥義務を果たすことに充実感を覚えることが多い。
⑦長期にわたる人間関係を望む。往々にして恩恵を期待するかなり以前に人間関係を育てる。
⑧人間関係がどのように発展するかについては非常にあいまいである。個人主義者には忍耐が必

要。時間をかけて人間関係を築いて長期的な関係を持つことが期待される。

これらの項目は、私たちが日常生活の中で自分より個人主義的な人あるいは集団主義的な人とコミュニケーションを図るときにもヒントとなることである。

トレーニング 3-1

セルフチェック：個人主義—集団主義認識度(19)

現在、日本で働いていると仮定して日本の会社で成功したいと思うとき、以下の項目を読んでどう行動するべきだと思うか１～５で答えて（日）の欄に記入してください。

（米）の欄にはアメリカの会社で成功したいと思うときに、どう行動すべきだと思うか、上記と同じ要領で答えてください。

5＝とてもそう思う　4＝そう思う　3＝分からない
2＝そう思わない　1＝とてもそう思わない

（日）	（米）	
＿＿＿	＿＿＿	1．バスで上司に席を譲る。
＿＿＿	＿＿＿	2．人と接するときは直接的で単刀直入であるほうがよい。
＿＿＿	＿＿＿	3．職場が同じ人たちとは長期的な関係を築くのが喜ばしい。
＿＿＿	＿＿＿	4．自分の功績を話すときには、とても控え目になる。
＿＿＿	＿＿＿	5．仕事上で協力が必要な人に物を贈るとき、自分が疑わしい行為をしているのではないかと感じる。
＿＿＿	＿＿＿	6．自分の部下に仕事をやり遂げてもらいたかったら、自分の上司が自分にそれを望んでいることを告げる。

_____ _____ 7．真実を言うより相手のメンツを保つような意見を言うほうを選ぶ。

_____ _____ 8．言わなければならないときは、はっきりとノーと言う。

_____ _____ 9．売り上げを伸ばすために、営業成績の一番良いスタッフには『優秀営業員』賞を与えると発表する。

_____ _____ 10．一緒に働いている人たちと心情的に親しくなれるのはうれしい。

_____ _____ 11．成し遂げなくてはいけない課題や仕事があるときは、共にいる人々の中に自分を助けてくれる繋がりを作るのが大事だ。

_____ _____ 12．上司と同等な価値があると見られていると感じるのはうれしい。

_____ _____ 13．自分が接する権威のある人を尊敬している。

_____ _____ 14．誰かに仕事をやり遂げてほしいときには、その仕事がその人のグループにいかにプラスになるか見せる。

解説

1、3、4、6、7、10、13、14の項目で（日）のほうが（米）より大きい数なら○。2、5、8、9、11、12の項目で（米）のほうが（日）より大きい数なら○をつけ、全体の○の数を数えて六個より多ければ、あなたは個人主義、集団主義の違いについて認識できていると言えるでしょう。

ホフステードの文化の次元

異文化コミュニケーションを成功に導くための重要な価値志向としての個人主義と集団主義の違いを見てきたが、ホフステードはこれ以外に前述のＩＢＭ研究やその後の関連する調査研究によって、文化的特徴を表す次元として「権力格差」「男性らしさ―女性らしさ」「不確実性の回避」「長期志向―短期志向」の四つを提唱している。もととなったＩＢＭ研究は特定の企業の社員を対象とした、特に仕事に関する価値観を中心としたものであり、しかもデータも長期的に収集しているとはいえ最新のものではないので、一般化するときには注意を要するが、その規模（五〇か国と三つの地域、およそ一〇万人の回答者）と数少ない実証的研究での結果ということから、文化の価値観や特徴的違いを系統立てて考えるときに高く評価されている。また、その後、七四の国と地域を対象として継続して行なった調査・研究がホフステードとホフステードにより出版されており、信頼性の高いものと考えられている。

長いものには巻かれろ：権力格差

ホフステードは、権力格差は「それぞれの国の制度や組織において、権力の弱い成員が、権力が不平等に分布している状態を予期し、受け入れている程度である」[20]と説明している。例えば財産、年齢、性別、学歴、体力、出生の順番、個人の業績などといった多岐にわたる個人についての特性によって、ある種の人たちを他よりも勝っていると認めるかどうか、そしてその優劣を良いと思うか良くないと思うか、ということである。権力格差の小さい国や文化では、社会階級や階層の違いを不公正とし、極力最小化しようと努め、権威を持つ人々に公然と異議を申し立て、組織における階層をなるだけ少なくし、権力は法的な目的によってしか行使しないように努める。一方、権力格差の大きい国や文化では、人々の社会的身分は守られており、正当でもあると信じられ、権限を持つ者や担当局の行為に異議を唱えたり、疑問を呈するべきではないと考えている。また、社会階層の違いは不公正ではなく当然であり、有益なものととらえ、社会的に地位の高い者がどのような目的でも方法でも、望むならばその力を行使する権利がある、との立場をとる。

「権力」というと社会的、政治的に強大な行使力を想像するが、コンドンはこれを人と人とのコミュニケーションにおける関係性という見地からとらえ、年齢、性別、地位、主客の別を最小限にしようと努める「対称関係」と、それらの違いに価値をおき、違いをそのままとして保持する「補完関係」という概念を使い、前者をアメリカにおける主流とし、後者を日本を代表とするもう一つのパターンとした。[21] コンドンの場合は類型的アプローチであるが、ホフステードはその「程度」の違いを実証的に考察した。

一般に権力格差の大きい文化では、子供たちは親に対して従順であることを期待される。また、前述のコンドンの指摘のように言語上でも上下関係を特徴づけるような言葉遣いをする。日本語の敬語や兄、弟、姉、妹という区別はその例である。子供たちの中にも序列があり、年下の子は年上の子に従うことが期待される。年長者を尊敬することが大事なのである。学校においては生徒は教師に従うことを期待され、ここでも服従が良しとされる。教室では記憶中心で、教師中心の教育スタイルがとられ、主導権は教師が持ち、生徒は求められたときだけ発言する。また、教師の権威を脅かすような質問や批判はなされないし、体罰も容認される傾向が強い。このような状況では、学習の質は教師の優秀さに左右される。職場においては上司にはワンマン的で命令的な意思決定スタイルが好まれ、部下はきっちりと監督され指導されることを望む。

一方、権力格差の小さい文化では、子供たちは従順であることよりも親や教師の行動に対して理由や正当性を見出そうとする。子供は早く親から自立するように扱われ、親に反対意見を言ってもよいし、人にも「ノー」と言える。学校では教師は生徒を基本的に対等に扱い、教師も生徒から対等に扱われることを期待している。教育は生徒中心であり、自発性に重きをおく。質問は奨励され、教師に反論したり、批判したりすることもよくある。学習の質は生徒の優秀さに依っている。職場では上下の関係はあるが、便宜的な違いでいつ逆転するかもしれない。上司は近づきやすい存在で部下の意見を聞いたり、参加を招いたりする意思決定スタイルが好まれ、部下には仕事上の自主性と独立性が好まれる。

第２章でアメリカ人上司とギリシア人の部下のやり取りを内容面、関係面の意味付けの違いで紹介したが、両者の誤解の原因は権力格差に対する価値観の違いと説明づけられるだろう。212ページの図５－３で見るとアメリカ（ＵＳＡ）は横の尺度の権力格差指標40くらいで、個人主義指標が大きいため、中心線から一番左下寄りのグループに位置し、ギリシア（ＧＲＥ）は、権力格差指標は60前後で、集団主義傾向もあるため、右上の中心線に近いグループの中に位置づけられている。ホフステードとホフステードによれば、ギリシアの指標は60、アメリカの指標は40となっており、座標における相対的な位置関係はほとんど変わっていない[22]。また、第２章のケーススタディ（79ページ）も権力格差の次元の違いから説明できるだろう。

文化にも性差がある？：男性らしさと女性らしさ

男らしさ、女らしさは社会学で男女の性別にまつわる社会の期待する性別役割（ジェンダー）としてよく取り扱われるが、文化が男性らしいとか女性らしいというのはピンとこないかもしれない。この命名を性別役割のステレオタイプを助長するとして異を唱える人もいるが、ホフステードは命名の理由を、この次元だけがＩＢＭ研究で男性回答者と女性回答者の間に一貫して違いが認められたからと説明している。[23] 男性らしさの度合いが高い国でも、女性らしさの度合いが高い国でも、一貫して男性は男性らしさの度合いが女性よりも強かったが、男性らしさの度合いが高い国の女性は、女性らしさが高い国の女性よりも男性らしさの度合いは強かった。また、男性らしさの度合いが高い国ほど、男女間の差異が大きかった。

男性らしさを特徴とする社会では、日常生活の中で男女の役割がはっきりと分かれており、男性は自らを主張し強くたくましい存在で成功をめざすものだと考えられ、女性は謙虚でやさしく生活の質に関心を寄せるものだと考えられている。また、業績や野心を重視し、人を評価するときに功績によって決めるのが普通で、自分が獲得したモノを見せる権利があると信じている。特定な行動や物が男っぽさを顕示したり、男らしいと見なされたりする。

反対に女性らしさを特徴とする社会では、男女の役割があまり区別されず重複しており、男性も女性も謙虚でやさしく生活の質に関心を払うものだとされている。男っぽさを強調したり物質的な功績を重視するより、他者への奉仕や不運な人に対する共感などの内面的な生活の質を信じている。このような社会では男女間の平等を好み、男だから、女だからという視点で行動を規制したりせず、男女とも慈しみ育むという役割を認めている。

男性らしさ―女性らしさの次元は家庭では夫と妻の役割分担を反映しているという。ホフステードはこの次元と先の権力格差の次元を組み合わせて、権力格差が大きく、男性らしさの度合いの高い国では支配的でたくましい父親と従順な（といってもかなりたくましい）母親という組み合わせが考えられると言っている。日本的に考えると、昔の武家の主人と妻のようなものだろうか。男らしく権威主義的な父親と、それに従順に従うが子供たちには毅然とした態度をとる母親、という像が浮かぶのではないだろうか。

権力格差が大で女性らしさの度合いが強い社会では両親とも支配的で、人間関係や生活の質に心を配り、権威とやさしさを備えている。

権力格差が小で男性らしさの度合いが強い社会では、親は子供を支配しようとしないが、男女の役割は分担されているため、男の子には主張することを求め、女の子にはやさしさを求める。

権力格差が小さく女性らしさの度合いが高い社会では、男親も女親も子供を支配しようとはせず、家庭における男女別の役割分担が相対的に見てはっきりとはない。

男性らしさの度合いが強い文化では、家庭では男女の役割分担が強調されるが、男の子も女の子も野心的で競争的で、女の子あるいは女性の野心は自分ではなく自分に近しい男性（兄弟や夫、息子）を通じて達成されることを望むこともあるという。学校においては一番優秀な学生が規範であり、集団主義的な価値観が強くなければ公然と学生は競争し合う。このような社会では落第したり試験に失敗するのは致命的である。教師に対する評価も名声や業績を第一とする。また、大学における専攻分野も男女によって分かれることが多い。仕事においては指導的立場にある人間の優柔不断は嫌われる。

一方、女性らしさの度合いの強い文化では、家庭では男女の差は強調されず、男の子も女の子も野心がなく控え目であり「みんなと同じであればよい」という考えが浸透している。学校においては平均的な学生が基準であり、お互いに団結することが実行されないにしても目標とされる。教師は親しみやすさや社交性が重要な資質であるとされる。職場においては連帯感が重視され、上司は決断力より勘や直感力があり、意見の一致を求めることが多い。

日本は後述の図5－4（213ページ）でも分かるとおり、調査した五〇か国と三つの地域の中で男性らしさ指標の値が群を抜いて大きく95で、順位は一番である。アメリカも男性らしさの度合いが比較的高い国であるが、順位は一五位、指標は62で、日本よりも中心寄りである[24]。ホフステードとホフステードの二〇〇五年に出版された七四の国と地域を調査対象とした結果では、日本は指標は95で順位はスロヴァキアに次いで二位と、やはり男性らしさの度合いは高いほうであり、アメリカは62で順位として一九位であるが、両国の座標上の位置関係はほとんど変わっていない[25]。

日本の企業がアメリカの支社や子会社においてセクシュアル・ハラスメントや男女の雇用や昇進の不平等などで提訴されたことを思うと、同じ男性らしさの度合いが高いグループでも日本は群を抜いて男女別役割の固定化が強いと考えられる。また、集団主義的な傾向があるため、個人主義傾向の強い西洋社会に比べると競争や実績中心的なところは抑えられているかもしれない。いずれにしてもどの文化にも女性と男性がいることを考えると、男性らしさ―女性らしさの度合いは、単に平等にすれば良いというものでもなさそうだ。私たちにとって十分平等に見えることが、異文化の人からは男尊女卑以外の何物でもないと思われたり、男女同権主義的に見られたりするのである。

あいまいなのは好き？　嫌い？：不確実性の回避

ホフステードがＩＢＭ研究の中で見つけた四番目の次元は、あいまいなこと、確実でないことに対する態度で、「ある文化の成員が不確実な状況や未知の状況に対して脅威を感じる程度」と定義されている。(26) 脅威を感じる程度が高ければストレスが溜まり、明文化した規則や慣習的な規則を設けて、あいまいさを少しでも予測可能なものに変えようとする欲求が高まるという。

ホフステードは不確実性の回避の度合いは、文化の不安水準の高さと関連しているという。また、不安の高い国ほど身振りや手振りといった非言語コミュニケーションが特徴的で、感情をあらわにすることが多いという。こういった感情の表出は「はけ口」として使われ、あまり感情をあらわに出さないように見える文化でも、特別の席、例えば酒の席などをもうけ、そこでは鬱積した感情を同僚だけでなく上司に発散したりもする。日本社会での仕事の後の飲み会や無礼構などがそれに当てはまるという。このような席での感情の発散は慣行であり、定期的なガス抜きのようなものであろう。

不確実性の回避の度合いが低い社会では不安水準は低く、あからさまな敵意や攻撃性、感情は表《おもて》に出してはいけないとされ、騒々しく、感情的な人間は社会的に認められないという。このようなあいまいさに対する不安度が低い文化では清潔と不潔、安全と危険に対する区別は比較的ゆるやかで、未知の状況、知らない人やよく分からない考えに対しては寛容な態度をとる。身なりや髪形、話し方といった外見の違いについての規範もゆるやかである。学校においては自由な学習の場を好み独創性を重視する。教師が「分からない」と言っても受け入れられるし、子供の教育に関して教師は親の積極的参加を求める。職場においてはあまり規則はないし、社会においても絶対に必要な場合についてだけ規則を定めようとする。また独創的で奇抜なアイデアに寛容であるため革新的で刺激的なことが生まれやすい。

ホフステードによれば「違うことは危険」という外国人嫌いの態度は不確実性回避の傾向が強い文化の特徴をよく表しているという。また、そのような文化ほど家族に対して否定的な感情を示す傾向が見られるという。知らない人は危険であると家庭で学んだ子供たちは家族に対しても敵意を持つようになるというのだ。学校においては不確実性の回避が強い社会では、学習は目標がはっきりと打ち出され、細かい課題が与えられることが多い。教師は正解を全て知っていることを期待され、生徒も教師の学問的見解に異論を唱えない。教育において素人である親は専門家である教師から相談されることはめったにない。職場においてはあいまいさを取り除くため規則や作業工程が内規によって定められている。ただ、権力格差が大きい場合は上司に権限があるので、内規は必要とされない。規則というものは不安材料であるあいまいさを取り除きたいという心理的欲求に根差しているため、規則を設けたいとか、規則を守らなければならない、と感じている場合が多い。

ＩＢＭ研究の結果によると日本は不確実性の回避度が高いが、日常的にあいまいさが多いとよく言われている。言語的にあいまいな表現をよく使うことからそう言われると推察される。そうするとホフステードの調査結果とは矛盾するように思われるが、日本人が使うあいまい表現は婉曲表現であり、実は日本人の間ではあいまいではないとも言える。例えば、頼み事をして相手が言いよんだら、これは断っているのだなと解釈し、「考えさせてください」と言うのは「ダメです」を意味するというように、第2章で述べたように内容面での言語表現があいまいに聞こえても、日本文化を共有する者同士では関係面の情報あるいはコンテキストによって解釈されるべきメッセージの意味は共有されていると考えると、日本人の日常のコミュニケーションは予測性の高いものだと分かる。また、間違えることや察しがうまくできないことに対し恥ずかしいという観念があるとしたら、不確実性の回避度の高さを示すとも言えるだろう。

異文化コミュニケーションを考える上で気になるのは、ホフステードの言うように「違うことは危険」という態度が外国人嫌いの心情をよく表しているとすると、人の国際化や文化を越えた交流がますます増えている現代では、異文化許容度において日本人は不確実性の回避度が低い文化の人たちよりも越えるべきハードルが高いと言えよう。同じアジア圏でも不確実性に対して寛容な態度を持っている国は多い。アジアの時代と叫ばれている今、日本人がそういった国から学ぶ点はたくさんある。また、違うことに対する態度は次章で扱うトピックにも深く関連しており、これからの異文化コミュニケーションにおいて意識していかなければならない点だろう。

先にも触れたが、212・213ページにホフステードのＩＢＭ研究によって明らかにされた四つの次元を二つずつ組み合わせた相関図（図5－3、5－4）を掲げてある。日本や自分の知っている文化圏が、他の国や地域と比べてどの位置にあるのか見てみると面白いだろう。

●急《せ》いては事をし損じる？：長期志向と短期志向

「長期志向─短期志向」の次元は、ホフステードの共同研究者であったマイケル・ボンドの中国的価値研究調査から抽出された価値次元で、儒教の影響の強い東洋的価値観に根ざしたものとして最初は「儒教的ダイナミズム」と呼ばれていたが、ホフステードが現在の呼び方に改めた。長期志向とは将来の成功に向けての美徳を重んじ、忍耐と倹約を良しとする。具体的には、徳を重んじる、結果を得るまで辛抱強く待つ、伝統を現在の状況に合わせる、資源や金銭を節約する、目的のために自己を捧げるのをいとわない、「恥」を知っている、融通を利かせる、地位に応じた序列関係の遵守、等である。短期志向とは過去と現在における美徳を重視し、特に伝統を敬い、面子の維持に努め、社会的義務の遂行を重要視する。具体的には、真理の探究を重んじる、すぐに結果を出すことが期待される、伝統を重んじる、挨拶や贈り物のやりとりなどの社会的あるいは地位的な儀礼にこだわる、面子《めんつ》にこだわる、個人の安定を望む、消費に関して周りを意識して見栄を張ることがある、等である。ホフステードらによれば、長期志向も短期志向もどちらも儒教的であるが、一方の極である長期志向には辛抱や倹約といった将来に向けての能動的な志向が見られるが、もう一方の極である短期志向には過去や現在に対しての安定的な志向が見られるという。[27]

この次元はビジネスや経済的成功と関連があるとされ、ホフステードらはこの次元に見られる儒教的価値観が東アジアの国々、特に「五つの龍」と呼ばれた台湾、韓国、シンガポール、香港、日本の一九七〇年から二〇〇〇年にかけてのめざましい経済成長率に大きく関わっていると分析している。[28]

ホフステードらの三八ヶ国と一つの地域を対象とした調査によれば、長期志向の高い国・地域としては一位から一〇位の中には、中国、香港、台湾、日本、ベトナム、韓国、タイなどのアジア諸国が、新興国であるブラジル、インド、ハンガリーと並んでおり、「五つの龍」と呼ばれていたシンガポールは一一位で、長期志向が低い（短期志向が高い）三〇位から三九位の中には、カナダ・ケベック地域、ニュージーランド、アメリカ、イギリス、カナダ、スペイン、ポルトガル等のいわゆる西洋の国以外にフィリピン、ナイジェリア、ジンバブエ等が挙がっており、他の欧米諸国は中位を占めている。[29]

クラックホーンとストロッドベックの価値志向で言えば、長期志向は未来志向と、短期志向は現在志向と過去志向に関連するとも思える。ただ、単純でないのは、文化によって「未来」のとらえ方が違うことである。例えばアメリカは未来志向と言われることは前述したが、ホフステードらの調査では短期志向が強いとされている。この違いは「未来」や「将来」をどれくらい身近で具体的なものとして捉えているかによるものかもしれない。短期志向の高い文化では「未来」は三年から五年後のことかもしれないし、長期志向の高い文化では「未来」は「未来永劫」という言葉に含められているように一〇年や二〇年の単位でも短すぎるのだろう。二〇〇四年に環境分野で初のノーベル賞を受賞したケニアのワンガリ・マータイさんが日本を訪れた際に感銘を受けた「もったいない」という日本語を「環境3R（Reduceゴミ削減、Reuse再利用、Recycle再資源化）」＋「Respect尊敬」＝「MOTTAINAI」として世界的キャンペーンのシンボルとして使っているのは有名だが、この「もったいない」は、倹約の精神を自分たちの子々孫々までを含めて考える長期志向の優れた例であろう。同じ「もったいない」という言葉は二〇〇八年に摘発された一連の食品産業における偽装事件の際にも言い訳のように使われた。廃業に追い込まれることとなったある関西の有名な料亭で、食べ残しの料理の使い回しが発覚した際にも使われたが、これは店の暖簾《のれん》と面子にこだわりながらも「今、ここ」での利益を最優先した短期的志向がビジネス倫理や法令遵守にマイナスに働いた例と言えるのではないだろうか。

ビジネス上だけでなく、人々が一緒になって共同作業したり、力を合わせて何かを作り出したりする際に、長期志向と短期志向の違いが障壁となりうることは予想ができるだろう。前述の調査によると日本は長期志向が高いとされているが、高度成長期を経てバブル崩壊後の日本社会は、どちらかというとすぐに結果を出すことを重要視する短期志向の傾向が高まったようにも思える。地球上のさまざまな資源の持続可能性が叫ばれるなか、これからは今まで以上に長期志向が求められるのではないだろうか。

トロンペナールスとハムデン・ターナーによる七つの文化次元

異文化経営や国際ビジネスの分野ではトロンペナールスとハムデン・ターナーによる七つの文化次元の概念を使って、ますますグローバル化する社会における多様性を理解しようとしている。ここでは参考までに紹介する。クラックホーンとストロッドベックの価値志向やホフステードの五つの文化次元に加えて文化の違いを理解する際のツールとして加えると良いだろう。

トロンペナールスとハムデン・ターナーは、文化は人々が問題解決を行いジレンマを解消する際に用いる方法であると考えるが、これはクラックホーンとストロッドベックが価値志向を理論づける際に考えた前提と似ている。クラックホーンとストロッドベックは五つの解決すべき普遍的問題を挙げているが、トロンペナールスとハムデン・ターナーは、ビジネスに関連するものに特化し、(1)人間関係から発生する問題、(2)時間に対する態度、(3)環境に対する態度、の三つのカテゴリーを検討し、後述のように文化の基礎的次元を七つ明確にした。①〜⑤までは(1)の人間関係に関するものである。

これらの次元は対になっているが、いずれか一つというわけではなく、ホフステードの次元と同じようにいずれかの傾向が強い、弱いという連続体で考えられており、また、いくつかの次元は相互に対立する価値観というより互いに補完的であるという考えに基づいている点がホフステードの文化次元とは違っていると思われる。トロンペナールスとハムデン・ターナーの調査方法の一つはジレンマを含むシナリオを提示し、相対する傾向に基づいた二つの解決策を提示し、さまざまな国の人々にどちらかを選ばせ、その回答の分布を国ごとに分析したものである(31)。

①普遍主義 対 個別主義

この次元は規則と人間関係に関するものである。普遍主義は例外を認めず、規則、法律、規約といった基準を守ることによって問題は解決されるべきと考え、個別主義は規則の一律的な適用より状況や人間関係を考慮すべきという考え方である。例えば、ある人が法を犯したとしよう。普遍主義的傾向が強ければ、その人が他人でも友人でも同じように違反者として裁かれるべきだと思うだろうが、個別主義的なら、罪を犯した友人に少しでも有利になるような証言をしたいという衝動に駆られるだろう。どちらの判断も一方から他方を見ると「正しくない」と感じるだろう。普遍主義的な人は個別主義的な解決方法は規則を歪曲して「法の下の平等」を無視していると考え、個別主義的な人は普遍主義的な対応は友情や人情といった人間的な心情を無視して非人間的だと受け取るだろう。ビジネス上では契約に対する態度にこの次元が大きく関わっていると思われる。

②個人主義 対 共同体主義

これは前述の個人主義と集団主義と非常に似た価値概念であり、自己を重視し個人の自由と責任を奨励する志向と、共同体（集団）を重視し、共同体の利益のために個人が活動するように奨励する志向である。ビジネスでは責任の取り方や意志決定の仕方などに大きな違いが現れる。

③感情中立的 対 感情表出的

この次元は感情と人間関係に関するもので、その名のとおり、人間関係において感情を出さずに中立的に振る舞う傾向にあるか、あるいは感情を表《おもて》に出す傾向にあるか、ということである。中立的な文化ではなるだけ感情をコントロールすることが期待されるが、表出的な文化では感情は表に出るのが当たり前である。ここで関連するのは感情と客観的論理性である。感情をさらけ出すことと論理的であることは切り離して考えられる文化と、切り離して考えられない文化がある。人間関係の緊密さによって感情表出の度合いはもちろん違うだろうが、ビジネス関係で感情は出すべきものだろうか。トロンペナールスとハムデン・ターナーによると、アメリカ人は感情を表《おもて》に出すが、感情は客観的・合理的な判断から切り離して考える傾向にあり、イタリア人や南欧の人々は一般的に感情を出し、かつ感情を客観性や合理性から切り離して考えない傾向にあり、オランダ人やスウェーデン人は感情自体を表《おもて》に出さず、感情は客観性や合理性とは相容れないと考える傾向にある[32]、と述べている。日本人はどうだろうか。マツモトは、日本文化では、内集団内では喜びなどの肯定的な感情は出して良いが、否定的な感情は抑えられており、上下関係がある場合には上司は部下に対して怒りなどの否定的感情を出すことはまれではないが、その反対は抑制されている、と分析し、日本人の感情の表出には集団主義傾向と権力格差の高さが影響していると述べている[33]。日本の会社では上司が部下を同僚の面前で叱咤するのは珍しいことではないが、アメリカでは否定的なフィードバックは人前より個人のオフィスなどのプライベートな場所で行われることが期待される[34]。日本人上司にしてみれば職場で怒ったり叱ったりするのは部下の指導として適切な感情表現と思われるが、アメリカ人としては上司は感情的になりすぎて客観性を欠いており、なおかつ同僚の前で自分のプライドを傷つけられたと感じ、会社という社会的コンテキストを考えると不適切で非常識だと感じるだろう。

④関与特定的　対　関与拡散的

人と関わるときに関わり方が生活のどれくらいの範囲を占めるのかがこの次元の問題である。関与特定的な場合は限られた個人の生活や役割では関わるが、それ以上の発展は望まない。関与拡散的な関わりを志向する場合は一度知り合ったら、生活活動のさまざまな場面と役割で関わることが必然とされる。生徒と先生として知り合った場合、関与特定的な文化の場合はそれ以外の関係性は期待されないが、関与拡散的な文化では、教室や学校という場以外での関わり合い、例えば卒業してからも結婚の相談をしたり、家族ぐるみのつきあいをしたりする事が普通である。ビジネスにおいては、例えば上司と部下の関係は他の関係に発展しない、あるいは影響しないのであれば、関与特定的と言えよう。上司と部下の関係が会社での仕事以外の場面に影響するようなら関与拡散的である。つまり、仕事とプライベートは完全に分離していると考えるのか、仕事で関わりが出来るとプライベートな関係も必然的に生まれてくると考えるのか、である。トロンペナールスとハムデン・ターナーによるとこの文化次元は、関与特定的文化は低コンテキスト文化に、関与拡散的文化は高コンテキスト文化にそれぞれ当てはまるという[35]。

⑤達成型地位　対　属性型地位

この文化次元は、人の「地位」とは、何かを行なって「獲得する」のか、あるいはその人の年齢や社会的階級、性別、学歴などに付随するものとして捉えられているか、という問題である。クラックホーンとストロッドベックの価値志向でいえば、活動志向の「する」と「ある」に相当すると思われる。

この章の冒頭で紹介したレジ・ライフの「奮闘と成功」というドキュメンタリーのなかで、あるアフリカ系アメリカ人の女性がアメリカではなかったことだが日本で経験して自信につながった事として、日本では見かけより肩書きが通用することを挙げていた[36]。たとえ人種的・性別的にある意味「不利」であっても日本社会では肩書きがあればそれに相応しい取り扱いをされることに驚きつつ感謝し、同時にアメリカにいる同胞にもそのような経験を経て自尊感情を持てる経験をしてほしい、というコメントであった。このような属性型文化がマイナスに作用した例としては二〇〇三年の有栖川宮詐欺事件が挙げられるだろう。これは大正時代に断絶したとされる有栖川宮家の末裔であると偽った男性が偽の結婚披露宴を開催して、およそ四〇〇名の招待客からご祝儀をだましとった事件である。

就職活動の際にそれまで何をしたかより、どの大学の出身者かが重要視されるならそれは属性型地位志向傾向が高いと言える。たとえ資格や学位があっても業績がなければ評価の対象にならないとしたら達成型地位志向傾向があると言えよう。ビジネスや組織上では、達成型地位志向が高い文化では成果主義が社員を正当に評価する方法として当然だろうが、属性型地位志向が高い文化では年功序列や学歴を基準とした年俸体系が社員を尊重していることの表れと考えるだろう。リーダーを決める際にその人が今まで何を達成したかを一番に考えるか、それとも、その人がリーダーに相応しいと考える条件として出自や学歴・性別などが必然的であると考えるかの違いであろう。

⑥順次的時間観　対　同期的時間観

この次元はクラックホーンとストロッドベックの価値志向における時間志向や、第4章で紹介したMタイムとPタイムとも大きく関わっているが、主要な関心は遂行すべき課題をできるだけ効率よく順次的にこなすこと（Mタイム）が重要なのか、あるいは、さまざまな活動を並行的にこなすこと（Pタイム）を当然と考えるかの違いである。ビジネスで言えば最初に立てたスケジュールを最優先するか、スケジュールは人との仕事関係をスムーズにするためには融通が利くものと捉えるかの違いと言えよう。時間は誰にも同様に進むと考えるか、時間の使い方は人間関係を除外しては考えられないかの違いであろう。

⑦内的コントロール志向　対　外的コントロール志向

この次元はクラックホーンとストロッドベックの価値志向における人間対自然志向と関わっている。人間が自らの意思で自然をコントロールできる、そしてそうすべきだという志向は環境を左右するのは人間であるという内的コントロール志向に繋がり、人間は自然の一部であり自然と調和し協力していくべきであるという志向は人間は自分だけでは自然をコントロールできないという外的コントロール志向に繋がる。また、この次元は、自分が人生においてどれくらい自分の運命をコントロールしているのかについても問いかけている。人生における成功や失敗は自分に起因するもの（内的コントロール）なのか、それとも自分の力の届かない運命や縁によるもの（外的コントロール）なのか、という問題である。ビジネス上では環境や市場、顧客などの外的要因をコントロール可能と考え、会社はそれを運営する者の意思を反映する延長として捉えるか（内的コントロール）、それとも、会社や組織は外的要因と同じ生態系を共有しており、存続のためには各々のバランスをキープする必要があるため「合わせる」必要があると考えるか（外的コントロール）の違いである。

文化的価値観の違いに対処し、解決するためには、まずはこの章や他の章で指摘されている文化の違いに気づくこと、そしてその違いに敬意を払うことが最低限必要である。文化の違いを意識した時にはこの章で取り扱った価値観の体系的な違いを念頭に入れて観察してほしい。次章でも取り扱うが、一つより二つ、二つよりもっと多くの文化的概念を使って文化の違いを捉えられたら、文化に対する認知的複雑性を養う事が可能となり、より柔軟に文化の違いに対応することが出来るようになるだろう。そしてそれはあなたの異文化適応能力養成の素地となり得るのだ。

図5−3　権力格差の次元と個人主義―集団主義の次元における50か国と3つの地域の位置

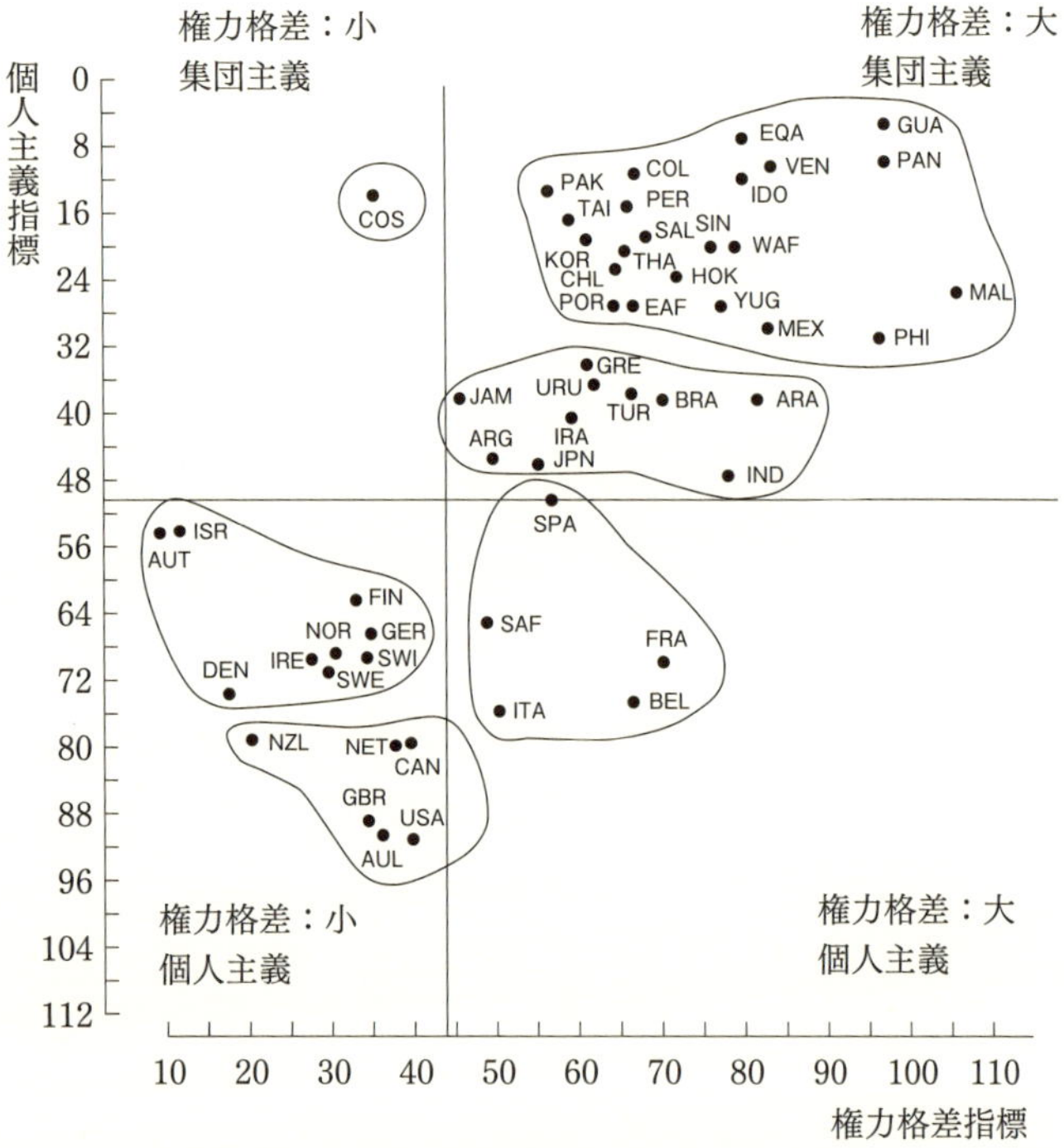

出典：Geert Hofstede, *Cultures and Organizations: Software of the Mind* (1991) p.54. Copyright © Geert Hofstede. 許可により掲載。

▶各国の略称については p.214 参照

図５−４　男性らしさ—女性らしさの次元と不確実性回避の次元における 50 か国と３つの地域の位置

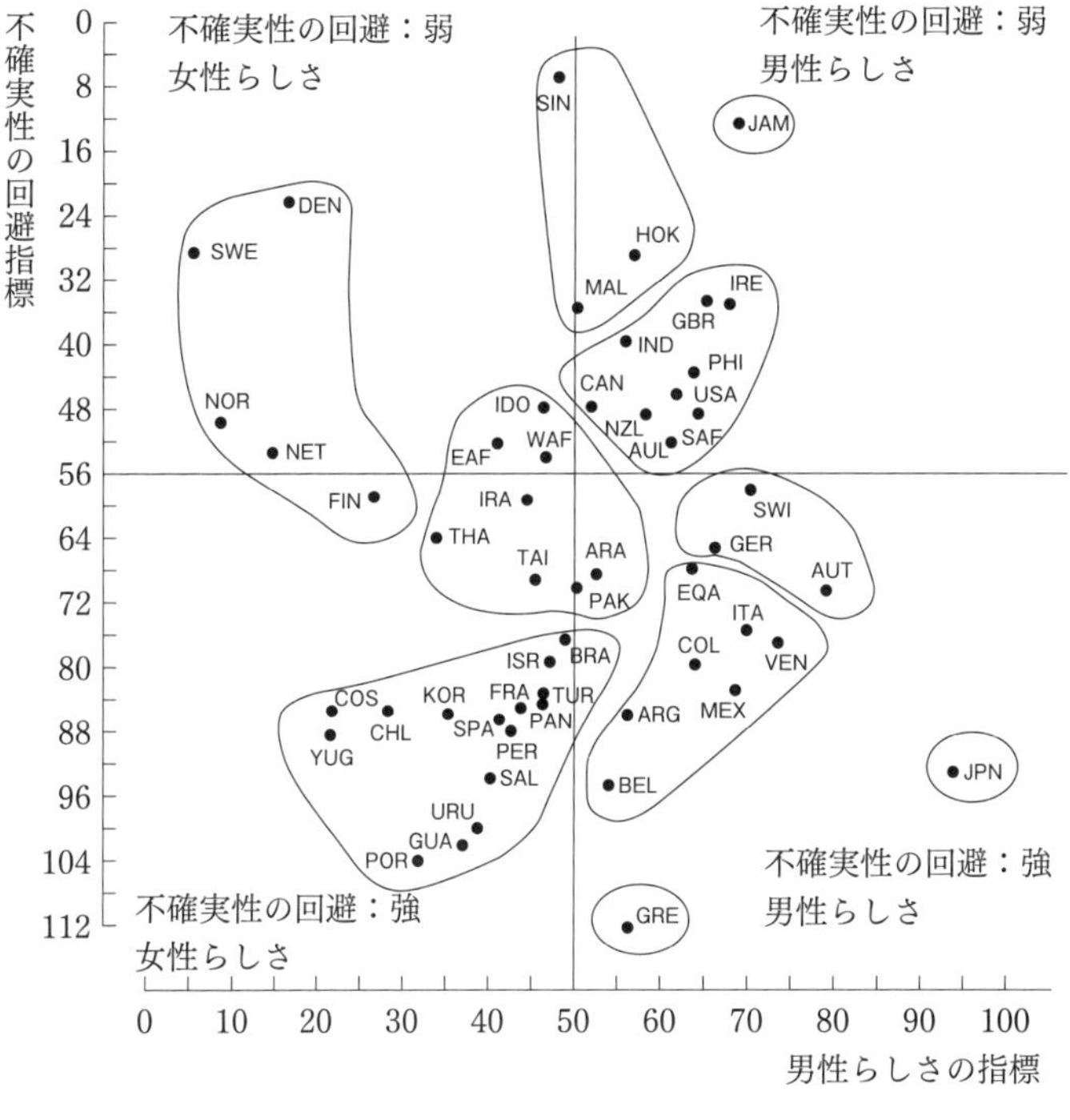

出典：Geert Hofstede, *Cultures and Organizations: Software of the Mind* (1991) p.123. Copyright © Geert Hofstede. 許可により掲載。

▶各国の略称については p.214 参照

図5-3、図5-4の略称記号

略称記号	国または地域	略称記号	国または地域
ARA	アラビア諸国の国々(エジプト、イラク、クウェート、レバノン、リビア、サウジアラビア、アラブ首長国連邦)	ITA	イタリア
		JAM	ジャマイカ
		JPN	日本
		KOR	韓国
ARG	アルゼンチン	MAL	マレーシア
AUL	オーストラリア	MEX	メキシコ
AUT	オーストリア	NET	オランダ
BEL	ベルギー	NOR	ノルウェー
BRA	ブラジル	NZL	ニュージーランド
CAN	カナダ	PAK	パキスタン
CHL	チリ	PAN	パナマ
COL	コロンビア	PER	ペルー
COS	コスタリカ	PHI	フォリピン
DEN	デンマーク	POR	ポルトガル
EAF	東アフリカ諸国(エチオピア、ケニア、タンザニア、サンビア)	SAF	南アフリカ共和国
		SAL	エルサルバドル
EQA	エクアドル	SIN	シンガポール
FIN	フィンランド	SPA	スペイン
FAR	フランス	SWE	スウェーデン
GBR	イギリス	SEI	スイス
GER	旧西ドイツ	TAI	台湾
GRE	ギリシア	THA	タイ
GUA	グアテマラ	TUR	トルコ
HOK	香港	URU	ウルグアイ
IDO	インドネシア	USA	アメリカ
IND	インド	VEN	ベネズエラ
IRA	イラン	WAF	西アフリカ諸国(ガーナ、ナイジェリア、シエラレオーネ)
IRE	アイルランド共和国		
ISR	イスラエル	YUG	旧ユーゴスラビア

出典：Geert Hofstede, *Cultures and Organizations: Software of the Mind* (1991) p.55. Copyright © Geert Hofstede. 許可により掲載。

トレーニング 3−2

以下の「権力格差」「女性らしさ—男性らしさ」「不確実性の回避」についての各項目を読んで日本の社会、あるいはあなたの環境によく当てはまると思われるものをAまたはBから選んでください。はっきりと言いきれないものもあるかもしれませんが、どちらかというと、という傾向で構いません。

権力格差(37)

1．A．人々の間の不平等は最小限にすべきである。
　　B．人々の間の不平等は当然であり、望まれてもいる。
2．A．権力をあまり持たない者とより強大な権力を持つ者の間には相互依存があるべきであり実際にある程度依存し合っている。
　　B．権力をあまり持たない者はより強大な権力を持つ者に依存すべきであるが、実際には弱者は依存と反依存の両極端に分かれている。
3．A．親は子供を対等な存在として扱っている。
　　B．親は子供に従順であることを教える。
4．A．子供は親を対等な存在として扱っている。
　　B．子供は親に対して敬意を払っている。
5．A．教師はクラスで生徒は自発的であるものと期待する。
　　B．教師はクラスで全ての活動において主導権を握るものと期待されている。
6．A．教師は客観的な真実を伝える専門家である。
　　B．教師は自らの叡知を伝える導師である。
7．A．生徒は教師を対等な存在として扱っている。
　　B．生徒は教師に対して敬意を払っている。
8．A．高学歴な人ほどそうでない人より権威主義的な価値観を持たない。
　　B．学歴に関係なくほとんど同じ程度の権威主義的な価値観を持っている。

9. A. 組織における階層構造は便宜上作られた役割の不平等である。
   B. 組織における階層構造は地位の高い者と低い者の間に現実として存在する不平等の反映である。
10. A. 権力の分散が一般的である。
   B. 権力の集中が一般的である。
11. A. 組織のトップとヒラの間の給与の差はあまりない。
   B. 組織のトップとヒラの間の給与の差は大きい。
12. A. 部下は上司に相談されるものと期待する。
   B. 部下は上司に何をすべきか命令されるものと期待する。
13. A. 理想的な上司とは機知に富む民主的な人である。
   B. 理想的な上司とは情け深いワンマンか良き父親である。
14. A. 特権や地位を表すシンボルは嫌がられる。
   B. 管理職の特権や地位を表すシンボルは当然であり一般的である。

女性らしさ—男性らしさ(38)

1. A. 社会において支配的な価値観は、他者に対する思いやりと保全である。
   B. 社会において支配的な価値観は、物質的成功と進歩である。
2. A.「人」と「温かい関係」が重要である。
   B.「お金」と「もの」が重要である。
3. A. みんな謙虚であると期待されている。
   B. 男性は主張が強く、野心的で不屈であるとされている。
4. A. 男女共優しく、人間関係に配慮することが認められている。
   B. 女性は優しく、人間関係に気を配るものとされている。
5. A. 家庭では父親も母親も事実的な事柄と情緒的な事柄のどちらにも対処する。
   B. 家庭では父親は事実的な事柄に対処し、母親は情緒的な事柄に対処する。
6. A. 男の子も女の子も泣くことが許されているが、どちらもケンカしてはいけない。
   B. 女の子は泣くが、男の子は泣かない。男の子はやられたらやり返さなければならないが、女の子はケンカしてはいけない。

7. A. 弱い者に対する共感がある。
   B. 強い者に対する共感がある。
8. A. 平均的な学生であるのが規範である。
   B. 優秀な学生であるのが規範である。
9. A. 学校で落第することは大した出来事ではない。
   B. 学校で落第することは致命的である。
10. A. 親しみやすい教師が歓迎される。
   B. 才気煥発な教師が歓迎される。
11. A. 男の子も女の子も同じ教科を勉強する。
   B. 男の子と女の子は違う教科を勉強する。
12. A. 生きるために働く。
   B. 働くために生きる。
13. A. 管理職は勘を使い、コンセンサスを求めて努力する。
   B. 管理職は決断力があり、自己主張できることが求められる。
14. A. 平等、団結、職業生活の質が重視される。
   B. 公正さ、同僚との競争、実績が重視される。
15. A. 対立は妥協と交渉によって解決される。
   B. 対立は徹底的に戦うことによって解決される。

不確実性の回避(39)

1. A. 確実でないことは人生につきものであり、日々をあるがままに受け入れている。
   B. 人生につきものの不確実性は絶え間ない脅威であり、取り除かねばならない。
2. A. ストレスが低く、幸福感を抱いている。
   B. ストレスが高く、不安感を抱いている。
3. A. 攻撃的な態度や感情を見せてはいけない。
   B. 場所と時間がふさわしければ、時には攻撃的な態度や感情を発散する。
4. A. あいまいな状況やよく分からない危険があっても平気である。
   B. 分かっている危険は受け入れるが、あいまいな状況やよく分からない危険には不安を感じる。

5. A. 何が汚いか、何をしてはいけないかについて子供はあまり厳しく言われない。
   B. 何が汚いか、何をしてはいけないかについて子供は厳しく言われる。
6. A. 違うものは好奇心をそそる。
   B. 違うものは危険である。
7. A. 学生は開放的で自由な学習状況を快適と思い、討論がうまくいくことに関心がある。
   B. 学生は計画的で定型的な学習状況を快適と思い、正しい答えにこだわる。
8. A. 教師は「分からない」と言うこともある。
   B. 教師は全てのことについて答えられるものとされている。
9. A. 厳密に必要とされる以上の規則はあるべきでない。
   B. 絶対守られないと思っていても、規則を求める気持ちがある。
10. A. 時間は自分を方向づける枠組みである。
    B. 時は金なり。
11. A. 暇にしているときに快適さを覚える。必要なときのみ必死に働く。
    B. 忙しくしていないと気がすまない。一生懸命働かなければという衝動に駆られる。
12. A. 正確さと時間を守ることは学習しなければならない。
    B. 正確さと時間を守ることは自然に身につく。
13. A. 常識から外れた革新的なアイデアや行動に対して寛容である。
    B. 常識から外れた革新的なアイデアや行動は抑制される。革新に対して抵抗がある。
14. A. 達成感と尊敬または所属によって動機づけられる。
    B. 安全と尊敬または所属によって動機づけられる。

出典：Geert Hofstede, *Cultures and Organizations: Software of the Mind* (1991) p.37、p.96、p.125 を基に作成、Copyright©Geert Hofstede. 許可により掲載。

解説

「権力格差」の回答ではＡの数とＢの数を比べてみて、Ａが多ければ権力格差が小さく、Ｂが多ければ権力格差が大きいと言えるでしょう。「女性らしさ―男性らしさ」の回答ではＡが多ければ「女性らしさ」の度合いが高く、Ｂが多ければ「男性らしさ」の度合いが大きいと言えます。「不確実性の回避」ではＡが多ければ「不確実性の回避」の度合いが低く、Ｂが多ければ「不確実性の回避」の度合いが高いと言えるでしょう。

また、各々について自分が望むのはどちらなのか選んで比較してみると、自分が現在の環境や日本の社会の志向と合っているのか、いないのか考える一助になるでしょう。ただ、これらの結果はあくまでもそのような傾向があるかもしれないということで、性格診断ではないので、結果を見て自分はこうだ、と決めつけるのは危険です。これをきっかけに自分や周りの人の行動を意識的に観察すると良いでしょう。

第6章

異なる文化のとらえ方・接し方：異文化の理解

ここまで読み進まれた方は、コミュニケーションとは何なのか、そして文化の違いはどのようなところにあるのか、かなり分かってきたことと思う。そこで、この章と次の第7章では、実際に文化の違う者同士が交流したり共に生きるときに、どんな事が起こるのかに焦点を当てる。

この章では、異文化を理解するということについて扱う。この「理解」という言葉には、「認識する」「知る」などの知識面と、「腑《ふ》に落ちる」「相手の立場で物事を見ることができる」などの気持ち・感情を伴った態度、姿勢面の二つが存在する。この二つの「理解」についてそれぞれ検討することにする。

1 違いをどうとらえるか：異文化の認識

朝日新聞に掲載された、作家林真理子のエッセイに、東京でジョギング中の女性が矢を射られるという当時起こった事件に関するものがある。このエッセイは、限られた情報から人を認識し、印象を形成する過程とその問題点を的確に表現していて大変興味深い。

（前略）実に恐ろしい出来事であるが、興味深かったのはこの女性の肩書である。最初のニュースでは会社員と伝えられたが、やがてワイドショーでは主婦となった。▲被害に遭った人は家庭を持ち、会社に勤めている女性というのが正確らしい。今どき珍しくもない生活のあり方なのであるが、マスコミの側はこうした女性に対しての基準が出来ていないことをはじめて知った。▲夫も子どももいる三十三歳の有職女性を、どういう風に名づけていいのか、いたるところで混乱が見られたのだ。その結果、報道する側は自分たちの思惑で彼女の肩書を決めたようである。朝のワイドショー番組は、見ている視聴者により近づけるためか主婦と名づけることが多く、硬めの番組はおおむね会社員あるいはＯＬとしたようであった。▲（中略）こだわったのには理由がある。このニュースの第一報が飛び込んできた時、アナウンサーは、▲「ジョギング中の三十三歳の会社員が」と告げたのだ。偏見というものを持たないよう努力していても、ごく自然に喚起されるイメージというものはある。「ジョギング」「三十三歳」「会社員」と言った単語から私がイメージしたのは、都会に住む独身女性であった。（中略）▲ところが「ジョギング中の三十三歳の主婦」となるとかなりニュアンスが違ってくる。全く勝手なこちらのイメージであるが、肥満を気にし始めた幸福そうな女性の姿が浮かんでくるのだ。（後略）[1]

人をどのように分類するかによって、イメージする人物像が違ってくるという例である。また、このエッセイは、人は同時にいくつもの分類に属しているため、一面だけの認識では不十分だという問題も提起している。さらに、主婦やＯＬといった職業カテゴリーや年齢カテゴリー、ジョギングをするという行動特性カテゴリーと人物像カテゴリーの間に林独自の関連付けが形成されており、それを使って被害者について理解しようとしている。しかし、この人が林さんの思うような主婦やＯＬである保証はないのである。ジョギングをする三十三歳の会社員女性が、皆独身であるわけではない。

ここに取りあげたのは、日本国内の日本人同士のコミュニケーションで生じたことであるが、これと同じ問題は、文化の異なる人同士の場合、ますます顕著に表れる。相手のことをよく知らないときほど勝手な印象が一人歩きしやすいからである。

では、なぜ人間は人や物を分類したり、いったんその分類に入れたら同じ特性があると思い込んでしまうのだろうか。

●頭の中のファイリング：カテゴリー化

人は毎日接する膨大な情報を細部まで全て認識したり記憶するわけにはいかない。そこで、情報の氾濫から身を守り頭の中を整理するために、自分にとって必要と思う情報を選択する。そして同じような特徴を持つ事象をひとまとめにして記憶する、いわば頭の中のファイリング作業が行われると言われる。(2) 人間に対しても同様の作業が行われ、外見のタイプ別「ファイル」や、性格、コミュニケーション・スタイル別の「ファイル」などを脳内にストックする。さらにファイル間に関連付けがなされることで、このタイプの人はこういう行動をするといった印象が形づくられるのである。このバーチャルなファイル作りのことをカテゴリー化と呼んでいる。では、なぜ人はカテゴリー化をするのだろうか。それには三つの利点があるからだと言われる。第一に、記憶しやすさのため。例えばある人の具体的行動を逐一記憶しておくよりも、「攻撃的」などとまとめたほうが覚えやすい。社会心理学の実験がそれを証明している。人の行動を箇条書きに列挙した短文を一五示し、単に「覚えなさい」と指示した場合と、同一人物の行動だと告げて「この人の印象を形成しなさい」と指示した場合を比べると、後者のほうが短文をよく覚えており、間違いも少なかったという。(3) 第二に将来のその人の行動を予測するのに役立つ。同じカテゴリーに属するタイプの行動を、将来その人がする可能性があると推し量ることができるわけだ。第三に個々の行動の意味を説明するのに役立つ。(4) 印象を形成するとは、つまり行動の箇条書きをカテゴリー化し「攻撃的」というような概念を抽出する（タイトルを付ける）ことである。

このように、カテゴリー化、一般化は必然的で知的な作業なのである。しかし、我々は往々にして間違ったファイリングやカテゴリー間の関連付けをしてしまいがちである。反対に、カテゴリーの性質を個々のケースに当てはめるときにも十分な注意が必要である。カテゴリーに属している人が全て同じ属性を持っているわけではないのだから。「統計をとると、沖縄県の女性は日本一長生きだ」と、一般論としては言えても、だからといって「沖縄県の○山△子さんが長生き」とは限らないのである。

ステレオタイプ

一度カテゴリーを形成した後、そのカテゴリーに属する人や物がみな同じ特性を有するという固定したイメージを持つことを「ステレオタイプ化する」という。ステレオタイプ（stereotype）という用語を辞書で見ると、「固定観念、既成概念、紋切り型／偏見／型にはまった人（物）」という意味と「ステロ（版）、鉛版」という意味が併記されている。[5] もともとは印刷に用いる鉛版のことだったものを、社会心理学者のリップマンが、「頭の中の絵」という意味の概念を表す言葉として用いたのだ。[6] それ以来、ステレオタイプは、社会科学全般で固定観念を表す用語として広く用いられるようになったとされる。主に人間の集団（学校、会社、チームなどの所属を一《いっ》にする人々）や社会的カテゴリー（性別、職業、民族など）に対して固定観念を持つこと、という意味で用いられる。我々が個人としてステレオタイプを独自に形成する場合と、情報の交換によって、社会的に共有したステレオタイプが形成される場合とがある。[7] なお、辞書などではステレオタイプと偏見を同義語として扱っている場合も多いが、異文化間コミュニケーション学ではステレオタイプは認知

（情報の整理）の問題、偏見は感情を伴う態度の問題として扱うことが多い。

次に紹介するのは社会的ステレオタイプを使ったジョークである。ジョークとして通用するということは、かなり広範囲に同様のステレオタイプを持つ人が存在するということの証明であろう。

世の中の理想的な人とは、
イギリス人のように料理が上手で、　イタリア人のように自己抑制をし、
フランス人のように運転がうまく、　ドイツ人のようにユーモアにたけ、
オランダ人のように気前がよく、　ポルトガル人のように技術豊かで、
スペイン人のように働き者で、　アメリカ人のように何か国語も話し、
ブラジル人のように正義感が強く、　メキシコ人のように正直で、
ロシア人のように酒を控えめに飲み　日本人のように個性にあふれる人である。(8)

カテゴリー化同様、ステレオタイプは集団などの特徴を記憶したり予測したり説明するために効果的で自然な認知過程である。また同時に、使い方を誤ると偏見や摩擦、誤解の元ともなりやすい諸刃《もろは》の剣でもある。第一に、ステレオタイプは集団に対する全体像であるから、それがいかに統計的には正しくとも、個性的な人には当てはまらない。むしろ、ぴったりと当てはまる人、つまり典型的な人のほうが探すのが難しいだろう。にもかかわらず、人は往々にして「〇〇人だから××に違いない」と結論付けてしまうのだ。

第二に、ステレオタイプは集団や社会的カテゴリーの特徴を正確に反映しないことが多い。思い込みや一部の情報のみに基づいて形成されやすいのだ。あるカテゴリーや集団の中に何か目立つ事象があると、その印象がカテゴリー全体の特性としてステレオタイプ化されやすい[9]。いつか、こんな投書が新聞に載った。高校生の女の子が父親とバイクで遠乗りに出たところ、運悪くバイクが倒れてしまった。二人がかりでもバイクを起こせずに困っていると、「大丈夫ですか」という天の声。「助かった」と思って振り返ると、族（暴走族）のお兄さんたちだった。怖かったが、その人たちはさっとバイクを起こして行ってしまった。「みなさん、族のお兄さんはいい人ばかりですよ！」とその投書は結んでいた。そうだろうか。どんな集団にも良い人もいれば悪い人もいる、というのが現実であろう。目立つ出来事が大いにステレオタイプ形成に貢献してしまったようだ。

第三に、ステレオタイプは変化しにくい。いったん形成されると、それに合った情報のみ選択的に認知したり[10]、あるいはステレオタイプに合致するように情報そのものを歪めて取り入れることもある[11]。外国人と国際結婚する日本人の傾向を見ると興味深いことに気づく。アジア人のパートナーとの婚姻は圧倒的に男性に多く見られ（九割ほどが男性）、アメリカ人やイギリス人のパートナーを得る日本人は女性に多い（九割近くが女性）[12]。日本人男性はアジアの女性に対して、日本人女性はアメリカ人やイギリス人の男性に対して結婚相手として良いイメージ、自分の期待に沿ったステレオタイプを持っているようだ。その逆の組み合わせの割合が非常に低いことは、日本人女性は他のアジアの国の男性に対して、日本人男性は欧米の女性に対して結婚相手として期待に沿う人々ではないというステレオタイプを持っていることを示唆している。しかし、日本人向けの電話相談カウンセラーによると、アメリカ人と結婚する日本人女性の場合、そのステレオタイプが災いし、「白人というだけで安心してしまって失敗する人が跡を絶たない」のが現実だそうだ。[13] 例えばアメリカ人男性は女性に親切なジェントルマンだというようなステレオタイプを持ち、結婚相手もそれに当てはまると思い込むが、実はそのような人物ではなかったというようなケースがある。多くの現代日本女性の実際の姿もまた、米国人男性が持つ日本人女性についてのステレオタイプとはかけ離れているに違いない。ただし、ステレオタイプに合致した相手との出会いや、ステレオタイプとは無関係に人間関係を築くケースもあることは言うまでもない。

単眼か複眼か：認知的複雑性

カテゴリー化、ステレオタイプが内包する問題点を軽減する方法はないものだろうか。そのひとつの糸口は、認知的複雑性と呼ばれるものにありそうだ。認知的複雑性とは、対象物がどれだけの構成体から成り立っていると認識するか、言い換えると一つの事象を認識するために使用するカテゴリーの数のことである。例えば一人の人間を見たときに、民族カテゴリーと性別カテゴリーのみを使って「黒人男性」とだけ認識し、その人の他の特徴には構わなかったとしよう。このようなケースは、使用しているカテゴリーの数が少ないので認知的複雑性が低い、あるいは認知的に単純だと言うことができる。同じ人を年齢、職業、性別、背の高さ、髪の色、服装、持ち物、正直かどうか、話がおもしろいかどうか、聞き上手かどうか等々、より多くのカテゴリーで認知した場合は、認知的複雑性が高い、あるいは認知的に複雑だと言うことができる。

認知的に複雑な人は、他の人の印象をより詳しくつかむことができる。[14] また、人の行動を予測する能力も高いことが分かっている。[15] つまり、より複眼的で正確なステレオタイプにつながるのである。認知的複雑性は心がけや訓練によって養うことができる。この節の後ろにサンプル・トレーニングを用意したのでぜひ試みてほしい。日常、人や物を認識する際に、できるだけ多くの面を見るようにすることも訓練になる。

カテゴリー幅

ここまでは、一つの事象をどう正確に認知するかについて述べてきたが、少し視点を変えて、一つのカテゴリーの許容量について考えてみよう。

カテゴリー幅とは、同一のカテゴリー内の個体間に、どれだけの差異を許容するかである。[16]「カテゴリー幅が広い」とは、包括的に物事を認識すること。かなり相違があっても小さな共通点があると同じカテゴリーと見なすことをいう。これに対し、「カテゴリー幅が狭い」とはカテゴリーを限定的に構築すること。違いを重視し、同質性の高いものだけでカテゴリーを形成することをいう。

この節の後ろに、自分でできるカテゴリー幅のチェック法がある（233ページ）。次に読み進む前にチェックしてみてほしい。

カテゴリー幅が狭い人の特徴は、違いに対する非寛容性である。文化の異なる人々と接するときも、ささいな相違にまで注目しやすく、排除の論理が働きやすい。できるだけ均質な仲間でまとまろうとする傾向があろう。これに対し、カテゴリー幅の広い人は、違いに寛容であり、多少の違いがあっても仲間と見なす。言い換えると、違いよりも類似性に注目しやすいため、さまざまな多様性をもつ人々との付き合いが広がる可能性が高い。最終的には違いも共通点も客観的に把握し、認め合うようになることが目標であろうが、偏見や偏ったステレオタイプがある段階では、まずカテゴリー幅を広くとるようにすると突破口が開けてくる。

●異文化を見るサングラス

人間の認知システムが、文化背景が異なる人々の間のコミュニケーションにどう影響するかを、いくつかの側面から紹介してきた。人はそれぞれ認知システムに「癖」があることが分かってきたことであろう。その「癖」をサングラスにたとえると、人はみな、独自のサングラスを通して周りの人を見ていると言える。サングラスを通って目に入るものは、元のものとは色も変わり、形も少々歪んでいることだろう。認知の仕方次第で相手は違って見える。その事実を知っておくこと、そしてできるだけ実体に対して正確な認知を心がけることが、効果的なコミュニケーションの第一歩である。

トレーニング 1−1

認知的複雑性を高めるためのトレーニング

ここに１枚の写真がある。これを１分間観察し、できるだけ多くの特徴を探し出してください。

（撮影：和田光弘）

絵からつかみ取った特徴（カテゴリー）をリストしてみましょう。

・

・

・

・

・

・

・

・

解説

一つの事象から多くの面を見てとることができることを、認知的複雑性が高いと言います。認知的複雑性が高いと、偏ったステレオタイプによる弊害を抑えることにつながります。このトレーニングを参考に、身の回りの人やものを、たくさんの面で捉える訓練を積み重ねることをお勧めします。

トレーニング 1–2

カテゴリー幅の自己チェック

さて、ここにたくさんの模様があります。左上に示したサンプルと同じカテゴリーだと自分が認めるものに印をしてください。[17]

サンプル

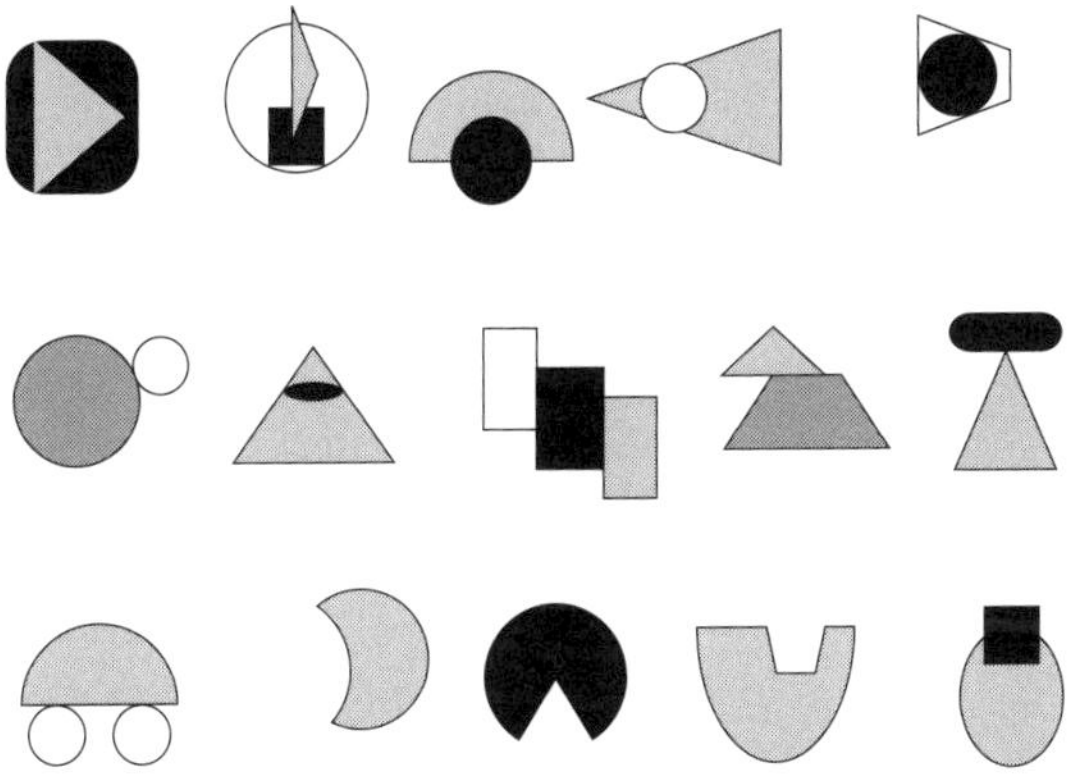

いくつに印を付けましたか。＿＿＿＿＿＿＿＿つ

どんな特徴からカテゴリーを形成したのですか？

・

・

・

解説

一般的に、一つのサンプルに対し、多くの「仲間」を認識するとカテゴリー幅は広いと言えます。つまり印を付けた数が多いほどカテゴリー幅が広く、少ないほど狭い可能性があります。

例えば、同心円と台形から成るものだけを同じ仲間ととらえた人は一つしか仲間が見つけられませんが、円孤や角のある図形は全て仲間ととらえたり、二つ以上の図形の合成形は全て含める、と考えると仲間の数はたいへん多くなります。この他にも色や図形どうしの合成のされ方など、多様な分類法があるでしょうが、どの場合でも違いに注目すると「仲間」はなかなか見つかりません。少し違っていても寛容的に「仲間」に入れるようにするとカテゴリー幅は広くなります。

ただし、この簡単なトレーニングの結果が直接あなたの人間関係におけるカテゴリー幅を反映していると見るのは短絡的すぎます。これだけで自分や他人の性質を判断してしまうことは避けてください。むしろ、これをカテゴリー幅を広げるトレーニングの一例と捉えてください。日頃から身の回りの事象を観察し、一見違って見えるものにも共通項を探す努力をするのは効果的でしょう。

② 違いをどう考えるか：異文化への態度

異文化理解への二つ目の関門は、相手や相手の人が属する文化に対する自分の姿勢、態度の問題である。態度とはおおむね、好き・嫌い、望ましい・望ましくないといった肯定—否定の連続体で表される心理状態である。人はいつのまにか自分の接する人や物に対し何らかの態度を持つようになる。ここでは、なぜどのように態度が形成されるのかについて検討し、異文化理解の方向を探ることにする。

常識再考

望月さんは、子供の頃お世話になったおじさんが重い病気で入院しているのを知り、はるばる遠いところまでお見舞いに出かけていった。病院に行く途中で、お見舞いの品は何がよいか考えながら歩いていると、おじさんが大のお花好きだということに気付き、ちょうど道すがらにあった生花店で、きれいに咲いているプリムラの鉢植えを買った。小さな鉢植えが、大好きなおじさんの心を少しでも和ませてくれることを願って。病室に入り、お見舞いをすると、おじさんも付き添っていたおばさんも大変喜んでくれた。ただ、お見舞いの鉢植えを窓辺に置いたときは何もコメントがなかったので少しだけ気にはなった。その日は知り合いの家に泊まり、翌日帰りがけにもう一度病室を訪れると、前日に持っていった鉢植えがなくなっていた。後に望月さんは、お見舞いに鉢植えを持っていくのは「根づく」が「寝付く」に通ずるため、忌み嫌われる、「非常識」だということを知り、大変驚いた。おじさん、おばさんの気持ちを考えると本当に申し訳なさでいっぱいになった。その後、おじさんが帰らぬ人となってしまったので、未だに心の痛みはいえないでいるという。実は望月さんは学生時代からさまざまな文化の人々と交流が多い。そんな中で友人あるいは外国語の先生から、「生きているものを切ってしまうのだから、切り花というものは縁起が悪く、お見舞いには忌みきらわれる」という考え方を学んだ事があった。その考え方をいつのまにか受け入れており、このとき、それが無意識に出てきたようだ。「お見舞いに鉢植え」が本当に非常識なのかどうか、彼は未だに釈然としない。

「そんな常識も知らないのか」とか「常識ぐらいわきまえろ」などと目上の人などに言われたことがある人は多いだろう。結婚して夫や妻の実家に手伝いに行ったり、一緒に生活したことのある人は、「向こうの家」では常識そのものが違うことに面食らった経験があるに違いない。

価値観、規範、行動様式などが「常識」と呼べるのは、それが文化内、集団内で共有され、信じられているからである。ところが文化背景が異なる人々の間のコミュニケーションでは、当然、常識同士が摩擦を起こす。そのときの対処の仕方、態度で付き合いがうまくいくかどうかが大きく左右される。

先に述べたように、人は所属集団（内集団）にアイデンティティー（帰属意識）を感じ、そのアイデンティティーを維持するために、内集団（の価値観、規範など）を外集団よりも優位に置く傾向がある。内集団に優位性を感じ、その価値基準で他の集団の考え方や行動様式を解釈、評価することを自文化中心主義という。[18] 英語のethnocentrismの訳語であり、自民族中心主義と訳されることもあるが、本書では、民族だけでなく副次文化（職業、年齢層、性別など、民族や国家のような大枠の文化の内部にある、小さめの文化集団）を含む広い意味での「文化」間にまつわるテーマとして、自文化中心主義という用語を用いている。

望月さんの行動を「非常識」と捉えることは、いわば自文化中心主義の現れと言える。これに対し、世の中にはさまざまな考え方、行動のしかたがあり、どれが正しいとも間違っているとも言えないと中立的に捉えることを、文化相対主義（カルチュラル・レラティビズム、cultural relativism）と呼ぶ。[19] ベネットによると、人は、初めは自文化中心主義だが、異文化に対する感受性が発達するにつれ段階的に違いを認知し、受容する態度が高まり、次第に文化相対主義へと移行していくとしている。[20] ちなみに、彼はこの二つを同一線上の概念ととらえ、エスノセントリズムに対応してエスノレラティビズム（ethnorelativism）という言葉も提唱している。ベネットのこの理論は異文化感受性発展モデルと呼ばれ、異文化との接触、交流が深まると、異文化を見る目が養われ、態度も変化するとされる。その変化には六つのステージが提示されている。そのうちステージ3までは自文化中心的段階である。(1)無知から相違を認識できないステージ、(2)偏見あるいは崇拝のステージ、(3)表層的な相違を受容するとともに深層の相違を見出せない（人間皆同じとみなす）ステージ。そして、ステージ(4)から(6)までは文化相対的段階である。(4)全面的に相違を受容できるステージ、(5)異文化の人と効果的にコミュニケーションでき、自己変容を伴う適応が成されるステージ、(6)複数の文化を自己の中にうまく統合できるステージ、である。

自文化中心主義が強い場合から弱い場合までの相手との心理的距離は、会話のスタイルに現れるという。[21] それを図に表したものが図6－1である。

自文化中心主義が最も強い（文化相対主義が最も弱い）場合は、「軽蔑の距離」と呼ばれる話し方の特徴が現れ、異文化の相手に対し非常に否定的なことを言ったり悪態をついたりする。次の「回避の距離」は少し自文化中心主義が弱まった（文化相対主義が少し強まった）場合である。しかし異文化の相手との接触は避け、話さないようにする。自文化中心主義、文化相対主義共に中程度の場合は「無関心の距離」である。この段階の会話では、文化の違いには無関心で、ゆっくり大きな声で話す、いわゆる「外人扱い」の話し方が見られるという。次の「感受性の距離」は、かなり自文化中心主義は弱まり、文化相対主義が強まった状態である。違いについての認識が高まり、相手の気持ちを考慮した名称で相手のグループを呼んだりする。最後は「対等の距離」。文化相対主義が最も強い（自文化中心主義が最も弱い）場合。相手の立場、基準で相手を見ることができる。相手の考え方や行動についてせっかちな批評や裁定を避けるような話し方をするという特徴がある。

自文化中心主義が弱めの人は、会話だけでなくて一般的に他人を受け入

図6－1

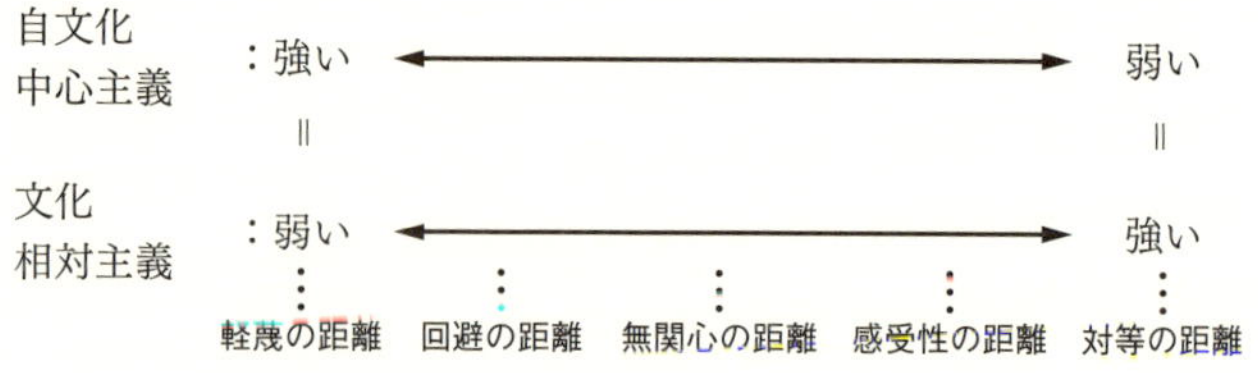

れ、肯定的な人間関係を築くことができる。ブローダスの研究によると、研修を受けて異文化に対する感受性が高まり、文化相対主義が強まった学生は、次のような考え方や行動を示したという。[22]

- 物事を決める前に、周りの人の気持ちを考えることを大切なことだと思う。
- 事を成すにあたって、その方法は一通りとは限らないと思う。
- 他の人の考え方を弁護してあげることがある。
- 基本的に人間は似ていると思う（違いにも気づいた上での共通点への注目）。
- あまり偏見がないので、いろいろな人々とスムーズに交流できる。

学校や勤務先で、留学生、海外勤務経験者、異文化出身者などの言動に対して自文化中心主義的に反応してしまうことはないだろうか。先にも述べたように人は、自分が社会的常識だと信じていることに抵触されるとうっかり批判的に反応しがちである。例えば日本人は目下の人が自分の説明と異なる意見を述べた場合に、自分に対する攻撃的態度と捉えたり失礼なやつだと批判的になったりすることがある。この背景には、相手への気遣いを重んじ、目上の相手に面と向かって反論しないコミュニケーションスタイルをとる日本人の文化特性がある。このようなときは、「相手の文化では異なる意見を出し合いながら一番良い意見や方法を探るやり方が普通なのかもしれない」というように、自分とは異なる考え方、行い方に思いをめぐらせることで自文化中心主義に陥ることを回避できるであろう。

食習慣に関して自文化中心主義が現れることも多い。アフリカの生活をレポートした記事では次

のような報告がされている。(23)

遊牧民のマサイは森の狩猟民ピグミーを軽蔑しているが、理由を聞くと、「あいつら、サルを食うから」と顔をしかめて答える。（中略）▲ガボンやザイールの雨林帯は、一面のジャングルだ。開けた土地がないため、農業ができない。牛やヤギを大規模に飼うこともできない。そのため、人々は森の動物でたんぱく質をまかなわなければならない。それは昆虫であり、サルなのである。▲サルを食うとは何と野蛮なという人は多い。しかし、牛肉をたらふく食べている人が、たんぱく質に乏しい地域の食習慣を非難するのはお門違《かど》いだ。▲食文化というのは気候や風土、その他もろもろの影響で形成されてきたものだ。犬を食べなければ生きていけなかった地域もある。それを他の文化の基準で判断してはいけない。（後略）

私たちも、他の地域の人が自分の地域では食材としないものを食べる習慣がある事を見聞きしたときに、「そんなものを食べるなんて気持ち悪い」とか「ゲテモノ趣味」などと反応してしまうことがあるのではないだろうか。そのようなときに、自分の自文化中心主義が表れている事を再認識することができる。食べ物問題に限らず、自分の身の回りで見られる自文化中心主義的解釈や批判について振り返ってみることをお勧めする。246ページに、「心を広くするためのトレーニング」として、自文化中心主義を再考するためのトレーニングを用意した。世界のさまざまな常識と対面し、「私の常識は、隣の人の非常識かもしれない」ことを実感していただきたい。

偏見を解く鍵

「私は偏見を持っています」という人はまずいないだろう。しかし、人はみな多少なりとも何らかの偏見を有している。「偏見はありません」という人のほうが問題で、そう言ったそばから偏見に満ちた発言をするものだ。自分の持つ偏見を認識することこそ大切だ、というのがエキスパートたちのよく口にするところである。

偏見とは日常的にもよく用いる言葉であるが、改めて定義しておきたい。通常英語の prejudice に対応する語として用いられる。prejudice の語源はラテン語で、「事前の決定や先行経験に基づく裁定・判断[24]」のことである。もう少し具体化した定義も紹介すると、「ある集団に属している人が、単にその集団に属しているからとか、それゆえにまたその集団の持っている嫌な性質を持っていると思われるという理由だけで、その人に対して向けられる嫌悪の態度ないしは敵意ある態度である。[25]」

偏見はどんなときに生じるのであろうか。少々衝撃的な研究結果を紹介しなければならない。無作為に作られた集団であっても、集団が形成されるとそれだけで対象となる相手グループに対して偏見が生まれるというのだ。

一つはシェリフの実験である。[26]夏休み中の林間キャンプ（学校とは別の団体が主催）に参加した一一、一二歳の少年たち（互いの面識はない）を二班に分ける。一週間目は二班が別のところでそれぞれ共同生活をし、集団の形成をし、仲間意識を生み出す。次に二つの班に勝ち負けの生じるチーム・スポーツをさせ、班同士を競わせる。すると、双方相手の班に対する否定的な見方が明確に生じた。相手の班は全員ずるい、嫌なやつだ、という反応が七〇%近くに達した。さらに、次のステップでは、競争ではなく、二班に共通の目標を与え、協力しなければならない状況を与えた。すると、興味深いことに、偏見はほとんど解消した。

二つ目はタジフェルらの実験研究である。[27] この実験では、匿名で、お互いに交流のない二グループを無作為に形成する。実験参加者には黒点の数を数えさせるといった利害関係の生じない課題を与え、黒点の数を実際より多めに数える傾向のあるグループと少なめに数える傾向のあるグループに分けたと告げる。本人たちは類似性によって分けられたと思い込んでいるわけだ。その思い込みだけでグループ意識や内集団のひいき性、外集団への偏見が生じるかどうかを検証したのである。各自に自分のグループの人たちともう一方のグループの人たちに、それぞれどれだけ報酬を分配するか匿名で決めてもらうと、なんと自分の所属した集団（内集団）にひいきをする傾向がはっきりと認められたのである。

この二つの研究が物語るのは、人は、形式的に作られた集団であっても、所属しただけでアイデンティティーを持ち、ひいき目になるということ、そして、利害関係、競争関係は、内集団に対するひいき性、外集団への偏見を著しく助長するということであった。となると、試合を通しての国際親善には疑問を抱かざるをえない。偏見を解く鍵は、共通の目標、共同作業なのである。

自分は他の集団に対してどんなイメージを持っているだろうか。身の回りの集団や民族集団を挙げ、イメージを書き出して点検してみよう。

期待がもたらすもの

文化背景が異なる人々の間のコミュニケーションに影響する態度の三つ目として、期待の問題を取りあげる。人はよく「期待をしていたのに、まったくあいつにはがっかりした」などと言う。自分の持つ人や集団に対する期待と、相手の行動との間のギャップで態度が左右されることがある。それゆえ、期待と態度との関係を吟味しておくことは重要だ。

そもそも期待というのはどこから生じるのだろうか。グディカンストらによると、それまで身につけてきた社会規範やコミュニケーション・ルール、経験や観察、マスメディア、既に持っているグループ間態度、ステレオタイプ、自分のそのときの感情などが発生源とされる。[28] そんなもろもろのものがあいまって、「こんなとき、あの人なら、あの文化の人ならこういう風にするに違いない、してくれるだろう」と思う、これが期待の正体だ。

では、期待はどんな風に我々の態度に影響するのだろうか。表6－1は期待の性格と相手の実際の行動、態度との関連性をまとめたものである。[29]

大リーグのあるチームに一人の日本人投手がデビューするときのことを例にとって説明してみよう。彼が飛びぬけて素晴らしいピッチャーであるとの肯定的な期待を持っていた観客は、彼が素晴らしいピッチングをして試合を勝利に導く（期待を満たす行動）と、彼に対し肯定的態度を持ち、賞賛する。ところが、彼が期待を裏

表6－1

	期待を満たす行動	期待を裏切る行動
肯定的期待	肯定的反応・態度	否定的反応・態度
否定的期待	否定的反応・態度	肯定的反応・態度

切り、大したことのないピッチングをすると、彼に対する態度は否定的になる傾向がある。これに対し、初めからその日本人投手など取るに足らないに違いないと否定的な期待を抱いていた観客は、その期待どおりその日本人投手が下手なピッチングをすると「やはり」と否定的な反応・態度を強化する。だが、もしその日本人投手がその否定的な期待を裏切り、素晴らしいピッチングをしたならば、彼に対する態度は、肯定的なものに変わるであろう。もし観客がその日本人投手を通して日本人のピッチャーにステレオタイプを持っていたとすると、日本人ピッチャー全体への態度もそれにつれて変化することになる。

期待は、異文化で生活するときや帰国時の適応にも影響がある。適応に関しては次の章で詳しく扱っているので簡単な紹介にとどめるが、異文化に一時滞在する人は「実際に経験した異文化での生活」が「渡航前の予想」よりも困難だった場合に、心理的な落胆を経験する。しかし、実際に困難を経験したとしても、初めからそれを予測（期待）していれば、あまり気落ちしたり、心理的困難を経験することはない。このことは、帰国時の再適応に関する研究で実証されているが[30]、異文化への適応に関しても同様であろう。

期待について、もう一つ考慮すべき点がある。それは、我々は、回りの人が自分にどういう期待を持っているか察知することによって、自分の行動に影響を受けるという点である。つまり、自分を信じてくれる相手の意志（期待）が伝わってくると、ますます信頼されようとするし、不信感や反感が伝わってくると、ますます不信を募らせるような行動に走りがちなのだ。例えば、AさんがBさんのことを「この人なら信頼できる」と思っていたとしよう。すると、何も言わなくてもAさんの気持ちは目つきや動作、準言語といった非言語コミュニケーションを通してBさんに伝わる部分がある。その影響を受けてBさんの行動は期待に合ったものになりがちだというのである。この点においては否定的な期待を抱いている場合も同様で、例えば教師がある生徒を「問題を起こすやつ」という目（否定的な期待）で見ていると、無意識に言語・非言語でそれを表現してしまい、そのメッセージを受け取った生徒は、教師に対して悪ぶって反応することが多い。結果的に教師の期待が満たされたことになる。このように、好意的な期待には好意的な反応が、敵対的期待には敵対的反応が返ってくる傾向があるため、コミュニケーションの結果として期待にそった行動を相手にさせることになるのである[31]。異文化や外集団の相手には偏った態度や期待を抱きやすいことは先に述べたとおりである。であればこそ、自分の期待が相手の行動に現れてしまうことがあることを考慮に入れてコミュニケーションすることが大切となろう。

トレーニング　2

心を広くするためのトレーニング

下記に日本で多くの人が常識と考えるものを幾つか取り上げました。まず、その常識の裏付け（理由）を書いてください。次にその常識の逆を「新常識」として書き入れ、その裏付けも記入してください。(32)

① 風邪をひいたときはお風呂に入ってはいけない。
[裏付け]
【新常識】
[裏付け]

② 健康を保つためには日に三度きちんと食事をとることが大切だ。
[裏付け]
【新常識】
[裏付け]

③ 時間に遅れたら謝るべきだ。
[裏付け]
【新常識】
[裏付け]

④ 寝るときには、どんなに暑くてもお腹にだけは何かを掛けるべきだ。
[裏付け]
【新常識】
[裏付け]

⑤ 人の持ち物を褒めるのは良いことだ。
［裏付け］
【新常識】
［裏付け］

⑥ 物をもらったらお返しするべきだ。少なくとも次に会ったときにひとこと礼を言うべきだ。
［裏付け］
【新常識】
［裏付け］

⑦ 年上の先輩と話すときには年の差は強調してもよい。
［裏付け］
【新常識】
［裏付け］

解答例：
ここは多くの答え方があるはずですが、一例をあげてみましょう。

① 風邪をひいたときはお風呂に入ってはいけない。
［裏付け］温度の差というのは体にかなりの負担がかかる。特に髪の毛を濡れたままにしていると体が冷え、風邪をひきやすい。

【新常識】風邪をひいたときこそお風呂に入る事は大切である。

［裏付け］お風呂に入る事によって体を芯から温め、血行を良くする。それに病気の８割方は精神的な要因である、とも言われている。お風呂に入って気持ち良くしているほうが良い。脱衣所をあらかじめ暖めて、髪の毛はドライヤーで乾かせば体への負担も少ない。

解説

このように先入観や常識をさまざまな観点から見ることによって、視野が広がり新たな発見が可能になります。やわらかな頭を持ち、新しい考え方を受け入れることができることは、文化の異なる人と接する上で最も大切な能力のひとつです。

実際に、高熱のある赤ちゃんの治療のために氷を入れたお風呂に入れる文化もあるそうです。

3 より良い理解を目指して

ここまで異文化を理解し、人間関係を形成するにあたっての問題点を考察してきた。それでは、より正確で偏りのない理解を目指すために、何か良い方法はないものだろうか。単に偏見を減らそう、ステレオタイプに注意しようと言っても、かなりの達人にならない限り難しいだろう。そこでこの章のまとめの意味もかねて、異文化理解の得策を二つ紹介しよう。一つはD.I.E.法と呼ばれるもの、もう一つは、友好的グループ間態度の形成法である。

D.I.E.（ディー・アイ・イー）法

誤解や自文化中心主義に陥りやすいのはなぜなのだろうか。その原因は二つある。一つは、事実がしっかりと把握されないこと。事実関係がはっきり把握されないまま憶測を基に解釈や評価を急ぎ過ぎることがあまりに多いためである。もう一つは、その解釈や評価が、相手のことを十分理解しないままになされることである。つまり、自分の勝手な解釈だったり、自文化中心の解釈・評価だったりすることが多いためである。

そこで、誤解や自文化中心主義が絡むトラブルが発生したときの解決や、未然防止に役立つのがこのD.I.E.法である。「D.I.E.」とは、英語のDescription（事実の描写）、Interpretation（解釈）、Evaluation（評価）の頭文字だ。これらをステップ・バイ・ステップで行なっていくのがD.

I．E．法である。[33]

［ステップ1＝事実の描写］できるだけ多くの情報を集め、正確に、かつ意味付けせずに事実のみを書き出す。まずこの事実の描写を客観的にしっかり行うところが肝要だ。

［ステップ2＝解釈］描写した事実一つ一つに意味付けをする。なぜそれがなされたのか、どういう意味があるのかを考える。ただし、解釈は決して一つではない。できるだけさまざまな立場で解釈を試みることが大切だ。少なくとも当事者双方の立場からの解釈が必要だ。

［ステップ3＝評価］できるだけ性急な評価は避けたい。分析の際は一つの事実（誰かの行動）への評価は解釈の数だけ考えるようにする。別サイドの立場からの解釈とそれに伴う評価を考えていくと、もう性急で身勝手な評価はできなくなるはずである。

この手法を簡単なケースを挙げて説明してみよう。

事例：

日本人の高校生優さんはある日、電車で隣同士になったインド人のクマールさんと話をした。会話は日本語と英語の混じったものだった。留学生のクマールさんは熱心に日本語を勉強中であるという。話しているうちに二人の家は程近いことが分かった。クマールさんは優さんに時々日本語を教えてくれないかと尋ねた。優さんは、楽しそうだし、英語の勉強にもなると思い、承知した。翌週からクマールさんは優さんの家に来るようになった。初めは週に一度だったが、そのうちもっと頻繁に来るようになり、ほかのインド人の友人も連れてくるようになった。初めとても楽しみにしていた優さんだったが、次第に、自分の時間があまり持てないことに苦痛を感じ始めた。自分が日本語を教えるだけで、彼らから英語をあまり教えてもらえないことにも不満を感じ始めた。彼らが自分に無料の日本語教師の役割だけを期待しているようにも思える。だがそのことを言い出せないまま時が過ぎ、優さんの期末試験の成績は散々だった。期末試験の終わった日、優さんはクマールさんらに、「もう来ないで」と告げたのだった。

この事例を、D.I.E.法を用いて分析すると次ページの表６－２のようになる。

普段表面化しないながらも本人の心の中には大きな文化摩擦が存在することがある。コミュニケーション上で、もしどちらかが不満を感じたり、「何かおかしい」と思ったら、このD.I.E.法で分析すると問題点や捉え方の違いが明確になる。ただし実際にこの分析を行い表を埋めるためには、じっくりと観察し、また本人たちの心のひだを手繰ることも必要になる。

この場合、分析を通して、優さんが自分の状況や思いを伝えられなかったこと、クマールさんも自分のしたい事やその程度をきちんと伝える場を持たなかったこと、そして二人とも何をどの程度一緒にしたいのかを明確に言葉にして話す場を持たなかったことが分かる。その結果、気まずいまま交流が途絶えてしまった。

表6－2

優さんの視点での評価 (Evaluation)	優さんの解釈 (Interpretation)	事実の描写 (Description)	クマールさんの解釈 (Interpretation)	クマールさんの視点での評価 (Evaluation)
良いことだ。	外国人の知り合いができてうれしい。	電車で知り合いになる。	日本人と親しくなりたい。良い友達にもなれそうだ。	良いことだ。
お互いのために良いことだ。	日本語を教えて人の役に立ちたいし、英語も習いたい。	クマールさんは優さんに時々日本語を教えてくれないかと尋ね、優さんは承諾する。	日本語を練習したい。友達にもなりたい。	優さんは良い人だ。
交流は良いがちょっと一方的。	クマールさんのためになるのはうれしいが、英語はあまり練習できなくて残念だ。	クマールさんが週に一回程度優さんの家に来て日本語で話をしたり日本語の勉強をする。	日本語が勉強できて助かるし、優さんも交流を望んでいるようだ。	優さんは良い事をしてくれる。いい日本人だ。
相談なく他の友達を連れてくるのは少し非常識。	皆、日本人との交流や日本語学習がしたいのだろう。でも、自分の時間が少なくなって困る。英語の勉強にもならないし。	そのうちクマールさんは他のインド人の友達も連れて、多い時は週二度か三度来るようになった。	優さんとの良い関係と日本語の勉強の機会を自分だけでなく他の友達とも共有しよう。優さんも喜ぶはずだ。	自分はみんなのために良い事をしている。優さんもすばらしい人だ。
少々察しが悪い人たちだなあ。	せっかく彼らが喜んでいるのに来るなとは言えない。	優さんは何も言わなかった。	——（何も言われないので何も分からない）	——
クマールさんたちが頻繁に来るのは迷惑だ。	彼らとの時間が妨げになって勉強できなかった。	優さんの期末試験の結果が良くなかった。	勉強は優さん自身の問題（必要なら勉強を教えてあげよう。）	（優さんにもっとがんばってほしいが、自分とはあまり関係ない。）
ちょっと急にはっきり言いすぎたかな。でも察してくれなかったほうも悪い。	そんなにきつく言うつもりはなかったのに言いたかったことが募って吐き出してしまった。	優さんがクマールさんらに「もう来ないで」と言った。	どうして急にそんなこと言うのか、まったく分からない。	変な人だ。

トレーニング 3

D. I. E. 法実践練習

では実践練習してみましょう。次の事例を「D. I. E. 法」によって分析してください。まず自分で表を埋めてみることが大切です。

〈事例〉

アメリカの大学院に留学中のさなえさんは、その学期、学生寮で韓国人留学生のキムさんと同室になった。その寮は大学院生専用で二人部屋なのだ。部屋には小さな冷蔵庫も一つ備え付けになっていた。二人で共同で使うようになっている。さなえさんとキムさんも、飲み物やちょっとした食べ物をいつも入れていた。共同といってもお金を出し合って一緒に購入するわけではない。それぞれ自分で買ったものをしまっていた。ある日さなえさんは他の日本人留学生にこんなことをもらした。「同室のキムさんが時々勝手に私の牛乳などを飲んでしまう。自他のものを区別できない人と同室になってしまって困っている。注意するにも何となく角《かど》が立ちそうで。まったく気分が悪い。」それを聞いた友人も、キムさんの常識の無さを批判した。しかし結局さなえさんは何も言い出せず、その学期は何となく気まずいままその部屋で過ごし、次の学期は他の理由を付けて部屋替えをしてもらった。

さなえさんの視点での評価 (Evaluation)	さなえさんの解釈 (Interpretation)	事実の描写 (Description)	キムさんの解釈 (Interpretation)	キムさんの視点での評価 (Evaluation)

ノートにこの表を写し、まず真ん中の事実の描写から埋めていきます（ステップ1）。まずはとにかく客観的に事実をしっかり掴《つか》むことが大前提です。行数は抽出する事実の数によって増やしてけっこうです。続けて両人の立場での解釈に入ります（ステップ2）。その後、それぞれの解釈がもたらす評価を埋めるようにします（ステップ3）。まずは事例を読んで、分かる範囲のみ書き出してください。

＊　＊　＊

韓国の文化に詳しい人以外、事例の説明だけではキムさんのサイドを埋めることは無理でしょう。そこでさらなる情報の収集が必要になります。本来ならできる限り本人の解釈を正確に記述すべきであり、本人にインタビューする、あるいは文献なり、韓国文化に詳しい人にあたる必要があるわけです。しかし、ここでは練習ですから筆者が掴んだ情報を一つ提供しましょう。この情報を加え、あなたが両人になったもりで表を完成させてください。

＊　＊　＊

日韓問題を研究する韓国人、オ・ソンファさんは、新聞のインタビューに答えて次のように語った。[34]「(韓国人を）家に招いたら、初めて遊びに来たにもかかわらず、冷蔵庫を勝手に開けたり、ものを取って食べたりする。(日本人は）それだけはやめてほしい、と言う。しかし、韓国人に言わせれば、そうしないほうがむしろおかしいんですね。私はあなたにこんなにもオープンなんですよ、距離感がないんですよという表現なんです。」

解説

さて、表はできたでしょうか。「事実の描写」と「解釈」、「評価」は区別して埋められたでしょうか。参考までに分析の一例を示しました。

D.I.E.法の分析例

さなえさんの視点での評価 (Evaluation)	さなえさんの解釈 (Interpretation)	事実の描写 (Description)	キムさんの解釈 (Interpretation)	キムさんの視点での評価 (Evaluation)
(この時点ではこれといった評価はない)	韓国人のことはよく分からない。	日本人と韓国人の留学生同士が学生寮で二人部屋の同室になる。	あまり日本人については詳しくない。	(この時点ではこれといった評価はない)
所有関係を明確にすることは友情にひびを入れないためにも大切である。	冷蔵庫は共有でも中の飲食物は個人個人の所有物である。きちんと区別しておきたい。	共同の冷蔵庫にそれぞれ自分の買ったものを入れておく。	中の飲食物は個人の所有物である。しかし、貴重品と違い分けあってもよい。	飲食物の所有関係を明確にすることは重要ではない。冷蔵庫の中のものを共有することは良いことである。
どういう家庭教育を受けてきたのか？ 人のものに無断で手を付けるとは非常識、犯罪である。	キムさんは他人のものと自分のものを区別しないところがある。	キムさんは、時々さなえさんの牛乳などを飲む。	さなえさんとの距離を無くすため、親しみを表すために、意識的にさなえさんのものを飲んだ。	飲食物を多少共有することは友情を育むためにも良いことである。
自他の所有物を区別し、他人のものに手を付けないことは人間の基本的ルールである。	自他のものははっきり区別したいので、キムさんのものは飲まない。	さなえさんは自分のものしか飲まない。	私とあまり親しくなりたくないのかもしれない。	さなえさんは少しよそよそしい。
忍耐は良いことである。事を荒立てるのは良くないので、自分のしていることは正しい。	苦情を言うと関係が悪くなるかもしれないので言えない。今学期だけ我慢しよう。	さなえさんはキムさんの行動に対し反感を抱きながらも何も言わなかった。	理由はよく分からないが何だかさなえさんとは気まずくなってしまった。	やはり日本人は韓国人に偏見があるのだろうか。

友好的グループ間態度の形成法

相互理解と、友好的関係をもたらすための二つ目の方法として、「友好的グループ間態度の形成法」を紹介する。ここで紹介するのは、ブルーワーとミラーの三段階の方法である。[35] 彼らは、文化間や集団間で一度明確に形成されてしまった偏見や間違ったステレオタイプは、相手文化の人との個人的接触を通して三つの段階を経て変化しうると述べている。三つの段階とは、(1)相手のグループへの態度が全体的に変化する段階、(2)相手グループを見る視点が増える段階、(3)カテゴリー化からの脱却の段階、である。彼らのこの理論は、コミュニケーション学の分野ではグディカンストらが複数のテキストで紹介している。[36] ここでは、いったん形成された人種差別的態度の変化ということ以外にも、我々のコミュニケーションの広い範囲で、より良い相互理解のために応用ができることに注目し紹介する。

(1) 相手のグループへの態度を全体的に変化させる方法

集団あるいはカテゴリー全体に対してステレオタイプや何らかの態度を持つにしても、できるだけ正確で良い関係につながるような内容にする方法である。そのためには、個人レベルでなるべく多くの交流を持つことが役立つとされる。実際、そのような視点から、行政、民間団体の主催の活動で多くの「国際交流」が行われている。ただし、注意しなければならないことがある。交流する相手の人数が限られていると、また別の不正確なステレオタイプが形成される可能性が高い。また、交流の結果必ずしも好意的な態度が生まれるとは限らない。たまたま出会った人と折り合いが悪ければ、逆に嫌悪感や敵対心を抱いてしまうことが大いにありうるのだ。交流を持てば親善につながるというのは幻想である。条件が良ければ好意的な態度につながる、と言うほうが正確である。戦争という極端に敵対的な状況下においても、中には個人的に敵の集団の人々と素晴らしい心のふれあいをした人たちもいる。そのような交流の中身は、きっとこのような条件の多くを満たしていたのだろう。ステファンによるとその条件とは次のようなものである。[37]

〈メンバーに関する条件〉
① できるだけ同等な地位の人同士の交流であること。
② できるだけ考え方の似ている人同士の交流であること。
③ 能力の同等の人同士の交流であること。
④ 両グループからの参加者は同人数であること。
〈交流の仕方に関して〉
⑤ メンバー同士、個人として付き合うことが奨励されていること。
⑥ 接触は参加者が自発的に行うこと。
⑦ 表面的な交流に終わらないよう、本音の付き合い（お互いの自己開示など）が奨励されること。
〈環境に関して〉
⑧ 両者の協力が必要な環境を整え、競争するような環境は排すること。
⑨ 交流の成果が肯定的なものであること。

⑩ 交流への規範的サポートや組織的な支援態勢を充実させること。
⑪ その場限りの交流に終わらずに、継続性があること。
⑫ 交流はさまざまな状況下でさまざまなグループによって行われること。
⑬ 交流の成功は交流時間の長さに負うところが大きいので、十分な時間をとること。

大変条件が多いように思われるであろうが、ステファンによると、これでもまだ足りないくらいだとのことである。交流を企画する国際交流事業の担当者などは、十分注意して準備し、これらの条件を整える必要があろう。

(2) 相手グループを見る視点を増やす方法

これは、集団やカテゴリーを均一的に見るのをやめ、さまざまな多様性を内包したものとして見るようにする、という方法である。実は、これは前述した認知的複雑性を高めるということである。集団を全体的に一つのステレオタイプに当てはめて見るのではなく、サブ・カテゴリーに細かく分類していく。すると、相手集団と自集団のサブ・カテゴリー同士に共通性が見つかり、交流が生まれたり好意的な態度が生じたりするのである。

例えば、日本人の高校生集団とロシア人の高校生集団がアメリカの大学主催の集中英語研修で一緒になったとしよう。もし、ロシア人、日本人という一元的カテゴリーでお互いを見ていたら、ここで目指しているような理解は生じないであろう。しかし、日本人の高校生たちがロシア人高校生の中にポップスが好きな人たちやテニスをするグループ、コンピュータが得意な人たちといったサブ・グループを見つけることができれば、それを拠り所に自分たちとの類似性や違いに気づいたりして、より詳しく相手を知ることができる。また、それが接点となって交流が生まれる可能性も出てくるのである。

(3) カテゴリー化からの脱却

どんどんカテゴリーを細分化していき、視点の複雑性を増していくと、最終的にはカテゴリーとしてではなく個人として相手を見るというところに行き着く。個人として見るということは、その人が保有するさまざまな特徴を詳しく理解することにほかならない。カテゴリーを主体としてその中に含まれる誰誰さん、を見るのではなく、この場合は誰誰さんがたまたまそのカテゴリーにも入るし、他のカテゴリーにも入る、という見方をするわけである。自分の友人について考えてみてほしい。友人はどこかに属している人だからという理由ではなく、その人個人として付き合うものであろう。そのような視点で相手グループの個人個人を見ることができれば、友人関係や恋愛関係のような好意的な人間関係も生まれるのである。

第7章

異文化との出会い：カルチャー・ショックと異文化適応

❶ カルチャー・ショックとは何か：異文化適応プロセス

「私が日本に初めて来た頃は、全てが効率的だし、人々も皆とても礼儀正しいと思った。でもこのごろは何をやってもうまくいかない。先月こんなことがあった。私と妻は上司の家に食事に招かれた。私たちは花をおみやげに持って行こうと考え、近所の花屋に行った。店先にたくさん菊の花を主としたこぎれいにまとまった花束が並んでいた。そのまま見ていたらその花束が一番売れているることに気付いた。日本人の女性の間ではこの花束が一番人気があるのだと思ったのでそれを買うことにした。花屋を呼んでその花束をお願いしたところ、『一束でいいんですか？』と聞かれた。

なぜそんなことを聞くのだろうかと思いながら見ていると、花屋がいきなりそれを新聞紙で包みだした。何かおかしいなとは思ったが、これも日本の習慣なのかと思って何も言わなかった。結果はお分かりのように、長い気まずい沈黙となって現れた。あなたは笑うかもしれないが、私のすることなすこと全てが日本人のルールからはずれているようなのだ」

人は子供のときから、ある特定の文化の中で成長する過程において何が正しいか、誤りか、どういった行いが礼儀正しいか、行儀悪いか、何が美しいか、醜いか等を学ぶ。失敗を繰り返しながら、叱られたり褒《ほ》められたりして、その社会での適切な行動様式を学んでいくのである。私たちは一人前の人間として社会のルールに従って行動することが要求されている。ところがそのルールが完全な真理であると思っていたのに単に文化的な思い込みや習慣であると気がつくのは、異なる文化圏の人と出会ったときである。

すでにこれまでの章で述べてきたとおり、文化は私たちの行動や考え方に多くの面で影響を与えている。そのため、文化の異なる者が一緒に行動すると、常識としてきた多くの事が覆されることになる。例えば、外国人との付き合いにおいて、善意で行なったことが勘違いされることがある。結婚式に三万円包んだら賄賂《わいろ》だと思われたり、ちょっとした質問のつもりがプライバシーの侵害ととられたり、気を遣っているつもりがお節介と感じられたりすることもある。

「カルチャー・ショック」という言葉を広く普及させたのはオバーグである。(1) カルチャー・ショックという言葉はニュアンスとして突然激しい衝撃を受けるという感じを与えるが、実際には新しい文化に順応する際に少しずつストレスがたまっていく状態を言うので、文化疲労（culture fatigue）等という用語のほうが適切ではないかという意見もある。[2] しかしここでは一般的によく知られているカルチャー・ショックという言葉を使うことにする。

カルチャー・ショックの兆候

異文化に接していて、次のような兆候が表れるとカルチャー・ショックを受けている可能性が大きい。

・必要以上に手を洗う。
・飲み水や食べ物、皿や寝具に対する過度の不安。
・接客係や使用人と接触することに対する苦痛。
・うつろな視線。
・無気力感と長期滞在する同国人に対する依存願望。
・遅刻や他のささいな事に対する発作的な怒り。
・滞在国の言葉を学ぶことに対する拒否反応。
・だまされたり、傷つけられたり、強盗が入ったりするのではないかという過度な恐れ。
・ちょっとした痛みや皮膚を傷つけることに対する過度の不安。
・最後に母国へ帰りたいという強烈な欲求。母国の行きつけの店でいつもの食事をしたい、親類に会いたい、そして何よりも話の通じる人々と話したいという悲痛な思い。[3]

カルチャー・ショックを経験するには必ずしも外国に行く必要はない。学校が変わったり、違う職場に移ったり、結婚したり、今までと異なる環境に移ると、私たちは、ある程度のカルチャー・ショックを経験する。このようにカルチャー・ショックは私たちが信じていた常識がもはや通用しなくなったときに起きると言えよう。

U-カーブ・W-カーブ

次ページのグラフは、異文化適応モデルとしてよく用いられているU-カーブとW-カーブを図示したものである。リスガードが、ある一定の時期をアメリカで過ごした二〇〇人のノルウェー人をインタビュー調査した結果、おおよその場合、適応過程はU-カーブをたどっているようであった。[4] 言い換えれば、調査対象者のうちの多くは最初のうちは新しい環境に対して問題なく無難に順応したようである。しかし時間がたつにつれ、彼らは孤独や不安を感じ、順応しきれない感覚、すなわちU-カーブの一番低い部分にたどりつく。これがカルチャー・ショックである。その後、社会にとけ込み始め、うまく順応できたと感じるようになった。後に、J・T・ガルホーンとH・E・ガルホーンが、自国に戻った後にも同様のパターンが見られる事を発見し、W-カーブを提唱した(図7-1と7-2を参照)。[5] W-カーブとはU-カーブを二つつなぎ合わせた形状から名付けたものである。

その後に行われた多くの研究からさまざまな要因が適応に関わっていることが分かってきた。それぞれの経験するカルチャー・ショックの度合いは、どれだけ長い間外国にいるか、どれだけその文化と密に接しているか、その文化が自国の文化とどれだけ異なったものであるか等の要因によって異なる。(6) またその他にも個人の性格、社会的な地位など無数に要因はあると言える。例えば、三年間の任期で派遣されてきたビジネスマンがその三年の間に経験することと、その同じ期間に移民が経験することの間には、相当の開きがあるだろうことは容易に想像できる。したがってこの二人のカルチャー・ショックの内容も当然かなり違ったものになるだろう。

第6章でも述べたとおり、どのような体験ができるか、という期待とカルチャー・ショックは関連している。例えば、同じ言語を使用する国に行った人々の間でも極端なカルチャー・ショックが発生している。イギリスにいるアメリカ人やアメリカにいるオーストラリア人等の場合である。このような場合、言葉が同じなので常識や習慣も自国のそれが通用すると期待して行くが、実際は自分の常識が通用しないことが分かると余計にショックを感じるのである。(7) この現象をさらに複雑にする要因としては、もちろん、個人の性格や性質を挙げなければならない。

しかし、多くの海外赴任前の人々にとってU－カーブとW－カ

図7－1　U-curve

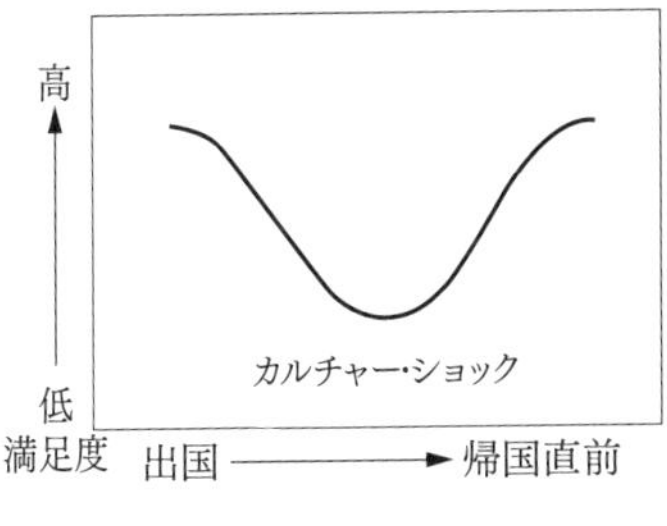

図7－2　W-curve

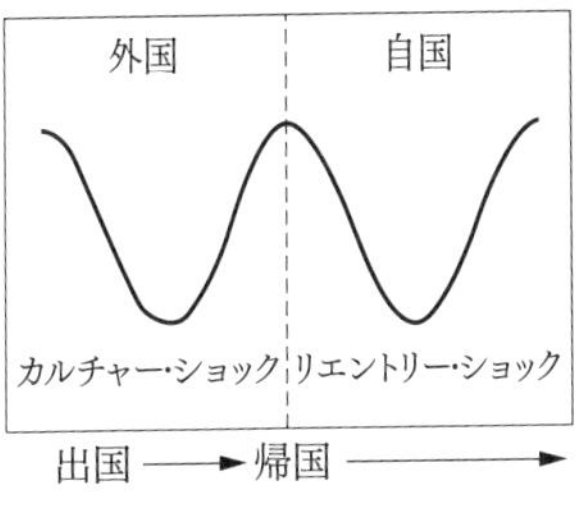

ーブのモデルは適応に対する心構えの予備知識として役立っている。かつて、カルチャー・ショックがたいていの海外滞在者にとって一般的な現象であると認識される前には、多くの人々はカルチャー・ショックを孤独からくる個人的な問題だと思い込んでいた。ノイローゼや自殺といったことも海外滞在者とその家族の間では珍しいことではなかった。それゆえ異文化適応モデルの役割は、外国で経験する心身の不調は誰もが経験するものであり、決してその人個人に責任があるわけではないこと、さらにカルチャー・ショックは一時的なものであることを認識させることにある。事実、多くの人は海外で経験している不調が決して特別なものではなく、普通だれもが体験することであると知るだけで、精神的なプレッシャーが減り、カルチャー・ショックを克服できるのである。

カルチャー・ショックとは、精神的なものなので、本を読むだけでは十分把握できないがBaFá BaFá[8]、Ecotonos、Barnga[9]といった幾つかのシミュレーションは、その参加者にカルチャー・ショックの疑似体験の機会を与えてくれる。314・315ページにポール・ペダーソン[10]による短時間でできる、効果的なシミュレーションを紹介してある。次に一人でもできる簡単な「トレーニング」を幾つか紹介する。

トレーニング　１

〔その１〕(11)まず、腕を組んでみましょう。次にその腕を見ずに、すばやく逆に組んでみましょう（初めは右手が上だったら、今度は左を上に)。

１：簡単にできたでしょうか？　それとも少し戸惑ったでしょうか？

２：逆の組み方をしてみた感想を下に書いてみましょう。これからずっとこの逆の組み方に変えてみても良いと思いましたか。

〔その２〕(12)腕時計を逆の手につけて一日を過ごしてみましょう。

１：腕時計を逆の手につけた感想はどうであったかを下に記入してください。

〔その３〕(13)下の迷路を鏡に映し、鏡を見ながら解いてみましょう。

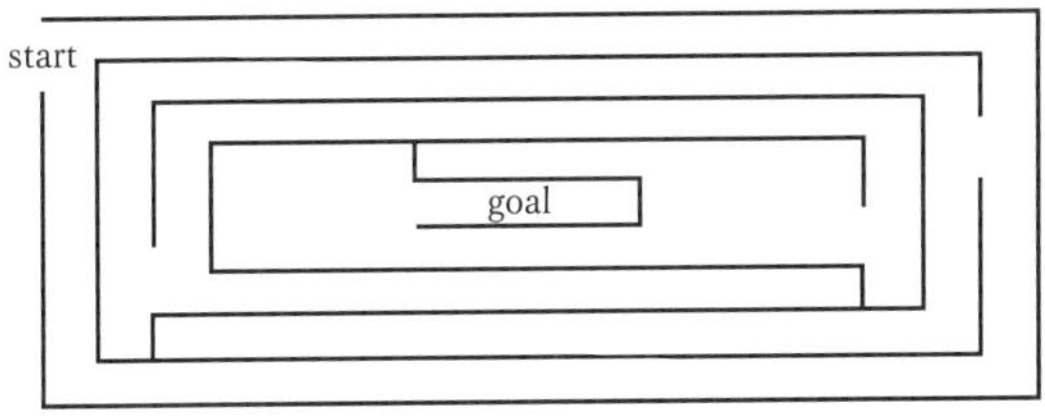

１：最後までやりとげられたでしょうか？　　はい　　いいえ

２：感じた事を下に書きましょう。

解説

このトレーニングでは価値観とはまったく関係のない、いたって単純な行動の変化が要求されています。実際行なってみると思ったより違和感やストレスが感じられたのではないでしょうか。人間にとって慣れというものがどれだけ大きな影響を持っているかは論じるまでもないでしょう。このように簡単な変化でもこれだけのストレスを感じるのなら、まったく違う国で暮らすことによってカルチャー・ショックを感じるのは道理であると言えます。

2 カルチャー・ショックを越えて：異文化適応のモデル

前述したようにカルチャー・ショックは今までの常識を覆し、時には精神的にかなりの苦痛を感じさせることもあるが、その反面、新しい物の見方、考え方などを身につけるきっかけになる、とも言われている。カルチャー・ショックをマイナス要因ではなく、自己の成長や滞在国の文化について知識を高めるきっかけとして紹介したのはピーター・アドラー(14)である。アドラーによるとカルチャー・ショックを経験するということは、その国の文化を理解しようとしている証である。すなわちカルチャー・ショックを経験する者は、より良くその国の文化を理解し適応しようとしている、ということになる。実際、外国に派遣されたカナダ人の技術指導員を対象にした研究(15)によると、最終的に現地で最も効果的に仕事ができた人の中には、初めのうち極度のカルチャー・ショックを受けた人もいることが分かった。逆に自文化中心的で現地の文化をまったく受け入れようとしない人は、カルチャー・ショックこそ経験しないが、仕事の面ではうまくいかないケースが多かった。

最近ではカルチャー・ショックは避けるものではなくむしろ克服し、自己を大きく成長させるものとしてとらえられている。その成長過程をアドラーは「異文化への移行体験」(transitional experience) と呼んでいる。「異文化への移行体験」とは大きく二つの成長過程に分けられる。まず、浅い自己認識から深い自己認識への変化であり、次に低い文化認識から高い文化認識への変化である。では、成長過程を五つの段階に分けたものをここで紹介しよう（274～275ページの表7－1を参照）。

●第一段階――異文化との接触（Contact）

「フィリピンは素晴らしい国だ！　家は日本の何倍も大きいし、庭にプールまでついている。おまけにお手伝いさんや運転手まで会社の経費でつくなんて夢みたいな話だ！　それにフィリピン人はとても愛想が良く、親切だし、とても付き合いやすい人々だ」

外国に赴任するとき、多くの人は多大な期待や希望を持っている。それゆえ、初めのうちは新しいものを見たり、経験したりすることからくる興奮や幸福感がいちじるしい。いわば結婚生活におけるハネムーンの時期である。それまで自文化しか体験したことのない人なら、新しい文化を自文化の観点から見てしまうのは当然である。食べ物や音楽等の表面的な文化の違いは珍しいものとして認識されるが、深い文化の違いはあまり認識されない傾向がある。逆に共通点がやたら目につく。例えば、フィリピン人も日本人と同様、頻繁に贈り物をしたり、お返ししたりするのだ、などと。共通点は自文化における自分の地位、役割、アイデンティティー等を保持し、今までの行動パターンを正当化するのに都合がいい。

●第二段階――自己崩壊（Disintegration）

「もう訳が分からない！　最近、私がすることなすこと全て、周囲の反感をかっているような気がする。もうどこかに行ってしまいたい」

この段階では現地の人の行動、価値観や考え方の違いが目につき始め、共通点が見えなくなってしまう傾向がある。以前まで常識だと思っていたことが通じなくなり、自分がどうやって振る舞ってよいかが分からなくなり、自信をなくす。さらに現地の人々の行動が理解できなくなり、混乱が生じる。自分は皆と違うと感じて、孤独になり、その結果自分は能力がない、とまで感じるようになる。新しい文化での自分の役割が分からなくなった結果、自分のアイデンティティーにすら疑問を持ち始める。毎日の生活が予測不可能な混乱の連続に感じられ、孤独感や無力感で絶望的になる。

第三段階—自己再統合（Reintegration）

「もうフィリピン人なんてうんざりだ。みんな偽善的で誰を信じてよいか分からない。約束を守らないし、時間にもルーズだし、いったい何を考えているんだか分からない！」

この段階では混乱や無気力感が怒りと化して、その国の全てを拒絶する方向に向かう。滞在国の悪口を言ったり、その国の人々をステレオタイプ化したり、母国人のみと接しようとする傾向がある。傍目《はため》から見るとまるで一歩前進というよりも一歩後退、といったところだ。だが、アドラーはこの段階では滞在国との文化の差に気づくと共に、再び自分の直感に基づいて行動できるようになる、という二点で一歩前進だと言っている。この時点で滞在者は重要な決断に迫られる。ふたたび第一段階のように表面的な行動や付き合いに戻るべきか、あるいは文化の差を受けとめ、この新しい現実に対処する方法を工夫していこうと考える。場合によっては自国に戻るというオプションも考えられる。

第四段階―自律（Autonomy）

「もうだいぶフィリピンの生活にも慣れてきた。今でもフィリピン人の行動には戸惑うことがあるが、冷静に考えるとだいたい分かるようになってきた」

この段階では共通点にも相違点にも敏感になると同時に、それなりに受け入れられるようになっている。以前とは違って、自文化からの観点で物事を見る必要性を感じなくなり、現地の文化をありのままに受け入れることができることから「人に頼らなくても自分でやっていけるようになった。自律性を獲得した！」という満足感を持てる。滞在国の文化をよく理解し、行動面でも無難にその国の文化に適応できるようになってくる。以前と比べてだいぶリラックスし、言語や非言語的にもコミュニケーションが成り立っている。新しい状況や考え方に対して柔軟に対応でき、応用力もついてくる。しかし二つの国の文化を無理なく行き来できるように感じ自信がついてくると、実際以上にその国の文化を理解していると思い込み、自分がその国の専門家だと思うようになる。

第五段階―独立（Independence）

「仕事も家庭生活もうまくいっています。周りに信頼できる心の通じ合う仲間がいるっていうのは本当に素晴らしいことですね」

この最後の段階では自分の行動がどのように文化に影響されているかを把握できるようになり、状況に応じてどちらの文化にそった行動をとるかを選択したり、または、まったく新たな行動をとることもできるようになる。さらに、文化による共通点や相違点をマイナスとしてではなくプラスの面でとらえられるようになる。他の人々も文化や環境に影響されていると理解している反面、ステレオタイプ化せずに一人一人のユニークさを尊重できるようになっている。滞在国の文化に沿って行動できるだけではなく、自分の気持ちに忠実に行動することができ、生き生きしてくる。その結果、よりしっかりした相互の信頼関係を築くことが可能になってくる。さらに、今まで適応の際に経験して学んできた事を生かし、次なる挑戦に役立たせることもできるようになる。

帰国（Reentry）

前出の図7－2によると、帰国の際にも同様のU－カーブが起きる。帰国辞令が出るとその滞在国の全てが素晴らしく感じられ、名残惜《なごり》しい気持ちでいっぱいになる。最後の思い出としていろいろな所に行ってみたり、いろいろな人と会ったりする。その反面、「やっと同じ価値観を持っている人たちの所に戻れる！」等と自国に対する期待もどんどん膨らむ。帰国当時は懐かしい友人、同僚、親戚等との再会、食事のおいしさ等に感激し、またもやハネムーン状態になる。ところが、時間がたつにつれ、自分と同じ価値観を持っているはずの人たちとしばしば意見が合わないことに気がつく。彼らが変わってしまったのか、それとも自分が知らないうちに変わってしまったのだろうか、と不安になる。その結果、自分が外国にいた間に美化していたものも結構あること、さらに思

表7－1　異文化への移行体験の諸相[16]

	認知面	感情面	行動面	アドラーの解釈
第１段階—異文化との接触 「フィリピンは素晴らしい国だ！」	文化的差異に興味をそそられる。新しい文化を自文化の視点から見る。文化の深い違いは認識されない。共通点が目につく。	興奮、刺激、幸福感、陽気、発見。	今までの行動パターンを維持する。それによって自信を持って行動できる。好奇心や興味を持つ。印象に基づき行動する。	自文化によって異文化から隔離され、守られている。文化的相違点。共通点は自分の地位、役割、アイデンティティーを引き続いて確約してくれる正当な理由を与えてくれる。
第２段階—自己崩壊 「もう訳が分からない！」	人の行動、考え方や価値観の違いが衝撃的に大きく目につく。それが頭から離れない。	混乱や孤独感、無力感を感じ、自信をなくす。アイデンティティーに疑問を感じる。	どにように行動してよいか分からなくなり、抑うつ的になったり、引きこもりがちになる。	文化的差異が妨げになる。自分は違うという意識が増し、自尊心の欠如につながる。文化的な支えとなるつながりを失い、新しい文化状況での手がかりを読み違える。
第３段階—自己再統合 「もうフィリピン人なんてうんざりだ！」	自文化と滞在国との文化の差を拒絶する。	怒り、激怒、いらいらする、不安、フラストレーション。	滞在国の文化の全てを拒絶する。独断的になり、滞在国の悪口を言ったり、その文化の人々をステレオタイプ化する。排他的になり、自文化出身の人のみと接する。自分の直観に基づいて行動する。	異文化の拒絶により、好き嫌いに異常にこだわるようになる。異文化に自分の感じている困難さを投影する。しかし、否定的な行動は自己肯定と自尊心の成長の現れである。
第４段階—自律 「もうだいぶフィリピンの生活にも慣れてきた！」	文化の共通点と相違点をありのままに受け入れることができる。	リラックスし、「自律性を獲得した！」という満足感を持てる。滞在国の人に温かく接したり共感を示せる。	滞在国の文化の言語や非言語コミュニケーションも無難にこなす。新しい状況や考え方に対して柔軟に対応でき、応用力もついてくる。自信を持って行動できる。	言語的にも社会的にも新しい状況、今までと違う状況を切り抜けられるようになる。新しい経験を乗り越える能力に自信を持つ。

第５段階―独立 「周りに信頼できる心の通じ合う仲間がいるっていうのは本当に素晴らしいことですね」	文化の共通点と相違点をマイナスとしてではなくプラスにとらえられるようになる。	自分の気持ちに忠実に行動することができ、生き生きしてくる。ユーモアを含めて全ての感情がバランス良く表出される。	状況に応じてどちらの文化にそった行動をとるかを選択したり、または、まったく新たな行動をとることもできるようになる。しっかりした相互の信頼関係を築くことが可能になってくる。	自分の行動がどのように文化に影響されているかを把握できるようになり、社会的、心理的、文化的差異を受け入れ、享受する。自らの行動を選択し、責任を果たせる。個々の状況において意味を「創り出す」ことができる。

った以上に自分自身が変わってしまったという現実に気づき始める。

研究者によっては外国に行く際に感じるカルチャー・ショックよりも帰国してから感じる逆カルチャー・ショック（リエントリー・ショックとも呼ばれている）のほうが大きい、と言う人もいる。その一つの要因としては前章の「期待」の節にもあるとおり、「自分の文化に帰る」という期待が大きかっただけに、実際は自分や母国が思ったより変わっていて「うらぎられた」、という失望（disconfirmed expectations）が大きいからではないだろうか。外国に行くときには文化の差で苦労するだろう、とたいていの人は覚悟して出かけるが、母国に戻るときはあまり心配しない。さらに、外国に滞在していたときは、「今は大変だけれど母国に戻れば全て元通りになる」という心の支えがあったのに、それさえなくなってしまうから大変だ。だがこの章で述べてきたとおり、初めてカルチャー・ショックを体験する過程でアドラーの提示する五段階を乗り越えてきた場合は、その体験をリエントリーにも役立たせることができるはずである。

以上、カルチャー・ショックとは何かを説明し、異文化への適応モデルを紹介してきた。すでに述べたようにカルチャー・ショックや逆カルチャー・ショックの度合いやパターンは個人によって異なる。それにも関わらず多くの研究者がカルチャー・ショックのパターン化について多大な労力と時間を費やしてきたのは、予備知識を高めることで、少しでもソフト・ランディングに役立てば、という気持ちからだ。すなわちカルチャー・ショックを和らげる第一歩としてまず異文化体験に対して現実的な期待を持つ事が大切である。(17) 次の節ではそれ以外にどのようにすればカルチャー・ショックを和らげ、カルチャー・ショックを通して、より多くを学ぶことができるかを探っていきたい。

❸ 多文化への道：異文化適性を養うために

来月、外国に住むことになったとしたら、あなたはどのようにしてその文化について学ぼうと考えるだろうか。もし、行き先の文化が良く知られているところだとしたら、研修場所や参考になる本を見つけることができるかもしれないが、国や文化によっては資料が少ない。もし、仮にあったとしても、限られた時間や情報でその文化の全てを知りつくすことができるわけはない。本書でも述べてきたように、文化は言葉の使い方一つから非言語要因や価値観、そして常識まで、全てに影響を与えている。その国の全てを理解しようとしたら切りがない。当然、集められる情報は前もって集めておくべきだが、それ以上に大切なのは新しい文化に触れながら体験学習していく能力である。そして、新たな文化から学ぶことの素晴らしさを十分に味わうには、どのような考え方・態度が必要なのか、また、どのようにすればストレスを最小限に抑えることができるのかを把握する必要がある。この節ではまず異文化にうまく適応できるための考え方・態度について述べ、そしてストレスの対処の仕方、さらに効率良く体験から学習する方法について述べていく。

●異文化にうまく適応するための考え方・態度

マツモト他（２００１、２００３、２００４、２００７）の研究によると異文化にうまく適応できる人の特徴として四つある。感情制御力（emotion regulation）、開放性（openness）、柔軟性

(flexibility)とクリティカル・シンキング(critical thinking)の四つだ。異文化に対面すると誰もが困惑や怒り、悲しみなどを感じたりするが、それをコントロールする力があると、異なる考え方や習慣を受け入れることができるので、感情制御力が一番大切だとされている。次に、いろいろな考え方をとりいれる姿勢(開放性と柔軟性)が必要だ。最後にいろいろな角度から物事を見て、いろいろな文化の考え方を整理し、自分なりの考え方を作るためにクリティカル・シンキングが必要だとされている。実際に、企業によっては松本他が開発したＩＣＡＰＳ(異文化適応能力テスト)を使い、その結果により、弱点を克服するためのトレーニングをしている。簡単な自己診断とアドバイスを紹介している本もある(マツモト、１９９９)。

ストレスに対処できる能力

異文化に適応していくのはストレスがたまる、ということはいくら強調してもしきれないほどである。だからこそストレスにうまく対処できれば、異文化の中での生活を楽しく、有意義に送ることができるはずだ。この章でも第6章でもすでに述べてきたとおり、多くのカルチャー・ショックやストレスは必ずしも現実に対しての失望からではなく、現実と期待のギャップから生まれる場合が多い。その結果、現実的な期待を持つことにより、カルチャー・ショックから受けるストレスも和らぐ。

それ以外にも大きく分けて四つの要因が異文化の中でのストレス緩和につながると言われる。まずは(1)自己効力感《セルフ・エフィカシー》(ある文化の中で、場面に応じた適切な行動がとれる自信)、(2)ストレスの要因の捕え方、⑶ソーシャル・サポート（友人や親戚等、心の支えになる人たち）、⑷リラックスするためにできることの、四つである。ここではこれらについて順に説明していきたい。

⑴ 自己効力感

ある文化の中で、場面に応じた適切な行動がとれる自信をベックは自己効力感（Self-efficacy）と呼んでいる。[18] 新しい国に行くと買い物ひとつするのにも、どこに行ってよいか分からなかったり、分かっていてもどうやってそこに行くか分からなかったり、買い物するのに何時間もかかったり、挙句《あげく》の果て欲しいものが買えなかったりして無力感を感じることが多い。もし「こういうことが起きるだろう」という現実的な期待を持っていたとしても、あまり長い間そういう状況が続いてしまうとストレスがたまってしまう。自己効力感を強めるのに一番効果的なのは、なるべく早く新しい環境について学び、慣れることである。

現地に着いたらすぐに地図やガイドブックを買い、家族みんなで「宝探しゲーム」感覚で店や郵便局等を探していくと楽しい。ここで強調したいのは家族、特に父母の役目である。夫が新しい仕事に慣れるのに必死で、買い物や学校、病院等の日常的なことを全て妻に任す家族がよく見受けられる。ビジネスマンにとって新しい仕事に慣れるのは大変なことであるというのは事実であるが、まだ「仕事」というのはある程度慣れた基盤がある上に、自分の出世のためだ、という気持ちもある。さらに、会社によっては仕事の多くを日本語で行うところもある上に、たいていのビジネスマンは海外赴任のために語学研修を受けている。それに対して同伴してきた妻の場合は、自分の意志で来ていない上に家族の事、近所の付き合い、そして子供の事を全て新しい文化に沿って、不慣れな言語でこなす必要がある。その結果、妻のほうがひどくカルチャー・ショックを感じる、ということもよく聞く。精神衛生以外の面から見ても、多くの国では買い物や学校行事等、カップルで行うことが前提となっている文化が多いことを考えると、自文化での役割分担や責任にとらわれることなく、家族全員が協力することが大切であることを強調したい。

言葉もなるべく早く学ぶようにしないと現地の人との交流は難しい。初めのうちは言葉を覚えよう努力するが、カルチャー・ショックを感じ始める頃にやめてしまう、というパターンがよく見られる。そうすると言葉の障害のため、カルチャー・ショックが深刻化し、悪循環になる。できれば日本を出る前から言葉を勉強し始めるとよい。現地では語学学校で学ぶことや家庭教師から学ぶこと以外にも、現地の言葉を常に使わないといけないような状況に入り込むとよい。文化についての学習法は次の「学び方の学習法」で詳しく触れていく。

(2) ストレスの要因の捕え方

ものごとは捕え方によってそれがストレスと感じるか否かが決まる。[19] 例えばこの章の初めに挙げた例に戻ってみよう。このケースの主人公の名前はフォスターさんとしよう。フォスターさんが上司の家に仏壇用の花を持っていってしまったことを失敗と捕えるか、あるいは笑い話と捕えるかでだいぶストレスのたまり方が違うはずである。ストレスを防ぐには人と一緒になって自分の失敗を笑い飛ばせるユーモアのセンス（sense of humor）[20] が大切だとよく言われている。文化の違いによって起きる勘違いや衝突等に負けず、その違いを楽しみ、思い出しながら笑えればストレスがたまりにくくなるし、その失敗を克服する力もわいてくる。

(3) ソーシャル・サポート（友人や親戚等、心の支えになる人たち）

人とのつながりは思っている以上に私たちの生活に大きな影響を与えている。誰でも毎日の生活の中で密かに精神的な支えとなっている人たちが何人もいるはずである。悩みを聞いてくれる友人、冠婚葬祭のときに会う親戚、何気なく挨拶を交わす近所の人たち、会社の同僚や趣味を分かち合う仲間等と、自分の存在価値を確認させてくれたり、困ったときやうれしいときに一緒にいてくれる人々がたくさんいる。そのような人たちをまとめてソーシャル・サポートと呼ぶ[21]。国内でも引っ越しをすると、そのようなソーシャル・サポートから遠ざかり、ストレスがたまりがちになってしまう。毎日何気なく八百屋と交わしていた会話や、ぶらっと訪れてくる友人が来なくなったりして、孤独になりがちになる。それでも国内の場合は、電話を通してソーシャル・サポートとのつながりを続けることができる。外国に行った場合は、これまでの友人などに連絡しようとしても電話代が高くついたり、海外生活のぐちをこぼしても自慢しているようにとられたりして、ますます孤独になりがちである。

フォンテーヌによると海外で感じるストレスの多くはソーシャル・サポートがなくなることからくるという[22]。フォンテーヌはソーシャル・サポートを新しい環境でまた作り直すために幾つかのヒントを提案しているが、簡単にまとめると次のとおりである。

・今現在日本での生活ではどのような人がどのような役割を果たしているかを、なるべくたくさん詳しく書き出し、意識化する。
・外国に行くことにより、その役割を果たせなくなってしまう人たちのところに印をつける。
・外国でその人たちの代わりをしてくれそうな人たちをどうやって探すか、作戦を立てる。

現地に着いてからではなく、出発前から引き継ぎ情報をできるだけたくさんもらっておき、ソーシャル・サポートを探し始めておくと心強い（294ページの「トレーニング」を参照）。

(4) リラックスするためにできること

ストレスを和らげるためには、今まで述べてきたこと以外にも、自分自身の日常生活の中にさまざまな工夫を組み込むことが大切となる。そのためには、まず自分にとって「楽しい」または「リラックスできる」ことを、なるべくたくさん書き出してみることが第一歩だ。その中には、①日常のささいなこと（お風呂に入る、歌う、本を読む、ペットと戯れるなど）、②定期的にできること（運動する、レストランに行く、絵を描くなど）、③今はしていないが、以前行なっていたこと、④これから行なってみたいこと、などを含めるとよい。これらが、知らず知らずのうちにストレス解消のために役立つのだ。ところが、海外赴任や転勤、あるいは出産など、急な生活の変化があると、それまで何気なくストレスのはけ口になっていたものが、行われなくなったり、できなくなったりしがちである。そこで、あえてリストアップして、意識的に行うようにすることが大切になる。それに加えて、新しい環境だからこそできることにもぜひ挑戦し、取り入れてみたいものである[23]（296ページの「トレーニング」を参照）。

ここまでこの章では異文化適応プロセスの大変さに触れてきたが、一方では異文化に触れることによって学びうるものがいかに大切かを強調しておきたい。異文化に触れることで今まで疑いもしなかった「常識」が狭い地域の習慣にすぎないことが分かれば、世界に向かって目を開くことができる。視野が広まれば、自分の文化を越えての交流もより楽しく、効果的になるはずだ。次の節では異文化からどのようにして学んでいくかを詳しく説明していきたい。

学び方の学習法（Learning How to Learn）

人間は生まれてから常にさまざまなことを、いろいろな方法を通して学んでいる。火傷《やけど》をした結果火の怖さを知ったり、両親から見よう見まねでさまざまな習慣を覚えたり、本を通して学んだりしている。このように我々は多様な学習法を無意識のうちに使っている。実体験からより多くを学ぶには四つの学習法のサイクルの存在を知り、意識的に使いこなすことが大切だとコルブは提唱している[24]。多くの体験学習は物事に積極的に取り組み、なるべく先入観なしで体験することから始まる（具体的体験：Concrete Experience=CE）。次にその体験について振り返り、いろいろな観点から解釈する（内省的観察：Reflective Observation=RO）。さらに、観察したものを分析し、パターン化して何らかの理論または仮説をたてる（抽象概念化：Abstract Conceptualization=AC）。最後に仮説やパターンに基づき行動に移す（実験試行：Active Experimentation=AE）。これをコルブは

図7−3　コルブの学習サイクル(25)を通して実体験から学ぶ

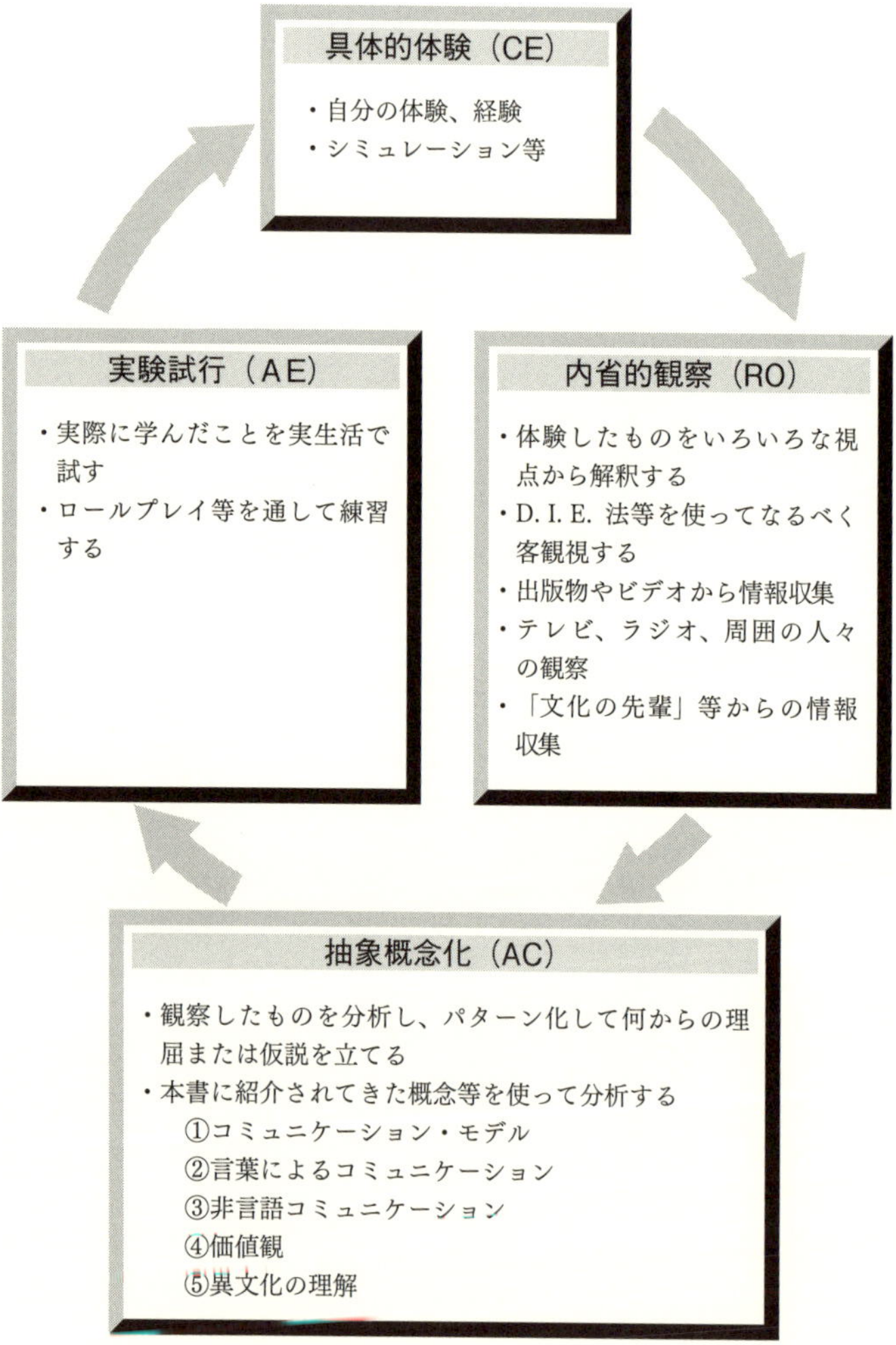
具体的体験（CE）
・自分の体験、経験
・シミュレーション等
内省的観察（RO）
・体験したものをいろいろな視点から解釈する
・D. I. E. 法等を使ってなるべく客観視する
・出版物やビデオから情報収集
・テレビ、ラジオ、周囲の人々の観察
・「文化の先輩」等からの情報収集
抽象概念化（AC）
・観察したものを分析し、パターン化して何からの理屈または仮説を立てる
・本書に紹介されてきた概念等を使って分析する
①コミュニケーション・モデル
②言葉によるコミュニケーション
③非言語コミュニケーション
④価値観
⑤異文化の理解
実験試行（AE）
・実際に学んだことを実生活で試す
・ロールプレイ等を通して練習する

学習サイクルと呼んでいる（図7－3を参照）。

　これら全ては決して画期的な方法ではなく、我々が常に使っている学習法である。人によって四つの学習法の中のどれが得意か、どれをあまり使わないかが違う、ということもコルブは指摘している。自分の学習法をこのように意識化し、概念化することによって自らの体験学習の目的を明らかにしたり、戦略を立てたりすることが可能になる。

　ここでフォスターさんの例をコルブの学習サイクルを使って分析してみよう。フォスターさんの場合、仏壇用の花を買い、上司の奥さんに渡してしまった（CE）。そこで気まずい雰囲気を感じ、何かおかしいと感じた（RO）。もしその上司、または違う日本人にそれについて聞いたとしたら、その花がお供えのための花だと教えてくれただろう（RO）。さらに、いろいろ聞いたり調べたりすればお盆やお彼岸のときにお供え物として売られているお菓子や、きゅうりとなす等の入っているかご等があることを知る（RO）。そこでこれをパターン化することができる（AC）。すなわち「お供え物関係」には気をつけたほうが良い、と。さらにお供え物というカテゴリーを少し広げて「贈り物」全般に関連づけることができる。「贈り物」は文化によって違う意味を持っているので何かを送る前に誰かに聞くべきだ、と気付くだろう（AC）。例えばここで、結婚式に呼ばれたとしよう。ここでフォスターさんが「贈り物」というカテゴリーの再登場に気付き、周りの人に聞いて、御祝儀袋に適切な額を入れて渡したとしたら（AE）、フォスターさんはコルブの学習サイクルを一周したといえる。このサイクルを一周し終わったときに初めて学習ができたことが確認できる。

　先ほども述べたように、体験学習の多くはこの順番をたどっているが、必ずしも実体験（CE）

から始まる必要はない。人によっては本や人から具体的な情報（RO）を仕入れるところから始める人もいれば、理論的なところ（AC）から始める人もいる。また、その時と場合によって違う出発点を選ぶことも多々ある。そのためにもコルブの学習サイクルは円として描かれ、出発点が指定されていない。ここから四つの学習法を具体的に見ていこう。

(1) 具体的体験（CE）

フォスターさんのケースでも紹介したように、異文化体験に恥はつきものだといってもよい。自分の常識が通用しない所で、どんなに気を遣っても知らず知らずのうちに何かとんでもないことをしでかすのは仕方がないことだ。そこで自分のおかしたミスを許し、楽しみ、笑いながら学習していくことこそ体験学習の基本ではないだろうか。

異文化体験では、人の反応の仕方も違ってくるため、相手の反応を読み取れず、自分のミスに気付かないことが多々ある。そのためにも日記をつけておくと便利だ。日記ではなるべく第6章で紹介したD．I．E．法の形式、または描写中心にとっておけば後で振り返ってみたときに新たな発見ができるかもしれない。

ただし、全てを自らのミスを通して学んでいたら、身も心もぼろぼろになってしまう。異文化コミュニケーション研修では海外で体験しそうなことをシミュレーションやロールプレイ等を通して受講者に事前に疑似体験してもらうアプローチをとっている。体験ではあるが、研修の一環なのでプレッシャーもだいぶ少ない。

(2) 内省的観察（RO）

「何かおかしい」と思ったときにD．I．E．法を使って分析することにより、いろいろな視点からそのことを見ることができる。描写を、解釈と評価と区別することが特に重要である。例えばあなたがフォスターさんに「日本人はギフトをあげてもあまり喜ばない」と言われたら、「そうですかねえ」としか言えないかもしれない。だが、もしフォスターさんが詳しく花束を描写したり、花屋の店員の様子や上司の反応等を描写したとしたら、あなたは初めて何が起きたのかを把握することができるだろう。それにより、フォスターさんに建設的なアドバイスを述べることができるはずだ。

実体験よりインパクトは少ないが、他の人の体験談から学ぶ、という方法もある。いろいろな異文化体験者の体験談や失敗談は出版もされている。また、大企業からの派遣者の場合、何らかの海外赴任前研修が行われ、それを通して、経験者と交流するチャンスがある可能性が高い。しかし個人的に行く場合等は、そのような機会を自分から作らなくてはならない。

実際に滞在国に着けばテレビ、ラジオや周囲の人々を観察し、多くを学べる。アルセンはいろいろな所に出かけて観察することを勧めている[26]。例えば、交差点に立って人々の歩き方や歩く速度、車のマナーや人々の間の会話等を観察する。さらにスーパーや図書館、レストランや郵便局と行き先を変えてみるのも面白い。また、観察するターゲットを絞るのも興味深い。同じ場所でも親子関係に注目したり、恋人の行動を観察したり、店員とお客さんの関係に注目すれば違うものが見えてくる。

もう一つの重要な情報源は「文化の先輩」(Cultural Informant) である。[27]「文化の先輩」とは現地の人、または現地に詳しい人たちのことである。新しい環境におかれたときにその文化の常識や習慣、行動パターン等を知るのに、なるべくたくさんの「文化の先輩」を探し出すと便利である。そのときに幾つかの選考基準を頭に入れておくと良い。まずは、自分となるべく似た年齢、性別、立場の人を何人か、そしてなるべく伝統的な文化に精通していそうな年配の人も何人か。その他にもその文化に詳しい外国人や外国経験のある現地の人も何人かいると、違う立場からの意見が聞ける。ただし、気をつけないといけない点も幾つかある。まずは、「文化の先輩」を選ぶ際に、周りの人から親しまれ、尊敬されているような人を選ぶことが大切である。あたりまえのように感じるかもしれないが、これは外国人の立場から判断するのは、なかなか難しい。つい自文化の立場から人を評価してしまうため、こちらから見て「すばらしい人」というのは、その国では「なかなかの変わり者」という可能性もあるからだ。初めのうちはその国の文化の観点から人を評価するのは難しいため、なるべく「文化の先輩」のターゲットを絞った段階で、周囲の人がその人に対してどのように反応しているかを観察するのがベストだ。

もう一つの注意点は文化の特性と関連している。文化というのは空気のようなものであるため、自分の文化について意識的に考えている人は少ない。そのため、「文化の先輩」にその文化の芯《しん》の部分について聞いても答えられないだろう。逆に文化の違いを否定する人も少なくないだろう。もし答えられたとしてもかなり主観的な意見の可能性がある。その反面、エチケット、タブーや習慣等、行動レベルのことに関しては「文化の先輩」は大いに役立つ。何かを初めてする場合、「文化の先輩」からあらかじめ情報を収集しておくとよい。例えば、初めての買い物、贈り物、パーティー、ミーティング、接待や学校行事等のときである。ここでも、個人的な主観に惑わされないように、なるべくたくさんの「文化の先輩」に聞くとよい。少し時間がたち、特に参考になると思う「文化の先輩」を見つけることができたら、その人の行動を常に追い、細かく観察しよう。そうすれば、もし突然新しい事態に対応することになったとしても、その人のイメージが頭にあるため、その人だったらどう行動するか、がある程度想像できる。

(3) 抽象概念化 (AC)

実体験をD．I．E．法等を使いながら、いろいろな側面から見ると新たな発見がある。ただし、そのまま個々の事実として覚えるだけでは他の状況に応用することができない。あとで効率良く使えるようにするには何らかのパターンを見つけ出し、理論化することが大切である。例えばフォスターさんの例でも、「仏壇用の花束は贈らないほうがよい」と覚えたとしたら、その知識はあまり広くは役に立たないだろう。フォスターさんが「贈り物」という文化的社会的カテゴリー――例えば、同じ贈り物でも、誰にどのようなときに贈るのか、冠婚葬祭なのか、お中元なのか、お歳暮なのか等――を見つけ出したところで、ようやく他の状況にも使えるようになる。

観察や体験する段階でもあらかじめ幾つかのカテゴリーを頭に入れながら分析すると効率良くパターンが見つかる。例えば第2章～第6章までに紹介してきた概念を使いながらケースを分析したり、テレビやスーパーでの人々の行動を観察すると、いろいろ見えてくる。例えばテレビのドラマを見るときに何も考えずに見ても、それなりの発見はあるはずだ。ただし、回を重ねているうちに発見の数も減っていくだろう。そういうときこそ図7－3の抽象概念化（AC）の項目を使い、違うものに注目しながら見ていけば効率が良い。同じドラマでも非言語コミュニケーションを見る場合と価値感を中心に見ている場合とでは違うものが見えてくるはずだ。

(4) 実験試行（AE）

いくら頭で分かっていても実際に行動に移せない限り、本当に学習できたとは言えない。例えばアメリカではものごとをはっきりと直線的に言うと分かっていても、実際にやろうとすると何か抵抗がある。本当にこれでいいんだろうか、とついつい思ってしまう。

実際、アメリカの直線的なコミュニケーションの中にもいろいろなマナーがあるので、何でもズバズバ言えば良いという訳でもない。新しい行動を試す前に練習しておくのは賢明である。そのために多くの異文化コミュニケーション・トレーニングや海外赴任前研修ではロールプレイ等を通して練習する機会を設けている。ロールプレイをすることにより新しい行動が不自然に感じなくなったり、細かい疑問などを講師に問いかけることができ、自信もついてくる。

研修などに参加できない場合は「文化の先輩」と練習する、という方法もある。ただし、自文化を教えるにはある程度自文化を客観的に見ることが必要なので、なるべく異文化体験のある人を選ぼう。欲を言えばロールプレイ経験のある人のほうが好ましい。練習のときには、なるべく次の手順を追うと良い㉘。

①**モデリング**　まずは「文化の先輩」がお手本を見せるところから始める。次にその行動を幾つかのステップに分けて説明する。その際に、その行動の背景や理由、そして特に注意すべき点なども説明してもらう（「文化の先輩」に表7－2のような表を書き出してもらう）。

②**ロールプレイ**　次に、実際に練習してみる。そのときになるべくリアルに演出すると良い。実際にありそうなシナリオに基づき、机などの配置を変えたり、実在する人物に似

表7－2　人を褒める（アメリカ編）

行　　動	解説／注意点
ステップ1 その人を褒めたいかどうか決める。	日本人は、友達同士以外はお互いの持ち物などを褒めたりすることはあまりない。特に目上の人を褒めるのは非常識とされている。上司が部下を褒めるのは非常識とされていないが、実際に褒める上司はアメリカと比べて少ない。アメリカ人のほうが一般的にいって頻繁にお互いを褒める。
ステップ2 何について褒めるかを決める。	日本人の場合、お互いあまり褒めないので意識的に何を褒めるかを探し出さないと見つからないかもしれない。相手の仕事での業績や昇進、洋服や髪形の変化等はないか、意識する。ただし、男性の場合、仕事場で女性を褒める場合は仕事面のみにしたほうが安全である。周りの人を観察して誰が誰にどのように褒めているかに注目するとよい。
ステップ3 実際に何を言うか考えておく。	よく使われている決まり文句や便利な言い方を覚える（「文化の先輩」に幾つかリスト・アップしてもらう）。
ステップ4 いつどこで褒めるかを決める。	褒める内容や相手の性格によって二人きりの場でするほうが好ましい場合と、なるべく大勢の前でしたほうが良い場合がある。
ステップ5 決めたことをなるべく確実に実行する。	褒められた相手が自然に感じることが大事なので、わざとらしくならないように注意が必要である。

せたかっこうをしたりして、雰囲気を出す。

③**フィードバック**　なにがうまくいったか、どこをどうすればもっと良くなるかや他に気がついた点等を「文化の先輩」に指摘してもらうと良い。実際にやってみることにより、考えもつかなかったような疑問や問題点が浮き彫りになることもよくある。

④**トランスファー・オブ・トレーニング**　ここでようやく実際の場面で新しく覚えたことを実践してみる。新しく学んだスキルも練習しないと忘れるので、意識的に使うように努力する。

ここまでいかにして新しい文化について学ぶべきか論じてきたが、異文化学習とは単に新しい行動を覚えるだけではない。その文化の習慣や行動が自分の持っている価値観と対立していない場合、新しい行動を覚えるだけですむが、自分の価値観と対立している場合はそうはいかない。再度フォスターさんの例に戻ろう。フォスターさんが結婚式に呼ばれ、友人に相談したらお金を包むように言われた。そこでフォスターさんが何の違和感も感じなければ、そのままお金を包んで一件落着となる。だが、もしフォスターさんが子供の頃から「贈り物はお金に換算するのはいけない。お金を贈るのはもってのほかだ」ときつく言われていたとしたら、お金を包むことに対してジレンマを感じるだろう。今まで「正しい」または「常識」だと思っていたことにぶつかるようなときこそ、自分の価値観を見直す機会となり、パラダイム・シフトが起きうる。そういう状況におかれたときは少し距離をおき、その常識がなぜ「正しいのか」を分析すると良い。よくよく追求してみると「昔からそうだった」等という以外には曖昧な結論にたどりつくことが多い。逆にその常識の逆が成立するかどうかを考えてみると、それもそれなりに成立したりして面白い。ここでは、今までの常識を新しい常識と入れ替えるのではなく、その時と場合によって使い分けることを提案する。

このような対処の仕方は文化相対主義に基づいたものであるが、文化相対主義は適応の段階によっては混乱につながることもある。普通一つの文化で生まれ育った場合、自然とその文化の倫理や価値観が身につく。それが文化によって違うと分かったとたん、はたしてどのようにして善悪を判断して良いのか分からなくなり、混乱する人も多い。しかし、価値観や善悪は文化によってではなく、自分で判断するものだ、と悟ることが大切である。新しい文化のどういうところを取り入れて、どういうところを変えずにいるかを決めることも、異文化に生きる人間として重要なことだ。

異なる文化を理解することは、自分と自分の文化への洞察を深めることにもつながる。新しいパラダイムをも受け入れることは、自分の度量や能力を広げることである。心の世界は大きいに限る。さまざまな世界に触れることで一時は迷いも生じるであろう。しかし、その上に新しい自己を形成していくことが異文化適応ではないだろうか。

トレーニング　3–1

ソーシャル・サポート[29]

下の例を参考に今現在自分の周りにあるソーシャル・サポート・システムをなるべくたくさん書き出してみましょう。

例：

人／団体名	交流の内容	頻度	果たしている役割	外国へ行った時の継続性	外国でどうやって代わりを探すか
夫	生活を共にしている	毎日	自分の存在価値、愚痴のはけ口等	あり	
家族	会ったり、電話したりする	月に何回か	自分の存在価値、愚痴のはけ口等	なし	電話／ファックス／ビデオや写真／インターネットを通す
学会の知り合い	同じ分野の人たちと交流する	年に１回	専門分野でのつながり	なし	別の学会に入る
スポーツクラブの知り合い	練習のあとの会話	週２回	仕事とは関係ないところの地元とのつながり、人とのつながり	なし	違うスポーツクラブを探す。新しい趣味を探す
会社の同僚	仕事場やアフター・ファイブの交流	毎日	自分の存在価値の確認、人とのつながり	なし	新しい仕事または他にやりがいのあるものを探す
友人	電話したり、直接会ったりする	月に２回	自分の存在価値の確認、人とのつながり	なし	電話／ファックス／電子メールを通す。スポーツクラブや学会を通して探す
ボランティア仲間	一緒に身体の不自由な人に水泳を教える	週に１回	人の役に立つ	なし	他のボランティア活動を探す

人／団体名	交流の内容	頻度	果たしている役割	外国へ行った時の継続性	外国でどうやって代わりを探すか

トレーニング 3-2

リラクゼーション[30]

下の例を参考に今現在自分にとって「楽しい」または「リラックスできる」と思うことを、なるべくたくさん書き出してみましょう。

例：

現在または過去行なっていた楽しいこと／リラックスできること	過去やっていたか	今やっているか	頻度	新しい環境でできるか
お風呂に入る	○	○	毎日	○
水泳	○	○	週2回	○
夫と豪華ディナー	○	×		○
その国ならではのこと				
ゴルフを学ぶ　その国の料理を学ぶ　日本料理を教える				

現在または過去行なっていた楽しいこと／リラックスできること	過去やっていたか	今やっているか	頻度	新しい環境でできるか
その国ならではのこと				

トレーニング 3−3

ここで疑似体験的に当事者になったつもりで〔具体的体験〕→〔内省的観察〕→〔抽象概念化〕→〔実験試行〕のサイクルを一周してみてください。

具体的体験（CE）

あなたは外資系 OX 会社の人事部長です。今回は新しい人事制度の話し合いのために世界中の支社から人事部長がシアトルの本社に集まっています。出張期間は１週間です。あなたは今朝シアトルに着き、本社に直行し、人事部長のマコネルさんに挨拶をした後、秘書のケリーさんと、他の人事部長５人と一緒に食事をしました。食事の後、マコネルさんのオフィスの近くにある会議室を自由に使うように言われました。「何か必要なものがあったら、何なりと言ってくれ」と言われました。

あなたは明日の会議に備えて会議室で最終準備をすることにしました。ちょっと喉が乾いたので近くにいた若い女性に聞いてみたら、コーヒーポットのある部屋に案内してくれ、「ご自由にどうぞ」と言われました。コーヒーを飲みながらホッと一息つき、報告書を完成しました。後は日本に一部ファックスして、明日の会議の分を 10 枚コピーしたら終わりだと思い、マコネルさんのオフィスのほうへ向かいました。マコネルさんに直接依頼するのも悪いと思い、秘書のケリーさんに頼むことにしました。ケリーさんはちょうど他の秘書と世間話をしていたので、それが終わるのを待ち、さっそく依頼しました。

あなた：こんにちは、ケリー。今日のランチおいしかったね。

ケリー：（とてもにこやかに）あそこ本当においしいですよね。よかったら明日はもっとおいしいところにご案内しますよ。

あなた：ありがとう。楽しみだね。ところで、これ日本にファックスしてほしいんだけれど、いいかな。あと、明日の会議のためにも 10 枚コピーしてもらえるかな。

ケリー：（ちょっと顔がひきつりながら、声も単調に少し早口になっている）ファックスはそこです。コピーはこのカードを使ってください。

あなた：あ、ありがとう。使い方が分からないんだけれど、教えてもらえるかな。

ケリー：（まだ少しひきつりぎみ）いいわよ。

あなたはどうにかファックスもコピーも無事済みましたが、ケリーさんの様子が少し気になります。ランチのときはあんなに親切だった人がどうして突然冷たくなってしまったのだろうか。日本だったら客人のコピーやファックスなんて誰でも心よく引き受けてくれるのに……。それに考えてみたらコーヒーだって場所を案内してくれるくらいだったら入れてくれてもよいのに……。

299 ［第7章］異文化との出会い：カルチャー・ショックと異文化適応

内省的観察（RO）

「文化の先輩」に聞いてみたら……

アメリカでは「皆平等だ」、という考えが強いから、上司でもない人に何かを頼まれるのはいやな秘書は多いんじゃないかな。ケリーはマコネル氏の秘書ではあるけれど、あなたのではないから。もし彼女に何かを頼みたいときはマコネルさんを通したほうがいいんじゃないかな。

彼女からすると「女だから」とか「秘書だから」コピーやファックスを頼まれていると思っていやな気がしたんじゃないかな。

別に悪気はなかったんじゃないかしら。ファックスやコピーは自分でできたほうが便利だし、人に頼むほどのものじゃないんじゃない。

ケリーとの会話を D. I. E. 法を用いて分析してみましょう。空いている欄を埋めてください。

ケリーの評価	ケリーの解釈	描　写	あなたの解釈	あなたの評価
〈あなた〉はとても気さくで良い人だ。	会話はとてもうまく、楽しくいった。	ケリーとお昼の話をした。	会話はとてもうまく、楽しくいった。	ケリーはとても気さくで良い人だ。
		コピーとファックスの依頼をした。	別に簡単な作業なんだから頼んでもよいでしょう。	
		自分でやるようにケリーに指示された。		
	この人、日本でもコピーやファックスを人にやらせてるのかしら。	コピーとファックスの使い方が分からないのでケリーに聞いた。	コピーもファックスも機種によって違うから、一応聞いてみたほうが安全だ。下手にいじって壊したくない。	
	やり方を教えてあげれば、これからも自分で必要なときにできて便利だろう。	コピーとファックスの使い方をケリーがあなたに教えてくれた。		

抽象概念化（AC）

「文化の先輩」またはD. I. E. 法を通した分析からみて、どのような概念化ができるでしょうか。本書の中で紹介してきた概念、特に価値観のセクションで扱ってきたものを参考に、ケリーさんとあなたの間の問題点をまとめてください。

例：ここでは客だからといって特別扱いしないのかもしれない。人の家に呼ばれたときは、どうなのだろう？

↓

実験試行（AE）

〈新たな課題〉明日、日本に送らなくてはいけない書類があります。ところが、あなたは一日中会議なので自分で郵便局に行くことはできません。あなたはどうしますか。ケリーさんとの件で学んだことを生かすことが大切です。なるべく具体的に記述してください。

▶解答例

内省的観察（RO）

ケリーの評価	ケリーの解釈	描　写	あなたの解釈	あなたの評価
〈あなた〉はとても気さくで良い人だ。	会話はとてもうまく、楽しくいった。	ケリーとお昼の話をした。	会話はとてもうまく、楽しくいった。	ケリーはとても気さくで良い人だ。
秘書だからってバカにしているのかしら？	なぜ、私にコピーやファックスなんて頼むのかしら？	コピーとファックスの依頼をした。	別に簡単な作業なんだから頼んでもよいでしょう。	客だから当然だ。こういうのは秘書に頼むべきだ。
これくらいのことは自分ですること。	コピーやファックスくらい誰にでもできるし、自分で自由にできたほうが便利ではないかしら。	自分でやるようにケリーに指示された。	コピーやファックスなんて簡単なんだから、やってくれてもいいのに。	自分の仕事もしない、とんでもない人だ。
自分でやる習慣がないのかな？どこまで無知なのだろうか？	この人、日本でもコピーやファックスを人にやらせてるのかしら。	コピーとファックスの使い方が分からないのでケリーに聞いた。	コピーもファックスも機種によって違うから、一応聞いてみたほうが安全だ。下手にいじって壊したくない。	しかし、なんでアメリカまで来て、ファックスやコピーの使い方を覚えなきゃいけないんだ。
これで次からはちゃんとできるでしょう。もうこれからはくだらない事を頼みにこないといいんだけれど。	やり方を教えてあげれば、これからも自分で必要なときにできて便利だろう。	コピーとファックスの使い方をケリーがあなたに教えてくれた。	自分でやろうと思えば、できるんだ。別にできないから頼んだわけじゃない。	私に教えるくらいなら自分でやったほうが早いだろうに……。

↓

抽象概念化（AC）

- ここでは、対等な人間関係が基本らしい。（レストランや他のサービス業ではどうなのだろう？）
- ここでは、秘書でも直接の上司以外の仕事はしないらしい。職務規定（Job description）に忠実。

↓

実験試行（AE）

(1)マコネルさんに事情を話し、どうしたらよいか教えてもらう。
　または、
(2)マコネルさん経由でケリーに頼んでもらう。
　または、
(3)ケリーさんに事情を話し、相談に乗ってもらう。

《Barnga（バーンガ）》

参加者は数名ずつの小グループに分かれ、簡単なトランプゲームを学び、トーナメント形式で競うが、トーナメント中は言葉を使ってはいけないので、意思疎通のために非言語コミュニケーションを駆使することとなる。ゲームの進行中に、ある「異文化体験」をするしくみになっている。ささいな思い違いでも大きなコンフリクトにつながる可能性があることを認識できる。熟練ファシリテーターなら１名でも可。所要１時間程度。2006 年に 25 周年改訂版が出ている。

Thiagarajan, S. & Steinwachs, B. *Barnga: A Simulation Game on Cultural Clashes*. 20 Park Plaza, Suite 1115A, Boston, MA02116 USA. Intercultural Press. 1990, 2006. 〈http://interculturalpress.com〉

◀その他の総合目的シミュレーション▶

このほかにもお勧めのシミュレーションがいくつもある。長さや版権の問題でここでは詳しく説明できないので、入手先とともに簡単に紹介する。

《BaFá BaFá（バファー・バファー)》

異文化交流を研修室内で体験できるシミュレーションとしてはクラシックで、最も代表的なもの。参加者全員をα、βという２つの独特な文化の人間に分け、相互交流を通して適応問題や異文化間の人間関係などについて考えさせる。α、βという疑似文化は、言語、非言語、価値観、社会様式までを含む本格的なものである。３～４時間程度要する。熟練したファシリテーターが２名必要。2008 年に改訂版が出ている。

Shirts, R. G. *BaFá BaFá: A Cross-Cultural Simulation.* P.O. Box 910, Del Mar, CA, 92014 USA. Simulation Training Systems. 1977, 2008. 〈http://www.simulationtrainingsystems.com〉

《Ecotonos（エコトノス)》

「意思決定」のための話し合いをするに当たって、３文化の代表者が同じテーブルに着く、という設定である。同じ文化の人だけの場合や、自分の文化の人が少数派あるいは多数派になる場合、勢力均衡の場合が経験される。文化は、価値観、行動様式などがたくさんのカードになっており、各文化グループがその場で選んで文化を創造する。所要３時間程度。熟練したファシリテーターが３名必要。2008 年に改訂版が出ている。

Nipporica Associates. *Ecotonos: A Multicultural Problem-Solving Simulation.* 20 Park Plaza Suite 1115A Boston, MA02116 USA. Intercultural Press. 1993, 2008. 〈http://interculturalpress.com〉

(2) グループ（5～6名）で、各自の「自分の行動とその理由」を発表しあう。カードに書き出し、分類して模造紙やボードに張り出すとよい。
(3) 同じグループで、今度は「他の選択肢」の部分を発表しあう。各自の発表に出てこなかったものをカードに書き出し、先ほどの分類に加える。
(4) 全体の人数が多く、班に分かれた場合は、最後に全員が集まって概略の発表をしあう。
(5) 他の誰も考えつかなかったような選択肢を挙げた人や、一番多くの選択肢を考えた人を称えるとよい。
(6) 次の設問を同様に行う。
(ここでは、あと2問ほど例として挙げる。その他にも、ぜひグループやファシリテーターが自分たちでも設問を作って、さまざまな状況について行なってみていただきたい。)

状況(2) ある重要な決定をする会議で、上司と意見が食い違ってしまいました。あなたはかなりの期間この問題に関わり、いわば専門家です。上司の意見のとおりにすると問題が生じることが、あなたにはよく分かります。しかし、上司はどういうわけかあなたの意見を考慮してくれません。さて、こんなとき、あなたならどうしますか？

状況(3) 今日は結婚記念日。久しぶりに妻(夫)と2人で外食をすることになっています。妻(夫)は記念日をとても大切にする人です。また、最近2人で行動することがあまりないので、2人ともとても楽しみにしていました。ところが急に明日の会議で発表をするように頼まれました。きちんとした発表をするにはデータの分析と資料の準備に遅くまで残業する必要があります。こんなとき、あなたならどうしますか？

◀多様性に対する感受性を養成するトレーニング▶

《こんなとき、どうする》

［目的］ 多様性に気付き、自文化中心主義を軽減する。特に世の中には多様な価値観や行動様式が存在する中、自分の価値観は、その一例にすぎないのだ、という視点を養うこと。

［人数］ 1名から何名でも。グループが大きければ班に分ける。

［時間］ 1問10～15分。3問以上行うことが望ましい。

［トレーニングの手順］

(1) 次のインストラクションを理解した上で、各自が他の人と相談せずに1問行う。

インストラクション：いくつもの行動の選択肢から一つを選ばねばならないような状況に直面することがあります。そんなとき、どんな行動を選択するかは、私たち個人や影響を受けた文化の価値観が反映することが多いものです。以下に、そのような状況をいくつか挙げますので、自分がどう行動するかと、そのわけを書き出してください。次に他の人だったら、あるいは他の文化の人だったらどんな行動をする可能性があるか、理由も添えて少なくても3つ書き出します。

> 状況(1) Aさんは事情でTさんという知り合いに育てられ大学まで出してもらいました。Aさんは、現在ある会社の社長ですが、その会社の命運を掛けた会議のある日に、「Tさん、キトク、スグカエレ」という電報が故郷から来ました。こんなとき、あなたがAさんならどうしますか？

自分の行動		その理由	
他の選択肢1（行動）		その理由	
他の選択肢2（行動）		その理由	
他の選択肢3（行動）		その理由	

◀非言語コミュニケーションに関するトレーニング▶

《ボディーバブル・チェック》

[**目的**] ボディーバブル（個体距離）の個人差や文化差に気づく。

[**方法**]

(1) ２人１組になり、しばらく会話をした後、動作を止めてお互いの足元を観察し、距離を測る。お辞儀などの付随的行動の場ではなく、自然体で話しているときを測定の場に選ぶようにする。

(2) 相手と自分の心地よい距離について話し合う。

(3) できるだけさまざまな人との距離を同様にチェックし、感想を話し合う。

(4) 各自、自分のボディーバブルを割り出す（相手による違いもチェックする）。

(5) グループ全員で比較しあう。

自分と周りの人の個体距離（ボディーバブル）チェックリスト

相手との関係	相手の性別	実際の距離	自分の感想	相手の感想
(例) 同僚	女性	110cm	ちょうど良い	もう 10cm ほどほしい

なく、個人の体験に基づく意味概念や価値観まで解釈を深めてまとめるようにする。

(4) 日常生活の場でこれと似たような体験をしたことがあるか考えさせ、発表させる。

(5) 日常の場でどのような工夫をすれば正確に情報が伝達できるようになるのか、スキルや心構えについてディスカッションする。

◀言語コミュニケーションに関するトレーニング▶

《背中合わせのコミュニケーション（Back to Back）》

［目的］言葉を使って伝達してもなかなか意図が伝わらないことを体験する。言語だけが伝達手段の場合は、特に明確で詳細なコミュニケーションや聞き手の努力とスキルが大切であることを認識する。
［道具］画用紙、７色サインペンまたは色鉛筆
［人数］制限なし。ただし 40 名くらいまでが理想的。
［時間］全体で１時間。絵の作製２分から５分。情報交換 20 分。まとめのディスカッション 30 分。

［トレーニング方法］
⑴　各自に画用紙と色鉛筆のセットを配布する。
⑵　２分から５分で簡単な絵を描いてもらう。どんな絵でもよいと指示するほうが多様な絵ができて広がりとおもしろさが加わる。周りの人の絵を見ないように指示する。
⑶　ペアを組ませ、背中合わせに座らせる。できるだけ遠くにいた人同士で組ませる。
⑷　どちらか一方の絵を他方に言葉だけで説明させ、聞き手は言われたとおりに画用紙に絵を描く。つまり、聞き手は話し手の絵を正確に再現しようとする。時間は約 10 分間。
⑸　話し手にできるだけ正確に自分の絵を言葉で表現するように指示する。ただし、肩越しに背中合わせで話し、聞き手の絵を見てはならない。聞き手は質問をしてもよい。
⑹　役割交代して同じ作業をやらせる。

［まとめのディスカッション］
⑴　再現された絵を見合って、言葉だけによる伝達で伝わりやすかった情報と、うまく伝わらなかった情報をそれぞれリストアップさせ、その原因を考えさせる。絵の位置、大きさ、向き、色、形、サイズ、流れ、質感、配置、全体の感じなどに注目させる。
⑵　ペアごとにリストアップした事柄と、原因として考えたことを発表させる。
⑶　発表された内容をまとめる。言葉の表面的な意味だけでは

る。

(3) 実際のカードの内容を教え合う。

(4) このシミュレーションを通じて学んだこと、現実に活かせることは何か発表させる。特に、マナーの異なる相手と交流した際にどんな心理状態であったか、相手のことをどう思ったかに焦点を絞る。

するようにしてもよい。しかし、このシミュレーションでは専門家役のほうが多くを体験できるので、できれば専門家役を多くすることをお勧めする。

《国際会議のコーヒータイム》

[人数] 最少３名から何名でも
[時間] 30 ～ 40 分

[シミュレーションの手順]

(1) マナーカードを全員に配布する。各自、受け取ったカードにあるマナーを自分の文化として実行できるように熟読する。
マナーカード：①自分が話をするときには目をつぶってじっくり考えながら話す。②人と話をするときは終始相手の目を見ること。③会話中、気持ちを込めて同感を示すことは大切なマナーである。相手の腕を掴むことでその気持ちを示すようにする。④あまり人に近づくのはマナー違反である。手を伸ばしても届かないくらいの距離を保つようにする。⑤皆、忙しいのだから会話も手短に済まさなければいけない。人の時間を取らないように、言いたいことはさっさと述べて会話を終わらせるようにする。⑥自分のことを話すのは子供のすることである。常に聞き役に回り、意見を求められても、あまり言わないようにする。⑦相手の言ったことに対して、必ず「それはなぜですか」「どうしてそう思うのですか」「もっと説明してください」などと聞き返す。⑧必ず「です・ます」で話す。⑨「です・ます」体は人との距離をおくことになるので絶対に使わない。⑩相手の言ったことを必ず１回復唱する。

(2)「国際会議のコーヒーブレイク」にはいる。つまり、自由に誰とでも雑談をしてよい。ただし、各自自分のマナーカードに書いてあることを遵守する。３分ごとにベルを鳴らし、会話相手を交代させる。３ラウンドから５ラウンド行う。

[まとめのディスカッション]

(1) どのようなことが生じたか、発表しあう。
(2) どんなマナーカードがあったか、推測したことを発表す

(5) 次に、専門家とバルーンバ人が対面する。そのとき専門家には次の指示を与える。

ⓐ複数のバルーンバ人が一緒のときは、必ず特定の人に質問すること。

ⓑなるべく全員に質問させるようにする。

ⓒ他の人にも聞こえるように、なるべく大きな声で質問をする。

５分ほど経過したら対面するバルーンバ人を交代させ、同様に質問させる。なるべく複数のバルーンバ人と対面させるようにしたいが、長く行いすぎると専門家のストレスがたまるので、全体で 15 分程度にする。

[ディスカッション方法]

(1) 「専門家」（小人数の場合は全員、大人数の場合はグループ代表者）に調査結果を発表してもらう。このとき発表者の労をねぎらうことも忘れずに。

(2) 「専門家」にバルーンバ人に対して感じたことを語ってもらい、板書する。

(3) バルーンバ人にも感想を聞いて板書する。

(4) 両者に、このシミュレーションを通じて学んだこと、現実に活かせることは何かを発表させる。

(5) 最後に種を明かす。３つのルールを説明する。

(6) ディスカッション後に、まとめとしてファシリテーターが伝えるべき重要点の１つは、「文化は複雑であるが、その中に何らかのシステムがある」ということである。バルーンバ人は同じ質問に対して「はい」と言ったり「いいえ」と言ったり、そのルールを知らない人から見ると、まるでうそつきのようであったかもしれないが、実はとても簡単な３つのルールに基づいて行動していただけである。また、「これまでの常識にとらわれず、視点を変えることで、その文化的ルールが見えてくる」という点も指摘できる。

*参加者の性別が極端に偏っている場合は、眼鏡をかけているかどうか、黒いスーツか青いスーツか等、服装などで区別してもよい。

**専門家の１グループにバルーンバ人を複数入れたり、バルーンバ人と専門家の比率を半々にし、１対１で対面

◀総合的目的のトレーニング▶

《シミュレーション：バルーンバ文化を探れ（Outside Expert）》

原典は、Pedersen, Paul "*A Handbook for Developing Multicultural Awareness.*" Alexandria, Virginia: American Association for Counseling and Development. 1988 より。ペダーソン氏より承諾を得て掲載した。一部著者の経験に基づいて変更を加えた。

[人数] 最少6名。大勢の場合はグループに分けるとよい
[時間] 30 ～ 40 分

[シミュレーションの手順]

(1) 参加者を約1対4の人数比で2グループに分ける。できるだけ両グループの男女比を同等にする*。

(2) 小人数グループは架空の文化、バルーンバ国の「バルーンバ人」となる。残りは「専門家」としてその国の問題を調査しに行く、という設定である**。

(3) グループに分かれる前に、全員に対して第一のルールを説明する。それはバルーンバ人は「はい」と「いいえ」しか言えないということ、専門家は必ず「はい」または「いいえ」で答えられるような質問を用意するということである。

(4) 「専門家」の任務は対象文化の問題を探ることである。専門家は、4、5名のグループに分かれ、どんな質問をするか打ち合わせをする（対面するバルーンバ人用の椅子もこのとき各グループに用意する)。「バルーンバ人」はひとまず別室に出てバルーンバ独特の文化を習得する。バルーンバには次の3つの文化的ルールがある。

ⓐ「はい」と「いいえ」しか言えない。

ⓑ異性との会話は許されない（万が一異性から話しかけられたら、おもむろに無視しなければならない)。

ⓒ質問の内容に関わらず、相手がニコニコしていたら返事は「はい」である。質問をする相手がニコニコしていなかったら返事は「いいえ」である。専門家と対面する前に、全員にしっかり「バルーンバ文化」を練習させ、習得させる。

グループ・トレーニング

研修や授業など、グループで行うトレーニングをいくつか紹介する。ここでは、準備に比較的手間がかからず、しかも短時間で行えるタイプのものに限定した。グループ・トレーニングを行う際は、ファシリテーターと呼ばれる進行役の役割が大切になる。ファシリテーターを務める人は特に次の点に留意されたい。

①事前に異文化コミュニケーションついて学ぶこと。

②実行するトレーニングを自分も受けた経験を持ち、熟知すること。

③何を学び取るかは参加者次第であり、「正解」や「間違い」はないのだ、ということを認識し、参加者にも徹底すること。したがって、トレーニング実施前の説明時には、目的の概略説明と手順の説明にとどめ、詳しい理論的説明は行わないようにする。

④同じ理由から、トレーニング終了後のディスカッションを重視し、参加者が自由で自発的な「気付き」を得られるような環境作りに専念すること。ファシリテーターも他の参加者の気付きから「学ぶ」姿勢を持つこと。理論的説明、解説は、トレーニング終了後、ファシリテーターあるいは専門家によって、まとめの講義として行うと効果的である。

⑤効果的なディスカッションのためには、参加者人数を少なめにする。物理的には人数制限のないものであっても30名以下に抑えることが望ましい。参加者の意欲度が高い場合やファシリテーターが熟練している場合は、大人数でも可能な場合もあるが、一般に、日本人の参加者は人数が多くなるほど発言し難くなる。

(29) Fontaine, G. "Roles of Social Support Sytems in Overseas Relocation: Implications for Intercultural Training." In *International Journal of Intercultural Relations, 10,* 1986, pp.361–378 をもとに吉田が作成
(30) Befus, C. P. "A Multilevel Treatment Approach for Culture Shock Experienced by Sojourners." In *International Journal of Intercultural Relations, 12,* 1988, pp.381–400 をもとに吉田が作成

Technical Assistance." *International Journal of Intercultural Relations, 5,* 1981, pp.239–258

Weaver, G. R. "Understanding and Coping with Cross-Cultural Adjustment Stress." In R. M. Paige (Ed.) *Education for the Intercultural Experience.* Yarmouth, Maine: Intercultural Press, 1993

(18) Beck, K. "The Effects of Risk Probability, Outcome Severity, Efficacy of Protection and Access to Protection on Decision Making: A Further Test of Protection Motivation Theory." *Social Behavior and Personality, 12,* 1984, pp.121–125

(19) Rabkin, J. G. & Struening, E. L. "Life Events, Stress, and Illness." *Science,* 194, 1976, pp.1013–1020

(20) Piet-Pelon, N. J. & Hornby, B. *Women's Guide to Overseas Living, 2nd ed.* Yarmouth, Maine: Intercultural Press, 1992

(21) Caplan, G. *Support Systems and Community Mental Health.* New York: Behavioural Publication, 1974

(22) Fontaine, G. "Roles of Social Support Sytems in Overseas Relocation: Implications for Intercultural Training." *In International Journal of Intercultural Relations, 10,* 1986, pp.361–378

(23) Befus, C. P. "A Multilevel Treatment Approach for Culture Shock Experienced by Sojourners." *In International Journal of Intercultural Relations, 12,* 1988, pp.381–400

(24) Kolb, D.A. "On Management and the Learning Process." *California Management Review, 18* (*3*), 1976, pp.21–31

(25) Kolb, D. *Experiential Learning: Experience as the Source of Learning and Development.* Englewood Cliffs, New Jersey: Prentice をもとに著者らが日本語に訳し改項目を加えた

(26) Althen, G. *American Ways: A Guide for Foreigners in the United States.* Yarmouth, Maine: Intercultural Press, 1988

(27) Yoshida, T. & Brislin, R. "Intercultural Skills and Recommended Behaviors." In O. Shenkar (Ed.) *Global Perspectives in Human Resource Management.* Englewood Cliffs, NJ: Prentice, 1995

(28) McGinnis, E., Goldstein, A. P., Sprafkin, R. P. & Gershaw, N. J. *Skill-Streaming the Elementary School Child.* Champaign, Illinois: Research Press, 1984

pp.109–116
Furnham, A. & Bochner, S. "Social Difficulty in a Foreign Culture: An Empirical Analysis of Culture Shock." In S. Bochner (Ed.) *Cultures in Contact: Studies in Cross-Cultural Interaction.* Oxford: Pergamon, 1982

(7) Weaver, G. R. "Understanding and Coping with Cross-Cultural Adjustment Stress." In R. M. Paige (Ed.) *Education for the Intercultural Experience.* Yarmouth, ME: Intercultural Press, 1993

(8) Simulation Training Systems, P.O. Box 910 Del Mar CA 92014 Tel. 619–755–0272 から購入可能

(9) Barnga, Ecotonos 共に Intercultural Press, P.O. Box 700 Yarmouth ME 04096 Tel. 207–846–5168 Fax. 207–846–5181 から購入可能

(10) Pedersen, P. *A Handbook for Developing Multicultural Awareness.* Alexandria, Virginia: American Association for Counseling and Development, 1988

(11) Newstrom, J. & Scannell, E. *Games Trainers Play.* New York: McGraw-Hill Company, 1980

(12) Tobin, R. "Creating Change."『異文化コミュニケーション創刊号』, SIETAR Japan 出版, 1997

(13) 出典不明

(14) Adler, P. S. "The Transitional Experience: An Alternative View of Culture Shock." *Journal of Humanistic Psychology, 15 (4, Fall)*, 1975, pp.13–23

(15) Kealey, D. J. *Explaining and Predicting Cross-Cultural Adjustment and Effectiveness: A Study of Canadian Technical Advisors Overseas.* Unpublished Doctoral Dissertation, Queen's University, Kingston, Ontario, Canada, 1988
Kealey, D. J. "A Study of Cross-Cultural Effectiveness: Theoretical Issues, Practical Applications". *International Journal of Intercultural Relations, 13*, 1989, pp.387–428

(16) Adler, P. S. "The Transitional Experience: An Alternative View of Culture Shock." *Journal of Humanistic Psychology, 15 (4, Fall)*, 1975, pp.13–23 の本文と表をもとに，著者らがより分かりやすい表にまとめたものである

(17) Hawes, F. & Kealey, D. J. "An Empirical Study of Canadian

なコミュニケーション」ICC研究会訳（聖文社）によると，D. I. E. の最初の提唱者は Berlo, D. の *The Process of Communication.* New York: Holt, 1960. であろうとのことである。

(34) 呉善花（オ・ソンファ）「日韓，本音の交流を：異なる『善』を見つめて相互理解へ」『言いたい聞きたい』（朝日新聞）1992年7月2日

(35) Brewer, M. B. & Miller, N. "Contact and Cooperation." In P. Kats & D. Taylor（Eds.）*Eliminating Racism.* New York: Plenum, 1988

(36) 例えば Gudykunst, W. B. & Kim, Y. Y. *Communicating With Strangers: An Approach to Intercultural Communication*（*3rd ed.*）. McGraw-Hill, 1997. や，グディカンスト W. B.（1993）『異文化に橋を架ける：効果的なコミュニケーション』ICC 研究会訳（聖文社）

(37) Stephan, W. "Intergroup Relations." In G. Lindzey & E. Aronson（Eds.）*Handbook of Social Psychology*（*3rd ed., Vol. 2*）. New York: Random House, 1985

第7章

(1) Oberg, K. "Cultural Shock: Adjustment to New Cultural Environments." *Practical Anthropology, 7,* 1960, pp.177–182

(2) Guthrie, G. M. "Cultural Preparation for the Philippines." In R. B. Textor（Ed.）*Cultural Frontiers of the Peace Corps.* Cambridge, MA.: MIT Press, 1966

(3) Oberg, K. "Cultural Shock: Adjustment to New Cultural Environments." *Practical Anthropology, 7,* 1960, p.178

(4) Lysgaard, S. "Adjustment in a Foreign Society: Norwegian Fullbright Grantees Visiting the United States." *International Social Science Bulletin, VII,* 1955, pp.45–51

(5) Gullahorn, J. T. & Gullahorn, H. E. "An Extension of the U-Curve hypothesis." *Journal of Social Issues, 19*（3）, 1963, pp.33–47

(6) Babiker, I., Cox, J. & Miller, P. "The Measurement of Culture Distance and its Relationship to Medical Consultations, Symptomatology and Examination Performance of Overseas Students at Edinburgh University." *Social Psychiatry, 15,* 1980,

グディカンストらは，前半の3つの段階を，Lukens, J. "Ethnocentric Speech." *Ethnic Groups, 2,* pp.35–53から引用している

(22) Broaddus, D. "Use of the Culture General Assimilator in Intercultural Training." *Unpublished doctoral dissertation,* Indiana State University, 1986. Cited in R. W. Brislin, K. Cushner, C. Cherrie, & M. Yong, *Intercultural Interactions: A Practical Guide.* Beverly Hills: Sage, 1986, p.51

(23) 松本仁一（編集委員）「アフリカを食べる：森の大切なたんぱく源」（朝日新聞）1994年6月25日

(24) Allport, G. W. *The Nature of Prejudice.* New York: Macmillan, 1954, p.7

(25) 24の邦訳　原谷達夫・野村昭訳『偏見の心理』（培風館）1968年

(26) Sherif, M. *Experiments in Group Conflict.* Scientific American, 1956, pp.193

(27) Tajfel, H., Billing, M., Bundy, R. & Flament, C. "Social Categorization and Intergroup Behavior." *European Journal of Social Psychology, 1,* 1971, pp.149–178

(28) Gudykunst, W. B. & Kim, Y. Y. *Communicating With Strangers: An Approach to Intercultural Communication* (*3rd ed.*). New York: McGraw-Hill, 1997, pp.110–111

(29) Stephan, W. "Intergroup Relations." In G. Lindzey & E. Aronson (Eds.) *Handbook of Social Psychology* (*3rd ed., Vol.2*). New York; Random House, 1985. の議論を参考に表にまとめた

(30) Rogers, J. & Ward, C. "Expectation-Experience Discrepancies and Psychological Adjustment During Cross-Cultural Reentry." *International Journal of Intercultural Relations, 17,* 1993, pp.185–196

(31) 藤原武弘・高橋超編『チャートで知る社会心理学』（福村出版）1994年

(32) Pedersen, P. A. *Handbook for Developing Multicultural Awareness.* Alexandria, Virginia: American Association for Counseling and Development, 1988に紹介されたエクササイズを基に著者間で作成

(33) グディカンストW. B.（1993）「異文化に橋を架ける：効果的

(11) Snyder, M. & Uranowits, S. W. “Reconstructing the Past: Some Cognitive Consequences of Person Perception.” *Journal of Personality and Social Psychology, 36,* 1978, pp.941–951

(12) NPO 法人国際結婚協会 http://www.itn-wedding.com/data/related.html（2009 年 3 月 1 日参照）によると，平成 17 年度に中国人と結婚した日本人は，男性が 11,644 人に対して女性は 1,015 人，フィリピン人とは男性が 1,024 人に対し女性が 187 人，タイ人との場合は男性が 1637 人に対し女性はわずか 60 人。一方アメリカ人とは男性が 177 人に対し女性は 1551 人，イギリス人とは男性が 59 人，女性が 343 人となっている

(13) 「冷戦後　日本とアメリカ第 2 部　6.「身近な夢」（朝日新聞）1991 年 10 月 17 日

(14) O’Keefe, D. & Sypher, H. “Cognitive Complexity Measures and the Relationship of Cognitive Complexity to Communication.” *Human Communication Research, 8,* 1981, pp.72–92

(15) Bieri, J. “Cognitive Complexity-Simplicity and Predictive Behavior.” *Journal of Abnormal and Social Psychology, 51,* 1955, pp.263–268

(16) Detweiler, R. “Culture, Category Width and Attributions.” *Journal of Cross-Cultural Psychology, 9,* 1978, pp.259–283

(17) Shirts, G. *The Tag Game.* Simile Ⅱ, Catalogue S9.（Available from: Simile Ⅱ. P.O. Box 910 Del mar, Ca, 92014, USA）を参考に小池が作成

(18) Sumner, W. G. *Folkways.* Boston: Ginn, 1940; Cited in Gudykunst, W.B. & Kim, Y.Y. *Communicating With Strangers: An Approach to Intercultural Communication.* New York: McGraw-Hill, 1997

(19) Cultural relativism という概念を提唱したのは Boas, F. *The Mind of Primitive Man.* New York: Macmillan, 1911. より洗練させたのは Herskovits M. *Man and His Works: The Science of Cultural Anthropology.* New York: Knopf, 1948 と言われる

(20) Bennett, M. J. “Towards Ethnorelativism: A Developmental Model of Intercultural Sensitivity.” In M. Paige（Ed.）*Cross Cultural Orientation.* University Press of America, 1986, pp.27–69

(21) Gudykunst, W. B. et al. *Building Bridges: Interpersonal Skills for a Changing World.* Boston: Houghton Mifflin, 1995, pp.202–205.

の日本経験』1992 年［Regge Life, Struggle and Success: African American Experiences in Japan.］

(37) Hofstede, G. *Cultures and Organizations: Software of the Mind.* Berkshire, England: McGraw-Hill Book Company Europe, 1991, p.37 とホフステード，G.『多文化世界』（有斐閣）1995 年，p.36 に基づく

(38) Hofstede, G. *Cultures and Organizations: Software of the Mind.* p.96 とホフステード，G.『多文化世界』p.100 に基づく

(39) Hofstede, G. *Cultures and Organizations: Software of the Mind.* p.125 とホフステード，G.『多文化世界』，p.133 に基づく

第6章

(1) 林真理子「猫の時間」（朝日新聞）1993 年 11 月 7 日

(2) Gudykunst, W. B. & Kim, Y. Y. *Communicating With Strangers: An Approach to Intercultural Communication* (*3rd ed.*). New York: McGraw-Hill, 1997, p.168

(3) Hamilton D. L., et al. "Cognitive Representation of Personality Impressions: Organizational Processes in First Impression Formation." *Journal of Personality and Social Psychology 39,* 1980, pp.1050–1063

(4) 斎藤勇編『人間関係の心理学』（誠信書房）1983 年，pp.54–56

(5) 竹林茂・小島義郎・東信行・赤須薫『ルミナス英和辞典　第 2 版』（研究社出版）2005 年，p.1734

(6) Lippman, W. *Public Opinion.* New York: Macmillan, 1922 & 1961

(7) Tajfel, H. "Social Stereotypes and Social Groups." In J. Turner & H. Giles (Eds.) *Intergroup Behavior.* Chicago: U. of Chicago Press, 1981, pp.144–167

(8) 選者・鉄「ジョーク・冗句」（朝日新聞）1994 年 5 月 14 日夕刊

(9) Rothbart, M., et al. "From Individual to Group Impressions: Availability Heuristics in Stereotype Formation." *Journal of Experimental Social Psychology, 14,* 1978, pp.237–255

(10) Cohen, C.E. "Person Categories and Social Perception: Testing Some Boundaries of the Processing Effects of Prior Knowledge." *Journal of Personality and Social Psychology, 40,* 1981, pp.441-452

University of Hawaii, Manoa
2404 Maile Way
Honolulu, Hawaii 96822 USA
email: bhawuk@hawaii.edu

(20) ホフステード，G.『多文化世界』p.27

(21) Condon, J. C. “Intercultural Communication from a Speech Communication Perspective.” In F. L. Casmir（Ed.）*Intercultural and International Communication.* Washington D.C.: University Press of America, 1978, p.403

(22) Hofstede, G. & Hofstede, J. H. *Cultures and Organizations: Software of the Mind,* p.22, p.83

(23) ホフステード，G.『多文化世界』p.85

(24) ホフステード，G.『多文化世界』p.87

(25) Hofstede, G. & Hofstede, J. H. *Cultures and Organizations: Software of the Mind,* pp.120–121, p.187

(26) ホフステード，G.『多文化世界』p.119

(27) Hofstede, G. & Hofstede, J. H. *Cultures and Organizations: Software of the Mind,* p.210

(28) Hofstede, G. & Hofstede, J. H. *Cultures and Organizations: Software of the Mind,* p.222

(29) Hofstede, G. & Hofstede, J. H. *Cultures and Organizations: Software of the Mind,* p.211

(30) MOTTAINAI Home,「MOTTAINAI とは」
<http://www.mottainai.info/about> より，2008 年 2 月 25 日参照

(31) トロンペナールス，F. ハムデン・ターナー，C.『異文化の波―グローバル社会：多様性の理解』（白桃書房）2001 年

(32) トロンペナールス，F. ハムデン・ターナー，C.『異文化の波―グローバル社会：多様性の理解』pp.127–128

(33) マツモト，D.『日本人の感情世界―ミステリアスな文化の謎を解く』（誠信書房）1996 年

(34) Clarke, C. H. & Lipp, G. D, *Danger and Opportunity: Resolving Conflict in U. S.-Based Japanese Subsidiaries,* Yarmouth, ME: Intercultural Press, 1988, pp.200–203

(35) トロンペナールス，F. ハムデン・ターナー，C.『異文化の波―グローバル社会：多様性の理解』p.156

(36) レジ・ライフ製作・監督『奮闘と成功―アフリカンアメリカン

W. "Individualism and Collectivisim as the Source of Many Specific Cultural Differences." In R. W. Brislin & T. Yoshida (Eds.) *Improving Intercultural Interactions: Modules for Cross-Cultural Training Programs.* Thousand Oaks, CA: Sage, 1994, p.79 に引用されている

(11) Goodman, N. R. "Intercultural Education at the University Level: Teacher-Student Interaction." In R. W. Brislin & T. Yoshida (Eds.) *Improving Intercultural Interactions: Modules for Cross-Cultural Training Programs.* Thousand Oaks, CA: Sage, 1994, pp.129–147 を町が抄訳

(12) Goodman, N. R. "Intercultural Education at the University Level: Teacher-Student Interaction." In R. W. Brislin & T. Yoshida (Eds.) *Improving Intercultural Interactions: Modules for Cross-Cultural Training Programs.* Thousand Oaks, CA: Sage, 1994, p.143

(13) ホフステード，G.『多文化世界』p.54

(14) Hofstede, G. & Hofstede, J. H. *Cultures and Organizations: Software of the Mind.* New York: McGraw-Hill Books, 2005, p.78.

(15) 山岸俊男『心でっかちな日本人―集団主義文化という幻想』(日本経済新聞社) 2002 年

(16) Matsumoto, D. *The New Japan: Debunking Seven Cultural Stereotypes.* Yarmouth, Maine, Intercultural Press, 2002

(17) ホフステード，G.『多文化世界』p.68

(18) Triandis, H. C. *Individualism and Collectivism.* Boulder, Colorado: Westview Press, 1995, pp.158–159

(19) Brislin, R. W. "Individualism and Collectivisim as the Source of Many Specific Cultural Differences." In R. W. Brislin & T. Yoshida (Eds.) *Improving Intercultural Interactions: Modules for Cross-Cultural Training Programs.* Thousand Oaks, CA: Sage, 1994, pp.72–4 を町が訳出，一部改変。これはあくまでもトレーニング用であって，研究用ではない。このスケールを使った研究に興味のある方は下記まで問い合わせを。もう少し複雑でスコアの付け方の説明のあるものが入手できる

Dr. D.P.S. Bhawuk
Dept. of Management and Industrial Relations
Shidler College of Business

Programs. Multicultural Aspects of Counseling Series 3. Sage, 1994
(39) Axtell, R. E. Gestures: *The Do's and Taboos of Body Language Around the World.* New York: John Wiley & Sons, 1991

第5章

(1) レジ・ライフ製作・監督『奮闘と成功―アフリカンアメリカンの日本経験』1992年［Regge Life, *Struggle and Success: African American Experiences in Japan.*］（ビデオテープ）New York: Global Film Network
(2) ホフステード，G.『多文化世界』（有斐閣）1995年，p.7
(3) ホフステード，G.『多文化世界』pp.7–8
(4) ホフステード，G.『多文化世界』p.8
(5) オリジナルの "Aligator River" は Simon, S. B., Howe, L. W. & Kirschenbaum H. *Value Clarification.* New York: Hart, 1972, pp.230–233. 異文化トレーニングへの応用は Pusch, M. D., Seelye, H. N. & Wasilewski, J. H. "The Parable," "Training for Multicultural Education Competencies." In M. D. Pusch（Ed.）*Multicultural Education: A Crosscultural Training Approach.* Yarmouth, ME: Intercultural Press, 1979, pp.138–140. ここにあるのは町が一部改変したもの
(6) Kluckhohn, F. R., & Strodtbeck, F. L. *Variations in Value Orientations.* Evanston, IL: Row, Peterson, 1961
(7) Kohls, L. R. "Models for Comparing and Contrasting Cultures." In J. M. Reid（Ed.）*Building the Professional Dimensions of Educational Exchange.* Yarmouth, ME: Intercultural Press, Inc., 1988, pp.143–144
(8) Triandis, H. C. *Individualism and Collectivism.* Boulder, Colorado: Westview Press, 1995, p.2
(9) Markus, H. R. & Kitayama, S. "Culture and Self: Implications for Cognition, Emotion and Motivation." *Psychological Review 98,* pp.224–253 および Triandis, H. C. *Individualism and Collectivism.* Boulder, Colorado: Westview Press, 1995 からの引用
(10) Triandis, H., Brislin, R. & Hui, C. "Cross-cultural Training across the Individualism-Collectivism Divide," *International Journal of Intercultural Relations,* 12, 1988, pp.269–289. Brislin, R.

(27) 朝日新聞，『援助当然の態度を改めよ　ジンバブエ大統領との会談流れ小泉純一郎厚相』1997年7月21日，p.2

(28) ホール，E. T.『文化を超えて』岩田慶治，谷泰訳（TBS　ブリタニカ）1979年［Hall, E. T. *Beyond Culture.* New York: Anchor, 1976］

(29) Hall, E. T. *The Dance of Life.* New York: Doubleday, 1983

(30) Ruben, B. D. *Communication and Human Behavior*, Englewood Cliffs: Prentice, 1992, pp.227–229 を参考に著者らが作成

(31) Ekman, P. "Communication Through Nonverbal Behavior: A Source of Information About an Interpersonal Relationship." In S. S. Tomkins & C. E. Izard (Eds.) *Affect, Cognition, and Personality.* New York: Springer, 1965, pp.390–442

(32) Knapp, M. L. *Nonverbal Communication in Human Interactions.* Holt, Rinehart & Winston, 1972. ＜マーク・L・ナップ『人間関係における異文化情報伝達』牧野成一，牧野泰子訳（東海大学出版会）1979年＞

(33) Singelis, T. "Nonverbal Communication in Intercultural Interactions." In R. W. Brislin & T. Yoshida (Eds.) *Improving Intercultural Interactions: Modules for Cross-Cultural Training Programs.* Multicultural Aspects of Counseling Series 3. Sage, 1994

(34) Izard, C. "Cross-Cultural Perspectives on Emotion and Emotion Communication". In H. Triandis & W. Lonner (Eds.) *Handbook of Cross-Cultural Psychology, Vol. 3.* Boston: Allyn and Bacon, 1980

(35) Ekman, P. & Friesen, W. "Constants Across Cultures in the Face and Emotion." *Journal of Personality and Social Psychology, 17,* 1971, pp.124–129

(36) Hall, E.T. *The Dance of Life.* New York: Doubleday, 1983

(37) Burgoon, J., Parrott, R., LePoire, B., Kelly, D., Salther, J. & Perry, D. "Maintaining and Restoring Privacy through Communication in Different Types of Relationships." *Journal of Social and Personal Relationships, 6,* 1989, pp.131–158

(38) Singelis, T "Nonverbal Communication in Intercultural Interactions." In R. W. Brislin & T. Yoshida (Eds.) *Improving Intercultural Interactions: Modules for Cross-Cultural Training*

⑿ スケーブランド，G. P. & シムズ，S. M. 編『カルチャグラム102 世界文化情報事典』古田暁編訳（大修館書店）1992年［Skabelund, G. P. & Sims, S. M.（Eds.）*Culturgram*. 1986］

⒀ Argyle, M. *Bodily Communication.* London: Methuen, 1975

⒁ ホール，E. T.『かくれた次元』日高敏隆，佐野信行訳（みすず書房）1970年，p.3［Hall, E. T. *The Hidden Dimension.* NY: Doubleday and Company, 1966］

⒂ ホール，E. T.『かくれた次元』日高敏隆，佐野信行訳（みすず書房）1970年，p.168［Hall, E. T. *The Hidden Dimension.* NY: Doubleday and Company, 1966］

⒃ Sussman, N. & Rosenfeld, H. "Influence of Culture, Language, and Sex on Conversational Distance." *Journal of Personality and Social Psychology, 42,* 1982, pp.66–74

⒄ 小西啓史「人間の空間行動に関する研究（16）：小集団の空間配置の型について」『日本応用心理学会第53回大会発表論文集』，1986年

⒅ 渋谷昌三『人と人との快適距離』（NHKブックス）1990年

⒆ The Daily Yomiuri. July 1, 1991

⒇ バーンランド，D. C.『日本人の表現構造—新版—』西山千，佐野雅子訳（サイマル出版会）1979年［Barnlund, D. C. *Public and Private Self in Japan and the United States.* The Simul Press, 1973］

(21) Knapp, M. L. *Nonverbal Communication in Human Interactions.* Holt, Rinehart & Winston, 1972. ＜マーク・L・ナップ『人間関係における異文化情報伝達』牧野成一，牧野泰子訳（東海大学出版会）1979年＞

(22) 西田ひろ子『実例に見る日米コミュニケーションギャップ』（大修館）1989年

(23) Ishii, S. & Klopf, D. "A Comparison of Communication Activities of Japanese and American Adults." *Eigo Tembo*（ELEC Bulletin）, Spring, 1976

(24) Ishikawa H.「沈黙型は出世する」（毎日新聞）1970年7月20日

(25) ジャパンタイムズ，朝日イブニングニュース，1987年7月

(26) ホール，E. T.『沈黙のことば』国弘正雄他訳（南雲堂）1966年［Hall, E. T. *The Silent Language.* New York: Doubleday, 1959］

Schuster, 1994

第4章

(1) Birdwhistell, R. L. *Kinesics and Context.* Philadelphia: University of Pennsylvania Press, 1979
(2) マレービアン，A.『非言語コミュニケーション』西田司他訳（聖文社）1986年［Mehrabian, A. *Silent Messages: Implicit Communication of Emotions and Attitudes.* California: Wadsworth, 1981］
(3) マレービアン，A.『非言語コミュニケーション』西田司他訳（聖文社）1986年［Mehrabian, A. *Silent Messages: Implicit Communication of Emotions and Attitudes.* California: Wadsworth.］
(4) ナップ，M. L.『人間関係における非言語情報伝達』牧野成一・牧野泰子訳（東海大学出版会）1979年［Knapp, M. L. *Nonverbal Communication in Human Interaction.* New York: Holt, Rinehart & Winston, 1972］
(5) ホール，E. T.『沈黙のことば』国弘正雄他訳（南雲堂）1966年［Hall, E.T. *The Silent Language.* New York: Doubleday and Company, 1959］
(6) 『DHL WORLD』Vol. 6
(7) 東山安子「日本人のコミュニケーション」『コミュニケーション基本図書第2巻，日本人のコミュニケーション』第5章（桐原書店）1993年。東山安子「身振りの普遍的機能と文化的機能」パン・F. C.，八代京子，秋山高二編『社会・人間とことば』（文化評論出版）1987年
(8) スケーブランド，G. P. & シムズ，S. M. 編『カルチャグラム102　世界文化情報事典』古田暁編訳（大修館書店）1992年［Skabelund, G. P. &　Sims, S. M. (Eds.) *Culturgram.* 1986 (Copyright は1986だが1988と1991の改定が邦訳に反映されている)］
(9) 五十川倫義「特派員メモ」（朝日新聞）1993年1月12日
(10) 東山安子「日本人のコミュニケーション」『コミュニケーション基本図書第2巻，日本人のコミュニケーション』第5章（桐原書店）1993年，pp.105–139
(11) Axtell, R. E. *Gestures: The Do's and Taboos of Body Language Around the World.* New York: John Wiley & Sons, 1991

(10) Luft, J. & Ingham, H. *The Johari Window: A Graphic Model of Interpersonal Awareness.* Los Angeles: U. of California Extension Office, 1955

(11) Barnlund, D. C. *Communicative Styles of Japanese and Americans.* Belmont: Wadsworth, 1989

(12) 西田司他『国際人間関係論』p.44

(13) Barnlund, D. C. *Public and Private Self in Japan and the USA.* Tokyo: Simul Press, 1975

Pusch, M. *Multicultural Education: A Crosscultural Training Approach.* Yarmouth: Intercultural Press, 1979

Simon, S. B. & Howe, L. and Kirschenbaum. H. *Value Clarifications.* New York: Hart Publishing, 1972, pp.142–146

Klopf, D. W. "Intercultural Self-Disclosure Scale" *Experiential Activities for Intercultural Learning Vol. 1.* Ned Seelye (Ed.) Yarmouth: Intercultural Press, 1996, pp.65–69

(14) Grice, H. "Logic and Conversation," *Syntax and Semantics: Speech Acts* Vol. 3. Cole and Morgan (Ed.) New York: Academic Press, 1975

(15) 岩城賢「あすへの話題：国際コミュニケーション」(日本経済新聞) 1997年7月1日朝刊

(16) Gudykunst, W. & Ting-Toomey, *Culture and Interpersonal Communication.* Newbury Park: Sage, 1988, pp.84–93

Ting Toomey, S. *The Challenge of Face Work.* Albany: State University of New York Press, 1994

(17) 宮智宗七「企業人は説明能力磨け」

(18) Fisher, R. & Ury, W. *Getting to Yes.* New York: Penguin, 1981

Ury, W. *Getting Past No.* New York: Bantam, 1991

(19) 鈴木有香『交渉とミディエーション』(三修社) 2004年

(20) Ury, W. *Getting Past No.* New York: Bantam, 1991, pp.31–156

(21) The Institute for Dispute Resolution, Pepperdine University Law School. *Mediation: The Art of Facilitating Settlement,* 1993

(22) Bennett, M. & Harmann, M. *The Art of Mediation.* National Institute for Trial Advocacy. 1996, pp.73–93

Domenici, K. *Mediation: Empowerment in Conflict Management.* Prospect Heights: Waveland Press, 1996

Cornelius, H. & Faire, S. *Everyone Can Win.* Australia: Simon &

⑿ これもいろいろなところで見られるが，ここで使用したのは Fisher, B. A. *Interpersonal Communication: Pragmatics of Human Communication*. New York: Random House, 1987, p.132
⒀ Smith, G. R. & Orero, G. G. "Behind Our Eyes." In H. N. Seelye（Ed.）*Experiential Activities of Intercultural Learning*. Yarmouth: ME, Intercultural Press, 1996, p.30
⒁ Triandis, H. C. "Cultural Training, Cognitive Complexity, and Interpersonal Attitudes." In R.W. Brislin, S. Bochner & W. J. Lonner（Eds.）*Cross Cultural Perspectives on Learning*. Beverly Hills, CA: Sage 1975, pp.42–43，同じ著者の *Culture and Social Behavior*. NY: McGraw-Hill, 1994, pp.183 に引用されている
⒂ 岡部朗一『異文化を読む』（南雲堂）1988 年，pp.47–48
⒃ 岡部朗一『異文化を読む』，pp.48–49
⒄ Yamada, H. *Different Games, Different Rules: Why Americans and Japanese Misunderstand Each Other*. New York: Oxford U. Press, 1997, pp.23–24
⒅ ①と②はポール＆カーティス＆エリ・ケリー『ケリーさんのすれちがい 100：日米ことば摩擦』（三省堂）1990 年，p.110「協力が批判」，p.148「絶対服従の上下関係」を町が改変。③④はオリジナル

第3章

⑴ 「外国人管理職もつらいよ」（日本経済新聞　Sunday　Nikkei）1996 年 8 月 25 日
⑵ Gudykunst, W. & B. Ting-Toomey S. *Culture and Interpersonal Communication*. Newbury Park: Sage, 1988
⑶ 宮智宗七「企業人は説明能力磨け」（日本経済新聞）1997 年 6 月 20 日朝刊
⑷ Ishii, S. "Thought Patterns as Modes of Rhetoric: The United States and Japan" *Intercultural Communication: A Reader*, L. Samovar and R. Porter（Eds.）Belmont: Wadsworth, 1985
⑸ Hall, E. T. *Beyond Culture*. New York: Doubleday. 1976
⑹ 「2020 年からの警鐘」（日本経済新聞）1997 年 7 月 28 日朝刊
⑺ 「2020 年からの警鐘」（日本経済新聞）
⑻ 宮智宗七「企業人は説明能力磨け」
⑼ 西田司他『国際人間関係論』（聖文社）1989 年，p.28

号，p.188

⑿ 八代京子「異文化理解の教育とトレーニング」本名信行他編『異文化理解とコミュニケーション２』（三修社）1994 年，pp.98–125

第2章

(1) 太田信男他『コミュニケーション学入門』（大修館）1994 年，p.3

(2) 中島梓『コミュニケーション不全症候群』（筑摩書房）1991 年

(3) Ruben, D. B. *Communication and Human Behavior, Second Edition.* New York: Macmillan, 1988, p.45

(4) Shannon, C. E. & Weaver, W. *The Mathematical Theory of Communication.* Urbana, IL: University of Illinois Press, 1949

(5) Schramm, W. “How Communication Works.” In W. Schramm (Ed.) *The Process and Effects of Mass Communication.* Urbana, IL: University of Illinois Press, 1954, pp.3–26

(6) Condon, J. C. & Yousef, F. *An Introduction to Intercultural Communication.* New York: Macmillan, 1975, pp.1–2

(7) Barnlund, D.C. “A Transactional Model of Communication.” In J. Akin, A. Goldberg, G. Myers & J. Stewart (Eds.) *Language Behavior: A Book of Readings in Communication.* The Hague: Mouton, 1970, p.48

(8) 荒木晶子「コミュニケーションとは何か：コミュニケーションの定義と知覚認知プロセス」SIETAR Japan（異文化コミュニケーション研究会）1995 年 9 月 23 日，研修会での資料を町が改変。また，同著者の『ビジネスパースンのための知力革新』コミュニケーション編（産能大学）1995 年も参考にした

(9) Takahara, N. “Semantic concepts of ‘Marriage,’ ‘Work,’ ‘Friendship’ and ‘Foreigner’ in Three Cultures.” In J. C. Condon & M. Saito (Eds.) *Intercultural Encounters with Japan.* Simul Press, 1974, pp.205–216. ジョン・コンドン『異文化間コミュニケーション』（サイマル出版会）1980 年，pp.49–52 にも部分的に紹介されている

⑽ 西田司，西田ひろ子，津田幸男，水田園子『国際人間関係論』（聖文社）1989 年，p.193

⑾ 福井康之『まなざしの心理学』（創元社）1988 年，p.83

注

第1章

(1) 「外国人管理職もつらいよ」(日本経済新聞　Sunday　Nikkei) 1996年8月25日
(2) 『在留外国人統計』平成20年版(入管協会) 2008年8月20日
(3) 岡部朗一「文化とコミュニケーション」古田暁監修, 石井敏, 岡部朗一, 久米昭元著『異文化コミュニケーション』(有斐閣) 1996年, p.42
(4) Carter, J. "The Island Model of Intercultural Communication" *SIETAR Japan Newsletter,* July 1997, p.15
(5) 図1-2および図1-3は次の2つの著書を参考に八代が作成した。
Guy, V. & Mattock. *The International Business Book.* Lincolnwood: NTC Business Books, 1995, pp.8-10
Trompenaars, Fons. *Riding the Waves of Culture.* London: The Economist Books, 1993, pp.26-28
(6) 石井敏「研究の性格, 動向と視点」古田暁監修, 石井敏, 岡部朗一, 久米昭元著『異文化コミュニケーション』(有斐閣) 1996年, p.72
(7) Samovar, L. & Porter, R. *Intercultural Communication: A Reader.* Belmont: Wadsworth, 1991, pp.5-22
(8) Barnlund, D. C. *Public and Private Self in Japan and The United States.* Tokyo: The Simul Press, 1975, pp.3-24
グディカンスト W. B.「異文化に橋を架ける」ICC研究会訳(東京：聖文社) 1993年, pp.45-71
(9) 八代京子「国際理解と異文化コミュニケーション」『モラロジー生涯学習』(142号) 1997年9月, p.92
石井敏「異文化コミュニケーションとは何か」古田暁監修, 石井敏, 岡部朗一, 久米昭元著『異文化コミュニケーション』(有斐閣) 1996年, pp.66-67
(10) Fisher, R. & Ury. W. *Getting to Yes.* New York: Penguin, 1981
Ury, W. *Getting Past No.* New York: Bantam, 1991
(11) 立花隆「知的亡国論」『文芸春秋』(75巻11号) 1997年9月

著者紹介

八代 京子（やしろきょうこ）　**第 1 章・第 3 章執筆**
国際基督教大学大学院博士課程後期修了。現在、麗澤大学名誉教授、株式会社海外放送センター顧問
専攻：英語教育、社会言語学、異文化コミュニケーション
主な著書：*What Do You Mean?*（金星堂 2013）、*Beyond Boundaries*（Pearson Longman 2008）、『多文化社会の人間関係力』（三修社 2006 年）、『異文化コミュニケーション・ワークブック』（三修社 2001 年）、Multilingual Japan (Multilingual Matters 1995)、その他多数

町 惠理子（まちえりこ）　**第 2 章・第 5 章執筆**
カンザス州立大学大学院修士課程修了。現在、麗澤大学名誉教授
専攻：異文化コミュニケーション教育、英語教育
主な著書・論文：「異文化コミュニケーション教育への異文化感受性発達モデル（DMIS）導入試案」『麗澤レヴュー』11 号（2005 年）、「異文化適応」（塩澤正・吉川寛・石川有香 [編]『英語 教育と文化—異文化間コミュニケーション能力の養成』第 2 章第 4 節、大修館　2010 年）、「多文化社会の異文化間コミュニケーション」（五島敦子・関口知子 [編]『未来をつくる教育 ESA—持続可能な多文化社会をめざして』第 7 章、共著、明石書店 2010 年）、『異文化コミュニケーション事典』（執筆参加、石井　敏・久米昭元 [編集代表]、春風社 2013 年）

小池 浩子（こいけひろこ）　**第 4 章・第 6 章執筆**
アリゾナ州立大学大学院修士課程修了。現在、信州大学准教授
専攻：異文化間コミュニケーション教育、国際教育
主な著書・論文：『異文化間コミュニケーション入門』（共著・西田ひろ子編・創元社 2000 年）、『グローバル社会における異文化間コミュニケーション』（共著・西田ひろ子編・風間書房 2007 年）、The Influence of Language on Uncertainty Reduction: An Exploratory Study of Japanese-Japanese and Japanese-North American Interactions. *Communication Yearbook 9.* (Gudykunst, W. B. らと共著 Sage Publications 1984)、「短期異文化接触における異文化のとらえ方と事前研修の受講者評価」『異文化コミュニケーション』No. 8（2005 年）

吉田 友子（よしだともこ）　**第 7 章執筆**
ハワイ大学大学院博士号取得。現在、慶應義塾大学准教授
専攻：異文化コミュニケーション、異文化カウンセリング、教育
主な著書：Improving Intercultural Interactions（Dr. Richard Brislin と共著・Sage Publications 1994）、Intercultural Communication Training: An Introduction（Dr. Richard Brislin と共著・Sage Publications 1994）、Global Perspectives of Human Resource Management（Shenkar, Oded（編集）内の "Intercultural Skills and Recommended Behaviors:The Psychological Perspective for Training Programs" を Dr. Richard Brislin と共著・Prentice Hall 1995）

The tables and figures on pages 165, 186, 212, 213, 214, and exercises on pages 215-218 are taken from Geert Hofstede, *Culture and Organization: Software of the Mind* (Berkshire, England: McGraw-Hill Book Company Europe, 1991).

異《い》文《ぶん》化《か》トレーニング［改《かい》訂《てい》版《ばん》］
――ボーダレス社《しゃ》会《かい》を生《い》きる

二〇〇九年一一月二〇日　第一刷発行
二〇二五年七月二〇日　第一六刷発行

著者　八代京子・町惠理子
　　　小池浩子・吉田友子
発行者　前田俊秀
発行所　株式会社三修社
〒150-0001　東京都渋谷区神宮前二-二-二二
電話　〇三-三四〇五-四五一一
FAX　〇三-三四〇五-四五二二
https://www.sanshusha.co.jp
振替　〇〇一九〇-九-七二七五八
印刷所　萩原印刷株式会社
製本所　株式会社松岳社

ISBN978-4-384-01243-9 C0039